快適自転車ライフ宣言

瀬戸圭祐

はじめに

ようやく、社会が自転車に追いついてきた

自転車が元気だ！　東京オリンピックでは一般公道を使ってロードレースが開催され、熱心なファンからご近所の住民まで、沿道に詰めかけ熱い声援を選手に送った。２０２２年11月には東京都共催で『GRAND CYCLE TOKYO』が開催され、あいにくの雨の中、レインボーブリッジを閉鎖しての自転車ライドに２０００人もの参加者が集まった。マラソンや駅伝ならともかく、一般市民が〝遊びで〟自転車で走るためにレインボーブリッジが閉鎖される日が来るなど、少し前では想像すらできないことだった。

一部の自転車好きを除けば、かつては自転車＝歩道を走るママチャリというのが日本国内での誤った認識（自転車は車道走行です！）で

あったものが、スポーツとして、そして快適で環境にやさしい移動手段として社会に認められるようになりつつあることを、ひしひしと実感している。

「自転車が好きだ！」

ただそれだけの理由で50年以上も走り続けてきた私だが、自転車に乗る人が増え、その魅力に触れる人が増えているのを目の当たりにしワクワクしている。それに、西欧では主要都市の多くが既に自転車の走りやすい街づくりに大きく踏み出しており、CO2の削減や経済効果、そして何より人々の健康維持にと成果を挙げ始めている。

もはや都市における自転車の活用は世界の流れであり、日本でももっともっと自転車に乗る人が増え、結果として自転車が環境にやさしい交通社会の一端を担うことになればという私の個人的な願いは、もはや期待ではなく確信に変わっている。

そんな中、どうやって安全に、快適に自転車を始めればよいのか、迷っている人もいるだろう。

「どんな自転車に乗ればいい？」
「自転車の交通ルールがよくわからない」
「安全に楽しむにはどうすればいい？」

この本は、自転車に興味はあるけれど、何から始めたらいいのかよくわからない――そんな方々に向けて、ＷＥＢメディア『ファンライド』に連載した記事を加筆修正し１冊にまとめたものだ。速さやテクニックの上達ではなく、あくまでも快適に楽しく。そしていつまでも健康に活動したい人に向けて、私が実践してきたノウハウのすべてをぎっしり詰め込んでいる。

好きで走り続けているだけの私だが、「好きこそものの何チャラ」ではないか。この本を手にした方がひとりでも多く自転車の魅力にハマり、いつまでも健康に走り続けてくれたら、これ以上嬉しいことはない。

さあ、自転車に乗って走りだそう！

チネリのカーボンフレームにハンドル、ステム、
シートポストもチネリで固め、“チネリ愛”あふれる筆者の愛車。
となればメインコンポは当然カンパニョーロ、ホイールも
シャマル・ウルトラだ。長年の酷使でキズや汚れも目立つが、
それがまた“走り込んでる感”あふれるタタズマイだ。

目次

第4章 ゴキゲン！ カラダと自転車のメンテ術 …… 187

第1章

ハマるとヤバい？自転車の魅力！

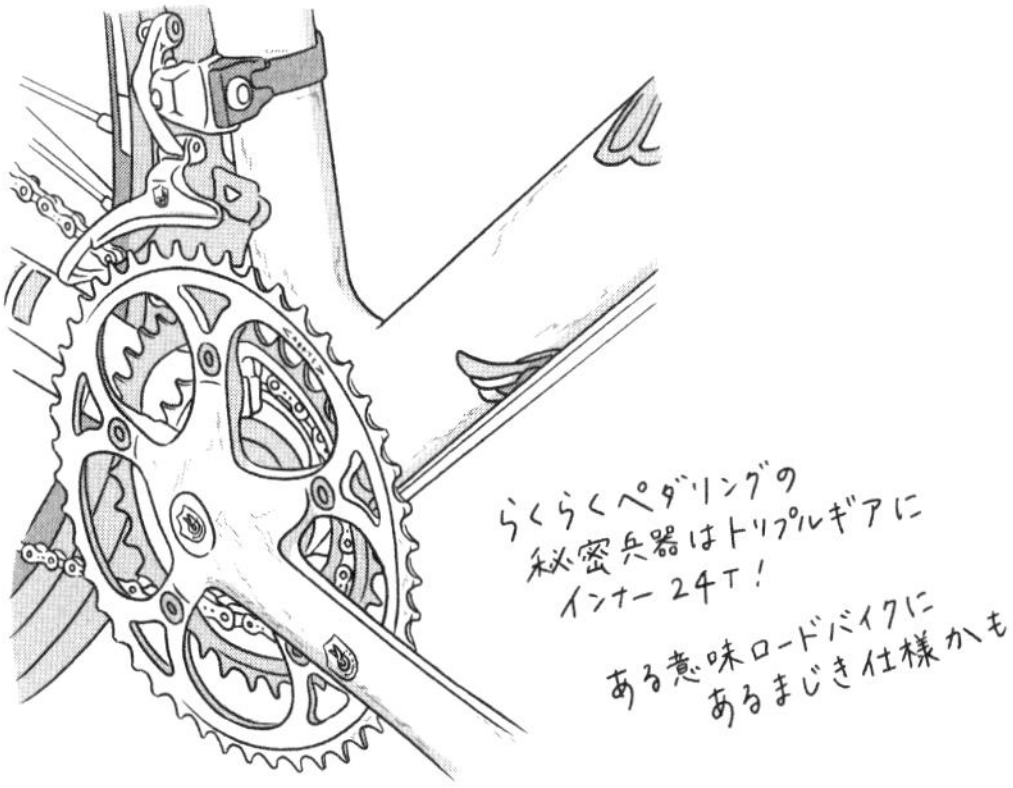

らくらくペダリングの
秘密兵器はトリプルギアに
インナー24T！
ある意味ロードバイクに
あるまじき仕様かも

1

誰でも自由に！
孫とも楽しめる真の生涯スポーツ

人類は二足歩行することで大きく進化した。赤ん坊もハイハイから立ち上がって歩くようになると、動き回れる範囲と視野が広がっていく。さらに自転車に乗れるようになるとスピードの楽しさも加わって、新たな視点で世界が大きく開けていく。子どもの頃に初めて自転車に乗れた感動は誰しも覚えているだろう。繰り返しトライしてやっとの思いで自転車に乗れたとき、大きな達成感と満足感、そして自信を得たはずだ。子ども心に刻まれた、自分の力であちこち遊びに行き世界が広がる喜びは、心の片隅に残っているに違いない。

自転車に乗ることさえできれば子どもだってサイクリングはできる。さすがに小さな子どもだけでは危なっかしいけれど、親や大人と一緒に安全を確保してもらいながらのサイクリングでも、子どもにとってはワクワクするような冒険だ。さらに大きくなって親の手を離れ、子どもだけでサイクリングできるようになったら、目の前に広がる世界を思うままに探求する自由を手に入れることとなる。それがサイクリングの楽しさと喜びにつながっていくだろう。

子どもの教育にも自転車は役立つ。自分の自転車を所有し、磨き、掃除し、注油したりすることで、愛着を持ってモノを大切にすることを覚えるだろう。長いサイクリングを走り峠を上り切ることで達成感を覚え、がんばれば物事を成し遂げられることを実感する。何かをやりきることの大切さを子どもに感じさせるのだ。メカニズムを覚え、自分で整備や改造できるようになれば、モノを作る楽しさを覚えるだろうし、あるいは将来の日本を支える技術者となるきっかけになるかもしれない。

中学生ぐらいになれば、自分達だけでサイクリングに行くこともあるだろう。ルートを考え、観光しながら休憩や補給をどうするのか、時間やペース配分のプランニングなど学ぶことは多い。いざ本番になったら思っていたようにはいかず様々なトラブルに遭遇するだろうが、それを自分の力で解決してサイクリングを成し遂げることができたなら、きっとひとまわり成長しているはずだ。

自転車は何歳からでも始めることができる貴重なスポーツだ。高齢になってから野球やサッカーを始めるのはハードルが高そうだが、自転車は自分のペースで、自由に好きなように取り組める。

学生時代にはスポーツに打ち込んでいたのに、多忙な社会人となって運動不足になりメタボを気にしている人や、もっと生活を楽しみながら健康になりたいという人は案外多い。趣味を持ちたい、ダイエットしたい、休日を充実させたい、おいしく食事してぐっすり眠りたい、といった思いがあるならば、ぜひとも自転車を始めるべきだ。あせらず無理せずできる範囲でかまわない。とにかく始めれば必ず何らかの楽しみが生まれ、少しずつ思い描いている自分に近づいていく。それが自転車の魅力であり魔力なのだ。

会社で定年を迎えて「さて、これから何しよう？」と思って自転車に手を出す人もたくさんいるし、その勢いで海外ツーリングに飛び出す人だっている。還暦を過ぎて人生の最終コーナーを回った所で、後ろを振り返りつつ今後を見つめたときに自転車に辿り着く。そういう人はしばしば「自転車は余生の充実につながる」と口にする。いつでもどこでも誰とでも、どのようにでも楽しめ、自転車に乗ることで、肉体的にも精神的にも生きていることを実感できるというのだ。

自転車を始めるのに「もう若くないから」という言い訳はないし、逆に若さを維持したいのならそれこそ自転車が効果的だ。バランスを取りながら周囲の安全を確認しつつ進むこと自体が脳の活性化によいし、クルマや歩行者、障害物の動きを予測しながら五感をフルに働かせて、瞬時の認知と判断で自転車をコントロールすることは神経細胞の活性化につながる。筋肉を使うことも身体全体の運動をコントロールすることも脳への刺激となり、心地よい緊張感が老化防止になる。老化は脚からとも言われるが、サイクリングを続けていれば脚力はメンテナンスされ、体力低下を防ぐことができるのは言うまでもない。

実際、私のまわりには70、80代でも自転車に乗り続けている仲間が大勢いるし、そういう人たちは30、40代の現役バリバリ、ただし「会社にこき使われている」世代よりもずっとお元気だったりする。一緒に走っても遜色ないどころかこちらがついて行けないほど走り込んでいる方もいるし、毎年海外サイクリングをされている80代の方だっているのだ。彼らには自転車の世界が、面積や高さといった空間的な軸に加えて、時間（年齢）という軸でも無限に広がっているのだろう。

世代を超えて楽しめる自転車は、孫とも一緒に楽しめる貴重なスポーツだ。サイクリングを趣味とする人が孫の誕生日に自転車をプレゼントするというのはよく聞く話で、まずは乗り方を教えることから始まって、その次は近所を一緒に走ったりしている。小学生になれば、徐々に距離を延ばしながら交通規則や自転車のマナーやルールを教えて、子どもたちだけで走れるように育てていく。ウェアやアクセサリーを買ってあげれば、ますます喜んで一緒に走ってくれるかもしれない。モノで釣るのもコミュニケーションのひとつなのだ。

高学年になれば大人に準じた走りもできるようになるから、数キロから数10キロのサイクリングに連れて行きたい。走り遂げたときの達成感と一体感は生涯の思い出になるはずだ。中学生になればついてこなくなるかもしれないし、逆について行けなくなるかもしれない。後者のほうが嬉しいかもしれないが、いつまでも負けないぞとお互い切磋琢磨する関係も素晴らしい。もちろん親子三代や家族で取り組むこともできる。

サイクリングは誰でも楽しむことができる。子どもから熟年の方々までが同じフィールドで一緒に楽しめる生涯スポーツの楽しさを、そして自転車の素晴らしさを、世代を超えて伝えていきたく思う。

2

あちこち行きたい！自転車ツーリングの魅力

アフリカで発祥した人類は、１００万年以上前に移動を始めた。ユーラシア大陸を横断し、アメリカ大陸に渡って南米大陸の端まで大移動したのである。この先には何があるのだろう？　どこまで行けるのだろう？　という好奇心は、このときから我々のＤＮＡに刻み込まれているのだ。自転車ツーリングはその深く刻まれた好奇心を引き出し、それを楽しみに変え、さらには自分のポテンシャルにも気づかせてくれるプリミティブな遊びなのかもしれない。

ツーリングは自由な旅だ。どこに行かなければいけないとか、どこがツーリングコースだなんて取り決めもない。お勧めの人気コースは日本中にたくさんあるが、その一部だけでも、他のルートと組み合わせても、途中で戻ろうとも、全部走ろうとも自由だし、何回走っても構わない。気持ちよく走っているうちに周囲の空間が自分のものになったように感じたり、誰もいない場所を走っているとその場を独占しているような贅沢な気分になってきたりする。景色を楽しむのにクルマでは速過ぎ、徒歩では遅過ぎると感じることはないだろうか。そんなとき、自転車なら最適なスピードで走ることができる。無理せず、急ぎ過ぎず、遅過ぎず。楽しみながら走っているうちに、相棒である自転車が、人生を楽しむことの大切さを気付かせてくれるかもしれない。

初めてツーリングに出かけるときには色々不安もあるだろう。険しい峠を越えられるだろうか？　下りでブレーキが効かなくなったら？　体力や自転車のトラブル、天気といった不安があるのは当然のことだ。

もちろん事前に雑誌やインターネット、あるいは知人から情報収集すれば多少は不安も軽くなるだろうが、結局は走ってみないとわからない。まずはとにかく家の近所を5キロでも10キロでも走ってみよう。不安だったことも走り出せば感覚的にわかってくる。実行はどんな能書きにも勝るのだ。近所の公園まで走ることだって、当人の考え方次第でツーリングになる。自転車通勤だって、楽しめば毎日がツーリングだ。

ツーリングはある意味、自分の人間性を見つめる旅でもある。日常生活の細々とした制約や束縛、ストレスから解放されて自由になれる贅沢な時間なのだ。気ままに旅を組み立てればよいし、途中で目的や行き先が変わったって構わない。この、自分で作り上げていく自由と充実感は、他のスポーツではなかなか味わえないだろう。

反対に目的を明確に定めるのも面白い。テーマを決めて寺社巡りだとか、水辺の散歩だとか、食べ歩きだとか。あるいは走る距離や標高にチャレンジするのもアリだ。無理をする必要はないが、それまで5キロしか走ったことのない人がいきなり50キロ走ってしまうこともある。一歩ずつステップを踏まなくても、一気に色々なことが楽しめてしまう可能性があるのもツーリングの魅力だろう。

もちろんツーリングにハプニングはつきものだが、アクシデントやトラブルがあってもそれを新鮮な体験としてポジティブに考えれば楽しいし、よい思い出や経験になる。自転車はいざとなったら押せばよいし、何なら担ぐことも、分解して運ぶこともできるのだ。

ほとんどの競技やスポーツは勝敗やタイム、スコアや技術を競い合い、一人ひとりにレベルやランクが付きまとう。でもそれは階級社会や会社組織のように個々の能力やリザルトがヒエラルキーを生んで、ときには少し居心地がよくない一面があるようにも思える。そういう意味で、体力や経験の差があってもヒエラルキーにつながらないのはツーリングの大きな魅力だ。

誰とでも、どこへでも、気軽にツーリングに出かけてみよう。今度はどこに行こうかと行先を考え想像しているだけでウキウキする。美しい景色、文化や歴史、出会いと人情、仲間との一体感、峠の征服感、随所に自分の足跡をつけていく喜び、満足感と達成感、自転車の旅はそんな感動に満ちている。目の前には無限のフィールドと楽しみが広がっているのだ。

もちろん何でも好き勝手にしてよいというのは大きな間違いだ。マナーや交通ルールを守るのは当然だし、万が一事故を起こしたりしたら多くの人に迷惑がかかり、あるいは大切な人を悲しませることにもなりかねない。痛い思いをするのは自分の身体や命だけではないのだ。どんな場合でも自分と周囲の安全を確認し、しっかりリスクマネージメントすることが必要だし、体調が悪ければ無理せず引き返したり、あるいは諦めることも大切だ。

動機は何でも構わない。紅葉や桜を見に行く、名所旧跡を訪ねる、おいしいものを食べに行く、走った後のビールを爽快に飲みたい、仲間との友好を深める、もちろん距離や標高を目的にするのもよいだろう。いちばんの目的は楽しむことであり楽しみ方は人それぞれだ。その結果がどうあれ必ず思い出となり、続けることで経験の厚みが増していき、人生の財産となっていくのだ。

3 ドMの世界？ パスハンティングの快感

「坂バカ」と言われる人が増えている。

坂道を速く上ることにひたすら情熱を燃やし、足を着かずに激坂を上るといった限界に挑み続ける、かなりドMな人たちである。日本中のハードな上り坂を求めて、そこを征服する達成感や自己満足に浸ることに快感を覚える……普通の人から見れば、ちょっと変態かと思われる種族でもある⁉

そこまではなくとも、坂を上ることを楽しみ愛する「ヒルクライマー」はここ数年で激増したように思える。しかし『快適自転車ライフ宣言』では、そんなドMな世界に深入りはせず、その一歩手前のパスハンティング――峠越え――の楽しみについて語りたい。

と言ってもその違いはビミョーだが……。

ツーリングには様々な趣を求めて知識見聞を広めていく楽しみがあるが、達成感や充足感、人とのつながりや人情に触れるといったエモーショナルな楽しみも大きい。峠越えの達成感や人との出会い、地域との交流もツーリングの大切な要素なのだ。そんなツーリングを続けていると、いずれ峠越えを経験することになるだろう。ツーリングの世界を広げていく中での、文字どおり避けては通れない宿命でもある。ただ、一度峠を乗り越え達成感を味わってしまえば、ひと皮向けたツーリングの世界へと新たな楽しみが待っているはずだ。

どんな峠であれ、ツーリングでは自分の力だけで上ることが求められる。諦めて自転車を降りて押そうが、どれだけ休憩しようが、時間がかかろうが構わないが、他人に引っ張ってもらったりおんぶしてもらったりするのは物理的にも無理な話で、ある意味引き返す以外には逃げ道のない背水の陣なのである。だからこそ上りきったときの達成感、満足感、そして征服感は大きなものとなる。

何度も峠越えの経験を積み重ねていくと、より高い峠を目指したくなる。より難易度の高い峠を越えることで、その度に初めての峠越えと同様の喜びを味わうことができるのだ。そして上ることに快感を覚え、その楽しみ方を知ったなら、あなたはきっと峠を征服するパスハンティングにハマってしまうだろう。ちなみに私はその素晴らしさにドハマリして、より大きな感動を求めてついにはアルプスやロッキー、ヒンズークシュやカラコルムといった世界の屋根まで自転車で走破してしまった。

ってやっぱドMの世界……。

パスハンティングは自転車とともに苦労して一生懸命に峠を上り、自転車との一体感が生まれるサイクリングの醍醐味だ。上りきった峠からの大景観も、そこに辿り着くまでの苦労があってこそのものであり、クルマやバスで労せずやってきた場合とは同じ場所でも、見える景色も素晴らしさもまるで違うのである。

がんばった者へのご褒美はそれだけではない。爽快で気持ちのよい下りの楽しみが待っている。重力に身を任せて心地よい緊張の中で風を切り下っていく快感は、言葉では表せないものがある。まるで自分専用のジェットコースターに乗っているような気分だ。

パスハンティングを楽しんだり、いつも自転車で坂道を走っていたりすると自分の身体の中で、峠や坂道は目標達成に一生懸命になれるフィールドだという概念が染み付いてくる。自転車で走った道をクルマで上るとまったく何の苦労もなく峠に着いてしまい、何かとてもズルイことをしたような気分になるし、自転車にも申し訳ない感じがする。この妙な罪の意識を感じるようになったらサイクリストとして一人前と言えるだろう。

もしかしたら既にドMの世界に入り込んでいるのかもしれない。

仲間と一緒のパスハンティングならば、街中では得られない苦楽を共にした者同士の結びつきも強まってくる。仲間でなくとも峠にサイクリストがいればそれだけで同胞意識が芽生えたり、それがきっかけで交流が始まることだってある。そんな人とのふれあいもツーリングの魅力のひとつである。

峠に限らずサイクリスト同士であれば、休憩地や立ち寄りポイントなどで一緒になった際には自然と挨拶から会話が始まるが、色々な情報を交換しあうことでそれぞれのツーリングが充実するだろうし、同じフィールドを走っている仲間がいることはそれだけで心強い。

ツーリングを続けていれば峠越えは必ずやってくる。峠どころか坂道だって大嫌いというサイクリストも多いけれど、嫌々でも少しずつ挑戦してみよう。無理せずゆっくり上っていれば、いつかは必ず辿り着く。ポイントは急がないこと。息を切らさず、会話しながらでも進めるようなラクなペースで、焦らず笑顔で上ればよい。時間をかければ必す上りきれるし、上りきった達成感を味わえば、きっと峠も楽しみに変わる。

そこには新たな世界が待っているのだ。

4 百花繚乱！ イベントはよりどり見どり

毎年数100以上の自転車イベントが日本中で開催されている。世界的に見てもこの数は非常に多い。特に、この四半世紀ほどで、雨後の筍のように全国いたる所で開催されるようになった。ロングライド、ヒルクライム、エンデューロ、グランフォンド、ブルベ、ポタリング、シクロクロス、マウンテンバイク、ママチャリレース、サイクリングフェスタにグルメライド、さらにはレース観戦や自転車セミナーなどなど。その種類も様々でまさに百花繚乱！ 自分の好みに合わせたイベントがよりどり見どりに楽しめる時代になった。

自転車を始めたばかりならば、自宅を中心に自走でアクセスできる所を走るだろうが、徐々にエリアを広げていくうちに全国各地を走ってみたくなってくるだろう。ただ、知らない土地に行くとなるとルートの作成や情報収集などプランニングが必要だし、ツーリング中に不測の事態が発生するといった不安もある。

自転車イベントに参加すれば、そういった準備や不安はグッと減るし、地元の人やイベントのプロが考え抜いた魅力満載のお勧めコースを満喫できる。休憩したり飲食物を補給できるエイドステーションが完備され、トラブルの際のサポートや、リタイアしたときの回収車、ゴールまでの荷物の運搬など、至れり尽くせりで安心してライドできるのが嬉しいし、ひとりではなく仲間を誘って参加したり、ＳＮＳでつながっているような普段は会えない知り合いにもリアルで会えるチャンスになる。人と人との結びつきが強まるのもイベントの魅力なのだ。

一方で毎週のようにあちこちでいくつもイベントが開催されているが、どれに参加すればよいのかわからないという嬉しい悩みもあるかもしれない。そこで、開催数や参加者の多い主なジャンルについて、それぞれの特徴や楽しみ方、注意ポイントなどを考えてみたい。

ロングライド

様々な自転車イベントの中でも、いちばん多く開催されているのがロングライドイベントだろう。何キロ以上走ればロングライドになるのかという疑問はあるが、明確な定義づけはない。大抵は１００キロ以上のコースの他に、70キロや30キロといった距離の短いコースが設定されているのが一般的で、初めはそれらのコースに参加してみるのもよい。

ロングライドイベントは景色がよく走りやすい、または走り応えのあるコースが多い。何ヵ所かのエイドステーションが設置されており、水分やエネルギー補給ができるだけでなく土地の名産品や、海辺などでは新鮮な海産物をふるまってくれることもある。またチアガールの応援や地元で有名な太鼓のパフォーマンスといった芸能が披露されることもあり、疲れた気持ちを和ませてくれる。

通常は制限時間が設けられているが、「制限時間以内にゴールすればいい」のだからゆっくり景色やグルメを楽しみながら走るのがコツ。例えば１００キロのライドで制限時間が7時間であれば、休憩や上りでの時間消費を2時間程度と考えると、残り5時間を時速20キロで走ればゴールできる。ちなみに160キロ（100マイル）を制限時間8時間以内で走破するイベントは、その発祥であるホノルル・センチュリーライドに倣ってセンチュリーライド（またはセンチュリーラン）と呼ばれるが、こちらはレースというよりは自己との戦いで、完走することが目的になる。また、山岳コースを主体とするイベントはグランフォンドと呼ばれ、100キロ程度を走って獲得標高2000メートルを目指すといった比較的チャレンジングなイベントだ。とはいえロングライドはタイムや順位を競うイベントではない。長距離を走った達成感や爽快感が大きな魅力であり、楽しんだ者はみんなが勝者なのだ。

ヒルクライム

ヒルクライムは、標高差数100メートルから1000メートル以上を、タイムを競いながら上る自転車レース。通常はスタートからゴールまでほとんどが上りであり、すごくきついと思われがちだが、実は初心者が参加するのに適しており、数あるイベントの中でも初心者に特に人気が高い。

ヒルクライムでは通常、速い人から順番にまとまってスタートするので、まわりに同じようなレベルの人が多く自分のペースで走りやすいことがその理由のひとつ。ロードレースにつきものの集団走行や空気抵抗、ライン取り、駆け引きといった、初心者にハードルとなるファクターが絡みにくく、安心して走れることも挙げられる。何より他のイベントと比べて巡航スピードが遅いため(上りだから)、接触や転倒の危険性が小さく、クルマなど交通を遮断して行うため事故が少ないのも特徴だ。それに多くのイベントは毎回同じコースで開催されるから、他の人との比較ではなく過去の自分のタイムとの戦いを楽しむことができるのも魅力である。

また、レース展開に左右されず日々のトレーニングの成果が出やすいので、自分自身の成長が分かりやすい。景色のよい場所も多く、何よりもゴールしたときの達成感が格別である。優勝や上位入賞を目指す人、自己ベスト更新を目指す人、完走を目標にしてイベントを楽しむ人、仲間でワイワイと盛り上がって走る人など、個人や仲間でそれぞれに目標を持って挑めるのがヒルクライムの魅力でもある。

一般的には前日の受付で、翌日早朝からのスタート、昼にはレースは終了し午後早めに帰路につける時間設定が多い。これは翌日が仕事の参加者に配慮したスケジュールであるとともに、宿泊や食事などで地元経済に貢献する意味合いも大きい。地元自治体が主催するイベントが多く、運営に税金も投入される町おこしイベントでもあるからだ。

エンデューロレース

富士スピードウェイのようなサーキットや公園内の閉鎖した周回路などで、制限時間内に規定のコースを周回して周回数やタイムを競う競技である。ひとりでもエントリー可能だが、複数人によるチーム参加も可能で、男性チーム、女性チーム、男女混合チーム、年代別など様々なクラス分けがあり、レース時間も2時間、5時間、8時間など多種多様。各クラスで上位表彰されるため、本気モードのチームは表彰台に立てるチャンスも大きくなる。

お祭り気分の参加者も多い一方で本気の参加者も多く、競争的な色合いが濃い。スタート直後からさながらプロのロードレースのように集団を形成したり、アタックを仕かけたりすることも珍しくない。特に大勢が一斉に密集して走るスタート1周目などは集団でレースを走るテクニックが必要で、初心者は集団がバラけてくる数周目くらいから交替で参戦するほうが安全だろう。

慣れてくれば自分のペースに合ったスピードで巡航している集団を見つけ、その一員に加わると集団走行での空気抵抗の大幅な軽減を実感できるし、大人数になればなるほどその効果は大きい。お互いに引きつけ合いながらも離れることは躊躇せず、駆け引きのように離合集散が激しく行われることもある。そんなプロのロードレースの片鱗を体験できるのもエンデューロレースの魅力である。

5

戦略と心理とアクシデント レース観戦のツボ

ところで東京オリンピックでロードレースが正式競技として開催され、「ジャパンカップ」や「ツアー・オブ・ジャパン」「ツール・ド・フランスさいたまクリテリウム」など、日本でもロードレースが注目を集め、観戦に訪れる人も増えている。ここで一旦、走る立場から観る立場になって、ロードレースをより楽しく観戦するノウハウについてお話をしたい。

ロードレース観戦の大きな特徴は、世界のトップ選手が繰り広げるレースを生で、それも誰でもタダで観戦できることだ。サッカーや野球など他のスポーツで、世界のトップアスリートが出場する試合が無料なんてあり得ない。こんな大サービスを受けられるのだから、これは観に行くしかないでしょう！

知識がなくとも「カッコよかった！」「スゲー迫力だった！」と感動するのは間違いない。でも実は自転車レースには独自のルールや特徴が満載で、チームの目的や戦略、選手の能力と特徴、個々の選手の役割、メイン集団と逃げ集団との駆け引き、集団内での位置取り、選手同士の暗黙の了解、落車などのトラブルやアクシデント……など様々な観点で楽しめる、とても奥の深い、味のあるスポーツなのである。

まずはレースの種類について紹介しよう。

ステージレース

ツール・ド・フランスに代表される、数日間から最大3週間にわたって開催されるレース。毎日「ステージ」と呼ばれるレースを行い、各ステージで順位とタイムを争いながら、最終的に全ステージの合計所要タイムが最も小さい選手が総合優勝となる。チーム順位は通常は各チームの各ステージ上位3選手の累積タイムで決定される。

3週間を戦い抜くステージレースの最高峰は、「ツール・ド・フランス」「ジロ・デ・イタリア」「ブエルタ・ア・エスパーニャ」の3つで、これらを総称して「グランツール」と呼ぶ。日本で5月に行われる「ツアー・オブ・ジャパン」はアジア最高峰のステージレースのひとつである。

ワンデー（クラシック）レース

文字どおり1日で勝敗を決するレース。チーム一丸となって個人（エース）をいちばん初めにゴールさせ優勝を目指す。一発勝負だから選手同士、チーム同士の駆け引きも激しく、ステージレースとは異なり翌日に体力を温存する必要もないから、すべての力を出し尽くす切迫感に面白さが凝縮される。

毎年10月に栃木県で行われる「ジャパンカップ」の2日目に行われる本レースは、UCI（国際自転車競技連合）カテゴリーのオークラス（超級）となり、アジア最高峰のワンデーレースである。

ステージレースとワンデーレースでは、コース上に設けられた山岳ポイント（峠の頂上に設定）や、スプリントポイント（主に平坦路に設定）の通過順位によって与えられるポイントの合計数を競う山岳賞やポイント賞が設定される場合が多く、これらを巡る戦いや駆け引きも魅力のひとつだ。

クリテリウム

市街地に設定された短いコースを周回して順位を競うレース。選手が何度も目の前を通過するのを見ることができ、スリリングかつ迫力満点。「ツール・ド・フランスさいたまクリテリウム」と「ジャパンカップクリテリウム」では世界トップ選手の戦いが間近で展開され、エキサイティングな観戦が楽しめる。

ヒルクライム

Mt.富士ヒルクライムに代表される、長い上り坂を上ってタイムを競うレース。平地のレースよりも風圧の影響が少ないため集団走行のニーズは低く、他車との接触の危険性は少なくなる。上り坂では実力に応じてタイム差が大きくつくため個人戦の色合いが強く、マイペースで走れる競技として非常に人気が高い。

タイムトライアル（通称TT）

個人タイムトライアルは、選手がひとりずつ時間差でスタートし、決められたコースを走ってタイムを競う。距離は数キロから長い場合は数10キロ。

チームタイムトライアルは、チーム全員でスタートし、チームのうち規定人数（例えば9人出走のうち5人など）の最後の選手がゴールラインを通過したタイムのいちばん速いチームが優勝となる。

さて、ここからはレース観戦のツボだ。

チームでエースを勝たせる

個人タイムトライアルやヒルクライムを除いて、自転車レースはチームの戦いだ。チームのエースをみんなで一丸となって優勝させるべく競うのが自転車レースの醍醐味なのだ。通常エースは総合的にいちばん実力のある選手となるが、コースによってはスプリンターと呼ばれる瞬発力の高い選手や、クライマーと呼ばれるヒルクライムが得意な選手がエースになることもある。エース以外のすべての選手（1チーム7人の場合は他の6人）は、すべてエースを勝たせるためのアシストとなる。

アシストの仕事は色々あるが、最も重要なのがエースの前を走って風圧を軽減する風よけとしての役割だ。他に特段の仕事がない限り、ひとりでも多くのアシストがエースの体力を温存するための風よけになる。また、サポートカーからドリンクボトルや補給食を受け取って他の選手に運ぶのも大切な仕事のひとつだ。

エースがスプリンターの場合はゴール直前まで猛スピードでエースの前を走り、〝発射台〟となってエースを勝たせるのもアシストとしての仕事の見せ場だ。山岳に強いエースであれば、峠でエースを牽引できる実力を持ったアシストが求められる。エースはただ強いだけでなく、チームメンバーに「このエースを勝たせたい。そのためにアシストに徹する」という思いを抱かせるような人間的な魅力も求められる。

風圧の軽減が戦略のカナメ

自転車で時速40〜50キロで走ると、毎秒10数メートルという台風のような強い逆風の中を走るのと同じ状況になる。実際、時速40〜50キロで走るクルマの窓から顔を出すと強い風圧を感じるが、それと同じ風圧を全身で受けながら突き進んでいる状況なのだ。その風圧にどうやって立ち向かうかが、ロードレース競技の大きなポイントになる。

ドラフティング（前を走る選手の直後を車輪が接するほどの位置を走って空気抵抗を抑えること）がうまく機能すれば、風圧の影響は大幅に減少する。風圧は集団内では半分になるとも、状況によっては10分の1になるとも言われている。そこで選手はひとりで風を受け続けることがないよう通常は集団で走行する。集団で走っているときに先頭の選手が入れ替わるのは、風圧の負担を交互に受けるためだ。

逃げ集団とメイン集団の駆け引き

一方でずっと集団にいてゴールしても勝ち目はないと、集団から飛び出して逃げる選手が必ず出てくるから、そこで様々なチーム戦略や駆け引きが展開されるのである。

逃げ集団は逃げ切ってゴールすることや、山岳賞やポイント賞を狙うのが主な目的となる。ほとんどの場合、異なるチームの選手同士の集団となるから、呉越同舟で駆け引きをしながらも共に逃げ切りを目指す。共闘体制ではあるが脱落者が出たり、裏切りや抜け駆けもあってドロドロした心理戦が展開され、観る側には非常に面白い。

ここで、逃げ切りを狙う逃げ集団と、それを許すまじと追いつこうとするメイン集団の駆け引きが見どころになる。

逃げ集団に特定チームの有力選手がいる場合には、ライバルチームの選手はそのまま逃げ切っても勝ち目は薄くなるから先頭には立たず、後ろのメイン集団が追い着くように動いてメイン集団同士の戦いに持ち込もうとする。一方のメイン集団では、逃げ集団に有力選手を送り込んでいるチームは先頭に立たず、メイン集団の速度を上げないようにして逃げが成立するように走る。

逃げ集団に有力選手がいない場合や、逆に主要なチームの有力選手がすべて含まれている場合には、逃げ集団内で交互に先頭交代し、一丸となって逃げ切りを図る。

先行逃げ切りの成功確率は10パーセントに満たない!?

通常、先行する逃げ集団がゴールまで逃げ切れることはほとんどない。逃げ集団はメイン集団に比べて少ない人数で走るため空気抵抗を受けて体力消耗が激しく、体力を温存しているメイン集団にゴールまでに吸収、追い付かれてしまうのである。メイン集団が先行する逃げ集団を捕まえようとする時、通常10キロの距離があれば1分の差を縮められると言われている。タイム差を緻密に計算しながら追ってくるメイン集団を相手に、逃げ集団が逃げ切るのは容易ではないのだ。

逃げが成功するのは、逃げ集団に有力選手がいない場合にメイン集団で駆け引きが始まって、各チームが牽制しあってペースが上がらないといった状況になるケースだ。逃げ集団に上位の有力選手がいる場合は、メイン集団は必ず吸収しに動くから逃げはまず成功しない。

またメイン集団の先頭は通常、総合順位トップの選手（ツール・ド・フランスでは黄色のマイヨジョーヌを着ている選手）のチームが引くという暗黙のルールがある。メイン集団では大勢がひしめき合っているため、接触による落車などのトラブルが発生しやすく、トップチームはそういったアクシデントに巻き込まれないように前方を確保しているのである。

このように戦略的に複雑なロードレースだが、それだけに意外な選手が飛び出して逃げたり、想定外のパンクやメカニカルトラブルなどのアクシデントがあったりと、様々なドラマが繰り広げられる。ゴール間際では各チームの戦略と個人の力が激しくぶつかり合い、抜きつ抜かれつのエキサイティングなシーンが楽しめる。知れば知るほど楽しみが広がり深まるロードレース観戦、一度ハマると抜けられなくなるのでご注意を！

6 自分だけの自転車に心酔する自転車ナルシスト！

サイクリングは生涯、いくつになっても続けることができる。自転車そのものもきっちりとメンテナンスすれば10年や20年、場合によっては生涯の付き合いになることもある。実際何10年も何万キロも乗り続けている人もたくさんいるのだ。自転車の楽しみは乗ることだけではない。自分の好みや走り、予算に合わせてパーツを変えたりセッティングを変えたりして、自分だけのオリジナル自転車に創り上げていくことも大きな楽しみだ。

経験を積んでテクニックが身に付き、筋力や体力も付いてパーツや機能などの知識が増えてくると、自然とグレードアップの欲が湧いてくる。自転車を自分仕様に改造したくなってくるのだ。パーツひとつひとつに思いのこもった、世界に1台だけの自転車を創りたい！

ちょっとナルシストで、かなりオタクな世界かもしれないが、これも大きな自転車の楽しみなのだ。

自分に合った自転車を選ぶ

自転車を創る喜びは、まずは自分の自転車を所有することから始まるが、ここで大切なのがショップ選びだ。やはりスポーツサイクル専門店が望ましい。自転車雑誌によく広告が出ているようなショップならばまず大丈夫。ショップが自転車クラブを運営していたり、イベントを主催しているような場合もハズレはないだろう。常連客が多いショップも安心だ。信頼している人が多いことの証明でもあるし、集まる客の知識や要求レベルも高いから、ショップ側も常に勉強と経験の蓄積を怠らないのである。

ポイントはショップのオーナーやスタッフがどれだけ自ら自転車に乗ってフィールドテクニックを身に付けているか、その経験から必要なモノを品揃えしているかだ。多くの場合、そういう店には試乗車が用意されていて、自分で試乗した感想をベースに最適な選択をアドバイスしてくれるだろう。新車購入時には幅広い中から最適な1台を見つけて調整し、その時点で最大限あなたに合わせた仕様にしてくれるショップを選ぼう。

自転車を入手したら、とにかくたくさん走ることだ。乗れば乗るほど自転車のことが身体でわかってくるし、慣れるほど楽しくなってくる。インターネットや雑誌の情報収集も大切だが、乗っていない人の主張は説得力に欠ける。やっぱ自転車は乗ってナンボなのである。仲間と一緒に楽しめばお互いに情報交換でき、知識をベースとしつつ、自分の身体でパーツや機能の良し悪しが判断できるようになるはずだ。

奥が深いパーツ選び

自分の自転車に乗るようになって最初に体感しがちなのが、脚力に直結するギアの選択だ。ギアの使い方とテクニックがわかってくると自分の脚力や好みに合わせたギア設定が明確になってくる。脚が十分に回せるようになってきたら、ケイデンス（1分間のペダル回転数のこと：ケイデンス90回転であれば、1分間に90回ペダルが回っていることになる）に応じたギアに変更すればよい。

代表的なコンポーネントメーカーであるシマノやカンパニョーロのクランクセットには52×39T（Tはギアの歯の数を意味し、アウターギアの歯数52、インナーギアが歯数39のこと）やコンパクトドライブならば50×34Tといったフロントギアの設定が多いが、ヒルクライムなどの場合、私のような貧脚には50×34Tでもインナーギアが重過ぎて快適なケイデンスを維持するのは難しい。峠越えをのんびりと楽しみたいのならインナーギアをできるだけ小さくしたくなるが、ロードバイク用で30T未満という小径インナーは入手困難。ちなみに私はカンパニョーロが1980年代に一瞬だけ出したMTB用のトリプルギアでインナー24Tを骨董品市場で入手し使っているが、そのギアと組み合わせて使うボトムブラケットやディレーラーといった周辺パーツもレアものばかりだったので、パーツを揃えて装着し、さらにきっちりと調整して仕上げるのに半年以上を費やした。だが、それがまた楽しかったりするのである。

ハンドルがフラットバーの場合、普通ならグリップ部分だけを握ることになるが、長く走るようになるとポジションのバリエーションが欲しくなる。バーエンドにエクステンションバーやスピナッチといった補助パーツを取り付けると、上りで力を入れやすいポジションが取れるし、装着を工夫すればアップライトでラクなポジション設定も可能だ。

一見どれも同じに見えるドロップハンドルにも様々な形状や材質があり、価格の幅も大きい。自分に合った使い勝手とブレーキレバーとの相性、デザインのマッチングなどを考えるだけで、いつまでも悩み続けてしまうことになる。

お尻の痛みに直結するサドルはベテランでもハマりやすい悩ましいパーツだが、基本的にはある程度乗ってみなければ自分（のお尻）に合っているかどうか判断できないので交換は慎重にしたい。形状や硬さなど様々な種類があるが、一般に着座部の幅はロードバイク用、ツーリング用、ＭＴＢ用、女性用の順に広くなる。一般的に女性は骨盤が広いため、初心者には安定して座りやすい女性用がお勧めである。硬さも素材によって多種多様、クッションジェル入りの柔らかいものもある。

クランクは市販完成車の場合、１６５ミリもしくは１７０ミリが装着されているのが一般的で、脚が回せるようになったら少し短めに変えるとより回しやすくなるし、踏み込む力を優先するなら長めをという選択もある。

タイヤは比較的交換しやすいパーツだ。軽快な走りを楽しみたいなら細くて軽く、トレッドのないスリックタイヤに変更する。乗り心地を重視して多少の段差を気にせず走りたいならば太めのタイヤを、オフロードも楽しみたいのならばゴツゴツとしたトレッドの深いタイヤを選ぼう。同じホイール（リム）でも走るコースに合わせて、異なるタイヤに履き替えることもできる。

走りの軽さに最も効果があるのがホイールだ。リムのタイプもクリンチャー、チューブレス、チューブラーと3種類あり、それぞれにエアロタイプやディープタイプなど材質も含めて色々な選択肢がある。価格もホイールセットだけで１００万円するようなものまであり、たしかに価格に応じて高性能で走りは軽くなる。市販車には比較的ベーシックなホイールが装着されているので、多少の予算があって走りの軽さを求めるのなら、10万円以上のホイールにすると効果を明確に実感できるだろう。

コンポーネントパーツ

コンポーネントパーツとは主に駆動系、変速機系、ブレーキ系のパーツをセットとしてグレード別にラインナップした基本部品群のことである。ロードバイクのコンポーネントパーツは日本のシマノとイタリアのカンパニョーロ、アメリカのスラムで世界市場をほぼ独占しており、メーカーの選択もこの3社に絞られる。ただしこの3社の製品には互換性のないものが多いので要注意。グレードは別表のとおりだが、その差は重さが何グラム違うだとか、微妙にレスポンスがよいとか剛性感があるといったレースでコンマ1秒を競う人々のニーズに合わせたもので、どのグレードを選んでも元々の基本性能は優れているからサイクリング用にはまったく問題ない。そうはいってもデザインの好みや見栄などでより高級グレードパーツを求める人も多く、これもまた楽しみのひとつでもある。すべてのパーツを同じシリーズで揃える必要もないし、自分の

主なコンポーネントパーツ

ブランド	カンパニョーロ	シマノ（ロード用）	スラム（ロード用）
トップグレード	SUPER RECORD	DURA-ACE	RED
2ndグレード	RECORD	ULTEGRA	FORCE
3rdグレード	CHORUS	105	RIVAL
その他	POTENZA	TIAGRA	APEX

ニーズや好みに合わせて選べばよい。

深みにハマればオタクの世界？

一見シンプルな構造の自転車も、実は１００を超えるパーツからなっている。そのひとつひとつにいくつもの選択肢があり、組み合せは膨大だ。その中から自分の技術や体力、好みやセンスに合わせてパーツや組み合せを選んでオリジナルに創り上げていく。そこに喜びと満足を感じるならば、あなたも立派な自転車オタクだ。

パーツの入手はショップでの購入がいちばん安心だが、自分でメンテナンスできるなら、通販やオークションで安く上げられる場合も多い。新品にこだわる必要はないし、パーツそのものをコレクションするオタク的な楽しみ方だってある。年代モノや貴重なレアパーツを入手するのは容易ではなく、嬉々として蒐集するコレクターも大勢いるし、ディスクホイールにアニメキャラクターを描いた「痛チャリ」の世界を楽しんでいらっしゃるアニオタの方々だっている。

いずれにしても好みの自転車を創り始めると、そこには常に手を入れる余地があり、ひとつをクリアすればまた別の改造をしたくなってくるものだ。そんな自分だけのオリジナルな自転車を部屋で飲みながら眺めるのは、ある意味究極のひとり酒の楽しみかもしれない。

ナルシストなのかオタクなのか、やっぱりちょっと変態なのだろうか……。

7 仲間が増える自転車コミュニティ

ひとりで自転車にのめり込むのも楽しいけれど、仲間と一緒なら楽しみはさらに大きくなる。喜びや感動を分かち合うことができるし、トラブルのときは心強い。自転車に関する様々な情報を共有でき、アドバイスをしたりされたり相談相手になったり、ときにはライバルになることもある。走るだけでなくオフ会など、気の合った仲間同士でそれぞれの近況報告やバカ話をしながら和みの時間を過ごすこともあるだろうし、人脈が広がって仕事につながることだってある。もちろんメインは一緒にサイクリングすることだが、苦楽を共にすると一体感も生まれ、結びつきも強まっていく。

「ビンテージ自転車のオーナー」「釣り好きな自転車乗り」「折たたみ自転車を楽しむ」「シニアサイクリスト限定」「自転車アニメオタク」「カスタム好きサイクリスト」などなど、色々な自転車コミュニティがあって、SNSでは新たなコミュニティがどんどん増殖している。活発に活動していたり、逆に休眠状態にあったり、自転車にはほとんど乗らずに飲み会中心だったり、会社が推奨する職場のサークルだったりと、ホント色々。中には内紛で分裂しそうであるとか実質的に消滅しているコミュニティもあって見極めが必要だが、そうはいっても趣味の世界。ほとんどのコミュニティは「来るものは拒まず、去る者は追わず」といったスタンスで、自分と仲間が快適に気持ちよく楽しむことが目的だから、自転車を通じて色々な人たちと楽しみを広げていけばよいのだ。

とはいえ数ある自転車コミュニティをどうやって見極め、仲間になればよいのかわからないという人もいるだろう。ここでは私がよく知っていて、自信をもってお勧めする自転車コミュニティをいくつか紹介したい。

大人の自転車部

登録メンバー3万人以上を誇る、フェイスブックでは最大の自転車関連コミュニティ。創設者は著名な自動車ジャーナリストである河口まなぶさん。元F1ドライバーの片山右京さんに口説かれてロードバイクを始め、すぐにハマってしまわれ、仲間とのライドで「フェイスブックにグループがあればいいね」と盛り上がって、その日のうちに作られたコミュニティ。名誉会長の片山右京さんをはじめ、今中大介さんや宮澤崇史さんなど自転車のプロフェッショナルの方々、メーカーの方、ショップの方、メディアの方まで、様々な方が登録している。

大人の自転車部主催のライドなどはほとんどなく、個人での活動の情報シェアが基本であり、特に決まりなどは設けずに、大人の節度で自転車に関する様々な事柄を共有するコミュニティである。

多摩川サイクリングロードを走ろう

「自転車乗りには初心者やボッチライダーが非常に多い」と感じた創設者が、仲間が欲しいといったニーズに向けて多摩川周辺の自転車愛好者のグループとして2010年3月に設立。「自転車で楽しむ」をコンセプトに、毎月複数回のライドイベントなどが開催されている活発なコミュニティで、メンバーのモラルも高い。「無理はしない」をモットーに、大きな事故やトラブルを起こしたことがなく、フェイスブックの投稿も盛んである。仲間内だけの少人数でざっくばらんなグループにしたいと「非公開グループ」にしているが、それでも加入希望者は後を絶たず、登録メンバーは既に2300人以上となっている。「健康アドバイス担当」「グルメ企画担当」「ブルベ班」「技術班」「チームレース担当」「横浜周辺担当」などユニークな役割分担がなされており、ポタリング中心にグルメや観光などを兼ねたゆるい企画が多い。

企画集団らくもび

自転車に乗るコミュニティではなく、自転車を含む乗り物関係者が「楽」で「快適」で「判りやすい」移動環境の実現を目指して様々な取り組みを実践するためのグループ。サイクリストにバスやダンプカー、トラックなどの運転席に乗ってもらい死角を体験するイベントなどを、グッドチャリズム宣言プロジェクトとのコラボで行っている。サイクリストをはじめすべての乗り物の利用者と歩行者に、安全意識を高めてもらうことを目標に活動している。

PoTaBeRu

自転車でのんびり走る〝ポタリング〟を楽しみながら〝食べる〟自転車コミュニティ。「東京夢舞いポタリング」のリーダーの方が、個人で毎週のようにライドイベントを企画実施されており、マナーとルールを守って他のメンバーに迷惑をかけない方なら参加が認められる。本格的なライドが多いが、みんなでサンタやトナカイなどに仮装して走るクリスマスライドや、4時間走ってその後5時間宴会する牡蠣小屋ライドなど、ユニークなイベントも行っている。

いくつかお薦めのコミュニティを紹介したが、実はそれぞれが結構つながっている。例えば「東京夢舞いポタリング」でボランティアに協力しているサイクリストは、ほとんどがこれらのどれか、もしくは複数に所属している。色々なグループの仲間が一緒になって運営していて、横のつながりも強く一体感と仲間意識が膨らんでいく。何らかのコミュニティに参加すれば、その先には多くの仲間が待っている。ともに走り、楽しみ、苦しみ、飲んで笑って、人生を豊かにしよう！

第2章

快適に走る、楽しく走る ライディングテクニック

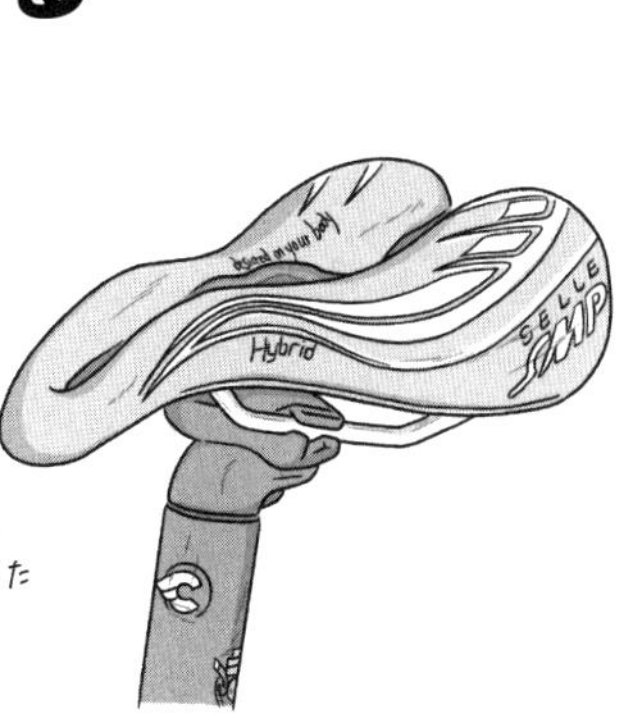

ご多聞に漏れずサドルは
試行錯誤を繰り返し、
このSMPが私のお尻に
最もフィットした

1

ビシッと決める乗車ポジションとフォーム

自転車に乗るときポジションはメッチャ大切である。安全性や快適性はもちろんのこと、ペダリングの効率にも大きく影響するからだ。それなのに最初にショップで合わせたら、あとは気にせずにそのまま乗っているという方が結構多い。もちろん走行条件や身体の状態に合わせてこまめに調整している方もいるが、本来それがあるべき姿なのだ。

ポジショニングのセオリーは色々あるが、万人に通ずる正解はない。一人ひとりそれぞれにベストなポジションがあり、フィッティングの最終判断は本人の感覚次第なのだ。快適で効率のよいポジションは乗り方や身体の状態、走行環境によっても微妙に変わるし、経験や技術、筋力や心肺機能といった身体の出来具合によっても変化する。最初は深い前傾姿勢を取れなくても、体幹に筋肉がついて柔軟性が増し、ライディングスキルが向上すると難なく取れるようになってくる。つまり「未経験者」「初心者」「中級者」「上級者」でそれぞれ適切なポジションは変わってくるのだ。ポジションとフォームは、疲れや楽しさにも大きく影響するので、例え上級者を目指すわけではなくとも自分に合わせてしっかりと調整したい。

自転車の乗車ポジションとは身体が自転車と接する部分、つまり、ペダル、サドル、ハンドルの位置で定められる自転車と身体各部の位置関係のことだが、効率、快適性、安全性のどれに重点を置くかでもポジションは変わる。速く走りたい人は限られた力を最大限に発揮しロスを最小限に抑える「効率」を求めることに重点を置くだろうし、楽しいサイクリングやロングライドを目指すならば「快適性」を求めたポジショニングになる。しかしこれらのみを追求して「安全性」を犠牲にすることはできない。速さを追求したプロ選手のライディングフォームはたしかに美しいが、一般のサイクリストにとってそれが適切なポジションとは必ずしも言えないのだ。

サドルの調整

サドルは身体が自転車に接するパーツの中で最も変更しやすく、こまめに調整できるポジショニングの要である。ポジションを決める、または変更する際にはまず乗ってみてフィッティングしながら、元のサドル位置からどれだけ変更したかをしっかり確認しておこう。ビシッと決めるには、できればその都度記録しながらセンチ単位でなく、ミリ単位で調整していく必要がある。

サドルの調整はシートポストやサドルレールにある目盛をチェックしながら、もし目盛がなければテープやマーカーなどで印をつけながら行うとよい。調整するたびに実際にある程度の距離を走って、変速やコーナリング、ブレーキングを繰り返してフィーリングを確かめながら行うのがポイントだ。

サドルの高さはペダルがいちばん下、つまり下死点にあるときに踵をペダルに置いて、脚が軽く伸びる程度と言われている。サドルを低くするとトルクはかけやすくなるが、ケイデンスは上げにくくなる。逆に高くするとパワーが出しやすくなり、トルクよりもケイデンスを重視する走りに向いている。様々な状況に対応できる適正なサドル位置を見つけよう。

サドルの前後位置は、クランクを水平にしたときに前側の膝の先端真下にペダルシャフトが来るセッティングが基本と言われている。糸の先に50円玉などちょっとしたオモリを結んで曲げた膝のお皿の縁から垂らし、クランクを水平にして、膝から垂らした糸とペダル軸が合うようにサドルの前後位置を合わせるのだ。これよりもサドルを前に出すと、ペダルに体重をかけて大きな力を出しやすくなり、後ろに引くと太腿裏側のハムストリングスを使ったペダリングとなって瞬発力は劣るが疲れにくいポジショニングとなる。

一般的にはロングライドやヒルクライムではサドルが低めで後ろに下がっているほうが、長い時間粘り強く走りやすい。前寄りで高めのセッティングはタイムレースやスプリント向きである。言うまでもなく、スタンダードな高さや前後位置が基本であり、それが自分のフィーリングに合っていれば無理に余計な調整をする必要はない。ミリ単位の調整で走行フィーリングが大きく変わるサドルまわり。変更する場合は、元の位置をしっかりメモしておこう。

足の位置のフィッティング

ビンディングシューズの場合、クリート位置は母指球の真下か、少し後ろにペダルシャフトがくるようにセッティングする。クリート位置を前寄りにするとケイデンスを上げやすくなる。逆に後ろ寄りにセッティングすれば踏み込んで力を入れやすくなる。クリートは乗り手のパワーの出力ポイントだから、好みやフィーリングに合わせしっかりフィッティングしよう。

シューズも自転車ポジションの重要な一部だが、海外メーカー品は日本人の足にフィットしないこともあるので、必ず試着することをお勧めする。

クランクの長さは一般に身長の10分の1、つまり身長170センチの人ならクランク長は170ミリというのがわかりやすい目安だ。実際にクランクを5ミリ刻みで取り換えて試すのは現実的ではないが、ケイデンス重視の人は短めに、ヒルクライムやスプリントなど踏み込みパワー重視の人は長めにするのがセオリーだ。購入する自転車に装着されているクランクが身長や好みに合っているか確認し、そうでなければ購入時に合わせておくとよいだろう。

手のポジショニング

ハンドルやステム、ブレーキブラケットの形状や位置、角度や長さなど、手のポジショニングは様々に調整でき、選択肢も豊富だ。

ハンドルはサドルやペダルよりも選択肢が広く、色々な形がある。ロードバイク用のドロップハンドルだけでもアナトミック、アナトミックシャロー、シャロー、コンパクトなどの形状があり、それぞれに合わせてポジショニングも多様になる。

ハンドル幅も380ミリぐらいから440ミリぐらいを中心に数種類設定されているが、基本的には肩幅に合わせる。幅が広いとポジションの幅も広がるが、車体の取り回しやすさや空力への影響を懸念する人もいる。肩幅は肩のいちばん高い部分（肩峰）の幅を測るのだが、自分で測るのは難しいからショップに頼もう。ちぐはぐなポジションで肘が伸びていたり、腕が肩幅の内側に入っていたりするとハンドルからの衝撃を吸収しにくいだけでなく、ハンドル操作にも支障をきたすのでしっかり調整したい。

ハンドル位置や高さを決めるステムは手のポジショニングの要だ。ステムとはハンドルとフレームを繋ぐパーツのことで、様々な長さや角度、材質がある。それなのに多くの場合は初めから付いているパーツをそのまま使っている。自転車購入後に長さの調整はしにくいから、事前にどの長さや角度がよいのかショップの人と相談して、できれば試乗もしてポジショニング調整を行ってからステムを決め、自転車購入時に適切なサイズのものに交換しておくことをお勧めする。

なお、長さや角度の調整はステム交換となるのでハードルが高いが、取付位置の高さはスペーサーを使って調整可能。ステムはフレームヘッドに数枚のスペーサーと共に差し込んであるので、このスペーサーをステムの下側に多く入れればハンドルは高くなり、逆にすれば低くなる。それでも調整しきれない場合は、ステムの「天返し」というワザがある。ステムを上下ひっくり返して装着することでポジションを変更できるのである。

ブレーキブラケットのセッティングでも手を置く位置は調整できるが、一般的にはブラケット上面を水平にする人が多い。ただそうすると指先が下向きになってしまい、単なる前傾姿勢ではなく、肘を伸ばすようなポジションになりがちだ。肘は余裕をもったほうがよいし、ハンドル荷重が大きくなると手のひらも痛くなりやすいから、ブラケットを少し前上がりの上向きにセッティングすると、手首の角度も自然になって肘にも余裕が生まれる。ただこの場合、下ハンドルでブレーキレバーを握りにくくなるというデメリットもある。ブラケットは外向きにも内向きにも角度をつけて装着できるが、少しだけ内向きが人間工学的にもよいとの意見もあり、ちょっとした最近のトレンドのようだ。

ハンドル位置と高さは、最初は「近め、高め」がラクなポジションを取りやすく、身体ができて技術が身に付くほど「遠く、低く」なっていくのが一般的である。

フォームを創る

一般的に快適さとスピードは両立しない。上体の角度が小さく前傾姿勢が強くなるほどスピードは出しやすい。空気抵抗が小さく、かつ臀筋を有効に使ってより大きな力をペダルに加えることができるからだ。反面、快適さは落ち、前方視認性も悪くなる。また手の位置がサドルから遠く、肩角度が90度を越えると肩や背中への負担も増えてくる。

ポタリングや景色を見ながらのサイクリングには、上体を起こしたアップライトな姿勢が適しているし、ラクに呼吸できるという利点もある。上体の角度が45度以上あれば首に負担をかけずに前を見ることができ快適だ。ただし上体が起きていると体重の多くをサドルで支えることになりお尻が痛くなりやすいから、その場合はサドルを少し高く、ハンドルを低くして体重を分散する。さらにペダルにしっかり体重をかけたペダリングを意識することでお尻への負荷は少なくなる。

腕は肘を軽く曲げ、ハンドルも力を入れるとき以外は緩くそっと握る。肘を軽く曲げてハンドルを柔らかく握ることで路面からの振動を吸収して身体への負担を和らげ、また、負荷がかかったときや登りなど強く踏み込みたいときにハンドルを引きつけやすくなる。

自分に合ったベストなポジションは、自分で走って色々と試しながら見つけていくしかない。そして体調や外部環境のコンディション、走るコースによっても微調整ができるようになるのが理想である。体調も気象条件もよく軽快に飛ばせそうな場合はサドルは高めで前出しに、クリート位置も少し前に出す。ロングライドやゆったり走りたいときにはサドルは低めで後ろに引き、ハンドルもアップライトなポジションにする、といった具合である。

ご紹介したのは私が中学生の頃から色々と試し培ってきた、実体験ベースの長年のセオリーだ。フィッティングセオリーは人それぞれで、専門書や雑誌、ウェブサイトなどに様々な方法が紹介されているが、最終判断は乗り手の感性による。一人ひとり体格や骨格が違えば、走行スキルや走る目的も違うのだ。自分に最適なポジションを自分で創造していくのも、自転車の奥の深い楽しみのひとつなのだ。

2 ペダリングの極意は心臓と肺で走ること！

動物である人間のＤＮＡには、歩いたり走ったりするという機能が刻み込まれている。しかし、ペダルを「回す」という機能は本来備わっていない。この地上で脚を回して移動する動物はおそらく人間だけではないだろうか。ペダリングは本来もって生まれた運動能力ではなく、技術として身に付けなければ習得できないものなのだ。

スポーツバイクのペダリングは踏むものでも漕ぐものでもなく「回す」ことが基本となる。要するに脚の回転運動を推進力に転換して進むわけだが、人間として本来備えている動きではないからあまり効率的に行えるものではない。それを技術で効率的にするのがペダリングテクニックなのだ。

効率のよいペダリングを身に付けると、脚力がなくても巡航速度を上げたり、仮に同じ巡航速度でも疲労しにくいサイクリングが可能になる。軽快な走りと疲れない快適なライドで自転車がますます楽しくなるというわけだ。ポジション同様にペダリングテクニックについても色々な説がありその理論も様々だ。究極的絶対的なセオリーやテクニックなどはなく、人によって向き不向きもあるので、これがベストという正解はない。

「心臓と肺で走る」ペダリングとは？

私が最も心がけているのは「心臓と肺で走る」ペダリングである。心臓？　肺？と思われるかもしれないが、ひとことで言うと、どんな状況でも一定の範囲に収まる心拍数と呼吸数をキープするようにペダリングすることだ。もちろん筋力も大切だが、筋力は身に付けるのも維持するのもそれなりの努力が必要である。急激には衰えにくい心肺能力を使ってのペダリングを身に付ければ、私のように努力をしない人間でも、いくつになっても末永く自転車を楽しむことができるのである。ケイデンスとペダルへの出力を一定に保つことができれば、心拍数と呼吸数が大きく変動することはない。平地の巡航でも、上りでも、向かい風でも、ペダルへの力と回転数を変動させないよう、こまめにシフティングなどで調整するのである。

ハムストリングスでのペダリング

意識するのはハムストリングスなどの大きな筋肉、それも遅筋を多用することだ。ペダリングに必要な筋肉はある意味全身に及ぶが、メインは太腿の前面にある大腿四頭筋と、腿の裏側にある大腿二頭筋、半膜様筋、半腱様筋などのハムストリングスである。

大腿四頭筋は瞬間的に大きな力を発揮する速筋を多く含んでおり、スプリントなど大きな力で踏み込むときなどに使う筋肉なので多用すると疲労しやすい。一方、ハムストリングスは膝を曲げたり股関節を伸ばしたりするためにあり、こちらは常時使っている筋肉でもあり長時間安定した力を出すことができる。脚を回すには大腿の裏側のハムストリングスを使い、腿を上下させる運動によってペダルを回転させるのがよいのだ。ちなみに回すペダリングでは、膝から下には殆ど力を入れないので、ふくらはぎの筋肉はあまり使わない。ハムストリングスを使った回すペダリングは、大きな力は出ないが疲れにくく長時間続けることができ、常に一定の力とケイデンスを保ったペダリングに向いている。しかも有酸素運動の効果も大きく心肺機能の強化にもつながっていく。

ハムストリングスを多用する走りに慣れてくると心肺機能がとても重要なことを感じるだろう。心臓と肺でペダリングすれば、筋肉や関節への負担が少なくなるし、心臓も肺も筋肉痛にはならないので翌日にも響かない。何より心肺機能はあまり苦しい思いをしなくても、使えば使うほど鍛えられていく。そうして人間の身体全体の機能がどんどん健康になっていくのである。

かるーいギアがあればいいのだが……

それでも激坂などでは太腿前面の大腿四頭筋を使って強く踏み込むことが必要となり、平地と同様の一定レベルを保ったペダリングは困難になるが、軽いギアがあればハムストリングスを使った疲れにくいペダリングが可能になる。

ちなみに第1章でもご紹介したが、私のロードバイクはフロントトリプルでインナー24T、リアスプロケットは29Tでいちばん軽いギア比は0・8。一般に市販されているロードバイクの場合、インナー34T、リアスプロケットは28Tだから1・2と、実に1・5倍もの差があって、大概の上りでは平地同様のケイデンスとパワーを保つことができる。だから軽いギアで無理せずにラクぅ～にペダルを回せるのだ。

とはいえ日本で販売されているロードバイクでインナーに24Tなどを装着している例は、まずない。一般にはコンパクトドライブでもインナー34Tが普通であり、それより小さいギアはクランクなどの制約もあって装着できないのだ。シマノやカンパニョーロなど大手コンポーネントメーカーはなぜ、コンフォートタイプのロードバイクにもプロ選手が使うようなギアを設定しているのだろう？　ぜひとも私のような貧脚向けに、少ない歯数のギアを一般的に入手でき、容易に設定できるようにしてもらいたいものである。

さて、ペダリングの具体的なテクニックについてだが、前述のとおり色々な人が様々な理論をもっており、正解は自分で試行錯誤し体得して見つけていくしかない。多くの理論を考え試しながら走るのも楽しいかもしれないが、頭がゴチャゴチャになることもある。ここでは私が意識しているペダリングについて紹介したい。

スムーズに円を描くイメージ

ペダリングでは正円に接線を引き続けるように、ペダルを丸く回すことがいちばん効率的だと言われている。つまり、回す軌跡と法線、接線の角度を意識しながら、ペダリングが描く円の接線方向に力を加えるのである。

試しにペダルから脚を外してエアペダリングをしてみると、きれいに円を描くペダリングがいかに難しいかがよくわかる。そこで最も軽いギアにして、空まわりに近い感覚のペダリングでスムーズに滑らかに円を描くように意識して回してみる。この練習で接線方向に力を加えながら、きれいな円を描くペダリングの感覚を身に付けたい。

考えながらできるペダリングのシンプルなポイントは次のとおりだ。

①　回転の上部では、前方向に力を加える。
②　ペダルが中間域にあるときは、真下に力を加える。
③　回転の下部では、後ろ方向にわずかに力を加える。

まずは、これらを意識するだけで、効率の改善を感じることができるだろう。

脚をバンジージャンプさせる？

さらに意識するのは、筋力で踏み込むのではなく脚の重さを活用してペダルを回すことだ。片脚の重量は体重の6分の1程度、体重60キロの人なら10キロにもなる。つまり2リットルのペットボトル5本分もの重さがあるのだ。

地球の重力を活用すれば、何もしなくても10キロの重さでペダルを引き下げてくれるのだ。地球に助けてもらえばずいぶんペダリングがラクになることが理解できるだろう。そのためには余計な力を加えずに、重力に引っ張ってもらうよう、脚がバンジージャンプする落下感覚を味わうようなつもりでペダリングするのである。

引き脚は踏み込むときに

ペダルを下死点まで降ろしたはいいが、その後の上死点までのペダリングが実は難しい。しっかりきれいに回せているときは特に必要ないが、いわゆる「引き脚」を使う場合もある。これは文字どおり下死点から脚を引き上げてペダルに上向きの力を加える動作のことで、言うまでもなくシューズとペダルが固定されたビンディングペダルでなければ引き脚は使えない。

引き脚はペダルを踏むのと同様の効果があるので、うまく使えるようになるとスタートや加速時、激坂など、大きな力が必要なときに有効だ。一方、ケイデンスを重視した回すペダリングでは踏み込む力はあまり必要でないため、ケイデンスが上がるほど踏み込みや引き脚のニーズは小さくなる。

ペダリング全体に言えることだが、特にペダルを引き上げる際に意識するのは足首をあまり動かさずに太腿中心に脚を運ぶことである。無意識に回すと足首が開いてしまいがちだが、これをあまり動かないように維持するには、常に踵をつま先より高く保つように意識するのがコツだ。これがスムーズに行えれば、きれいな円を描くペダリングに近づいていくはずだ。

片脚ペダリングの練習

ペダルを片脚で回すとペダリングがうまくなるといわれている。やってみればわかるが、片脚で回すと上死点・下死点で脚が止まりそうになってぎこちないペダリングになりがちだ。きれいなペダリングは上死点・下死点をスムーズに流す動きがポイントとなるが、慣れないうちは上下運動になりがちでスムーズに回すのに苦労する。上死点ではペダルを前に、下死点では後ろに力を加えることが求められるが、片脚ペダリングの練習はこの動作を習得しやすい。滑らかに片脚ペダリングできるようになれば、両脚でも左右の脚を滑らかに連動させて、円の接線に沿ったスムーズなペダリングができるようになる。

自分にあったペダリングを創造する

前述のとおりペダリングセオリーは、ペダルの位置を細かく分けたセグメント毎のノウハウや、姿勢や力の入れ方など様々な要素やロジックが数多く存在するが、私は一度にそんなに多くのことを考えながらペダリングするほどの能力を持ち合わせてはいない。ならばシンプルに考えて、いくつかのポイントのみを意識してペダリングを練習するほうが上達しやすいと思う。

ペダリングが上手な人ほど余計な力を使わずに、重力を活用した滑らかな回すペダリングになる。そして低負荷ペダリングになるほど、筋肉の収縮が弱く乳酸の発生を抑制でき疲労も溜まりにくい。ロングライドの終盤など脚に疲れが溜まってきたときには、どうすればラクにペダリングできるかを自然に模索して自発的に疲れの軽減に努めるだろう。そんなときこそ、ホントに自分に合ったペダリングを創造するチャンスなのである。自分で色々と試行錯誤しながら適したペダリングをクリエイトしていくのも、自転車の奥深い楽しみなのだ。

3

こまめなシフティングが快適ライドのコツ

ここまで心臓と肺で走るペダリングについて書かせていただいたが、心臓と肺で走るために大切なのがシフティングだ。どうすれば一定の心拍数と呼吸数を保ちつつ、仲間としゃべりながらでも快適に走行できるのかを、シフティングのノウハウから考えてみたい。

自転車走行におけるシフティングは速く走ることが主目的ではない。刻々と変わる走行環境に対応して身体の負荷を小さくし、より効率的なペダリングを行うことが目的だ。路面状況や走行環境、平地や上り下り、向かい風などの天候、体調や疲れ具合など、様々に変化する状況に合わせて脚への負荷を変えることなく一定のケイデンスを保ち続けるためのテクニックなのだ。

ギア比を理解する

まずはギア比についてしっかり理解しておきたい。

48T×16Tといった表記を見ることがあるが、これは前のチェーンリングのギア歯数が48枚、後のスプロケットのギア歯数が16枚という意味である。このギア設定の場合、前のギアが後のギアのちょうど3倍のためギア比は3・0ということになる。つまりペダルを1回転させたときに車輪は3回転するわけで、この数値が小さいほど軽いギアということになる。MTBなどは1・0未満から3・5程度のギア比の幅が大きいワイドレシオとなっており、山道のシングルトラックなど変化の大きい路面状況や走行環境に幅広く対応できる設定になっている。ロードバイクは2・0以上から4・0程度のクロスレシオになっている。基本的に舗装された道路を快走することを前提としており、小さな変化にも細やかに対応しやすい設定である。

ただし、26インチや700Cといった車輪の大きさによって、同じギアレシオでも進む距離は変わってくる。特に20インチなどの小径車の場合は、例えばギア比が3・0の場合でも700Cと比べて進む距離がずっと短くなるので、その分、より高いギア比の設定にして脚への負荷と一定のケイデンスを保つ必要がある。

状況を読み、きめ細かくシフティングする

ロードバイクの場合フロントが2枚とリアが10〜11

ギア比テーブル MTBの例

後ギア		11	13	15	17	20	23	26	30	34
	42	3.82	3.23	2.80	2.47	2.10	1.83	1.62	1.40	1.24
前ギア	32	2.91	2.46	2.13	1.88	1.60	1.39	1.23	1.07	0.94
	22	2.00	1.69	1.47	1.29	1.10	0.96	0.85	0.73	0.65

数式 ＝ 前ギア ÷ 後ギア

枚の20～22速程度が一般的だが（最近は24速まで登場した！）、この22速をどのように組み合わせて使うかというのは、初心者には悩みの種かもしれない。クロスバイクやMTBはフロントが3枚の場合が多いので30速程度の組み合わせができるが、それらすべてを使いこなすのは容易ではない。

効率的なペダリングにはこまめに走行環境に対応した頻度の高いシフティングが必須条件となる。レースの選手やベテランになるほどシフティングは高頻度になり、ツール・ド・フランスなどの選手では平均15秒に1回の頻度で変速するという。

まずは大まかなギア選びはフロントギアで行うのがよい。上りではインナー、平地や下りではアウターといった具合にフロントギアで対応し、それぞれの細かな微調整をリアのスプロケットで行うのだ。ギアを一段ずつ落としながら軽くし、ちょうどよいと思えるところからさらに1、2段落としてみよう。かなり軽く感じるかもしれないがそのぶん自然とケ

状況に応じたギアレシオとケイデンスの目安（700Cもしくは26インチの場合）

	ギア比	フロントギア	リアギア	回転数（ケイデンス）	負荷
平地	2.0～3.0	アウター/センター	すべて	60～90	一定
軽い上り	1.5～2.5	インナー	ミドル/ロー	60～90	一定
急な上り	1.0～2.0	インナー	ロー	60～70	増
下り	2.5～3.5	アウター	トップ/ミドル	60～90	一定
向かい風	1.5～2.5	センター/インナー	ミドル/ロー	60～90	一定
追い風	2.0～3.5	アウター/センター	ミドル/トップ	60～90	一定

イデンスは上がっており、なおかつスピードはあまり落ちていないはずだ。

これは一定スピードでグループ走行中にやってみるとよくわかる。重いギアを踏んでいると安定しにくく、また膝など身体を傷めやすくなる。一方で、軽いギアでケイデンスを上げれば上げるほど血流がよくなり循環機能と心肺機能向上に結びつく。1分間に60〜90回転ぐらいのケイデンスを目安に、一定の軽い力で同じ回転数をキープするスムーズなペダリングを目指したい。

スムーズなシフティングのテクニック

シフトチェンジのタイミングだが、ペダルに力がかかっているときはシフトしにくく変速機への負荷も大きくなるためNGだ。両足が12時と6時の位置、つまりいちばん上と下にきたときがスムーズにいく。とはいえとっさの状況やタイミングが合わないこともあるが、そんなときはペダリングの力を一瞬抜いて、空まわり状態にしてシフティングすればよい。ベテランほど変速ショックのない滑らかでこまめなシフティングをするものだ。

フロントもリアもシフトチェンジはペダルに力がかかっていないタイミングで行うが、歯数差の大きいフロントギアのほうが難しい。特にインナーの小さいギアからアウターの大きなギアにシフトチェンジするにはシフトレバーの操作にコツが必要で、シフトレバーをぐっと押し込んだままペダルを軽く回し続け、チェーンがアウターに移動し始めてもキープする。アウターにチェーンがすべて入ったと確認できてから指を離して完了となる。

フロントのシフトチェンジは歯数差が大きいので、脚にかかる負荷やケイデンスにも影響が大きい。

それを緩和するために、リアも同時にシフトチェンジすることがある。つまり、フロントをアウターからインナーに落とすと同時にリアも2～3枚トップ側ギアに落とす。逆にフロントをインナーからアウターに上げる場合には、同時にリアも2～3枚ロー側のギアへ上げてやるのである。同時に滑らかに操作するのが理想だが、慣れなければギアを軽くする操作を少し早めに行う。フロントを落とす、もしくはリアを上げる操作を先に行い、ギアを軽くしてから適正ギアに調整していくのが望ましい。

アップダウンでのシフティングテクニック

坂道では上りに差しかかる直前にギアを落とし、ペダルが重くなる前に次々にシフティングしていく。重くなってからでは変速するディレーラーやチェーンに無理な力がかかってしまうし、何よりも脚への負荷が一定レベルを保持できなくなる。

上り坂に入る前にフロントはインナーに入れておき、それからリアのギアを適正に調整していく。先にリアを軽くしてしまうと、リアのギアに余裕がなくなった状態でフロントをシフトダウンすることになってトルクがかかった状態での変速を強いられるし、リアギアでの調整も困難になる。

下りではペダルが空回りしないように、そしてチェーンのバタつきを防止するためにもフロントギアはアウターに入れてテンションを確保しておく。下り始めたらリアを徐々に重いギアに入れていき、速度に応じた調整を行う。下りでも加速が必要な場合に対応できるように、空回りしないようスタンバイしておくのだ。

下りからの上り返しではなるべくスピードを維持したまま、ギアはいちばん重いアウタートップに近い状態でスピードを落とさずに上り返し始める。2〜3枚リアを軽くしたところでスピードが落ちてくる前に、フロントをインナーに落として同時にリアを少し重くしてから、遅くなるごとにリアギアを軽くして調整しケイデンスを維持していくのである。

ただし坂の距離が短くて一気に上れそうだったら、フロントはアウターのまま最後はダンシングなどで上りきる場合もある。

ストップ&ゴーのテクニック

街中のライドでは信号などによるストップ&ゴーのシチュエーションが頻繁にある。信号で止まるときは停止前の減速時に、あらかじめギアを軽くしておこう。スムーズに発進できるギアを選んでから止まるのだ。私の場合はフロントギアをインナーに落としギア比が1・3程度(例えば34T×26Tなど)以下になるようにリアギアを調整しておく。

状況によってはシフトダウンできずに重いギアのまま止まってしまうこともあるが、その場合ビンディングペダルであればフロントに加重してリアを浮かせれば、クランクを回してシフティングすることができる。トップチューブをまたいだままの状態で片足(通常は右足)はペダルの上においておき、フロントブレーキをかけながらハンドルを前方に押して後輪を浮かせた状態でペダルを回し、シフトダウンするのである。コツがわかればフラットペダルでもできるワザだ。

実はこの信号などでのストップ&ゴーはシフトトチェンジテクニックを習得するよいトレーニングになる。走行負荷が大きく変わるストップ&ゴーをスムーズにこなすことが、上達に役に立つのだ。

チェーンをたすき掛けにしない

チェーンはできるだけフレームラインに平行に近いほうがよい。フロントがアウター（外側）でリアがロー（内側）や、フロントがインナー（内側）でリアがトップ（外側）などの場合は、チェーンが斜めの、いわゆる〝たすき掛け〟状態になる。これではチェーンやギアに無理な力がかかるしエネルギー効率も悪い。スプロケットやチェーンの寿命を縮めることにもなるからできるだけ避けたいところだが、そのためには他のギアの組み合わせで同様のギア比に設定すればよい。

例えばフロントアウター50T、リアがロー25Tとなっている状態と、フロントをインナー34Tに落としリアを真ん中あたりの17Tにした場合、このギア比は両方とも同じになる。

50÷25＝ギア比：2・00　／　34÷17＝ギア比：2・00

前者がたすき掛け状態になっているのに対し、後者のチェーンはフレームのラインに平行に近い状態になっている。たすき掛け状態では、リアギアは一方通行にしかシフトができず、スムーズなシフティングもしにくくなるのでいいことはひとつもない。

4 ラクぅ〜に上る 坂を楽勝でこなす方法

峠へのチャレンジは感動と爽快感に満ちている。峠越えは自転車と苦楽をともにしながら一歩ずつ目標に向かって上り、一緒になって爽快に下り、そして自転車との一体感を味わえるサイクリングの醍醐味だ。マラソンを愛するランナーがゴールしたときに達成感を得るのと同じように、ヒルクライムを愛するサイクリストは、上り切ったときの達成感が大きな目的でもある。

ところで、私はヒルクライマーでもアスリートでもなく、快適な自転車ライフを楽しむ峠好きのホビーライダーであってスピードは求めていない。従って、限界に挑戦するタイムアタックや、いかに速く上るかといったノウハウではなく、ラクに上ってヒルクライムを楽しむ方法について、個人の見解を述べさせていただきたい。

ペースを一定に保つ

ヒルクライムで肝心なのは、バテずに心地よく上りきることだ。上り始めから飛ばしてバテてしまい、ヘロヘロになって峠に辿り着く人をよく見かけるが、これではツライだけ。無理のない自分のペースを知り、それを守ることで快適に上りを楽しむことができるのだ。

目安としては会話ができ笑っていられるペースがお勧めだ。そのぐらいのペースなら息が上がってヘロヘロになることはない。前半は余裕を持って息を切らさないようにゆっくり上り、最後まで体力や脚力を残すことを意識するのがコツ。ゆっくりマイペースで上っていれば、いつかは頂上に到着するのだ。

ヒルクライムでは上り勾配が常に一定ということはない。勾配がきつい部分ではがんばるしかないから、勾配が緩むとついゆっくり走って休みたくなるが、それではペース（＝身体への負荷）が一定にならない。勾配がきつい部分はペースを落としてゆっくり上り、勾配が緩い部分ではペースを落とさないようにして、勾配によって負荷が変わらないようにする。一定のペースというのはスピードのことではなく、身体への負荷を一定にすることであり、これが疲れずに快適に上る大切なポイントなのだ。

リラックスできるポジションを

ラクに快適に上るには、ペダリングやフォームを安定させることが大事だ。そのためにもリラックスできるポジションが重要であり、状況に応じてフレキシブルにポジションを変えられるようにしたい。上半身はアップライトかつ自然に前傾したラクなポジションを心がける。腕がつっぱると肩まわりの筋肉が縮まってしまい疲れの原因になるだけでなく、ハンドルを引きつける際に上半身のパワーがうまく伝わらなくなる。腕は力を抜いて軽く肘が曲がる程度にリラックスさせる。両手はブラケット部分を握ってもハンドルバーの上部でもよい。上ハンドルを持つと呼吸がしやすい。

使う筋肉を時々変えてみる

平地では脚を止めてもしばらく自転車は走り続けるが、重力に逆らって走る上りでは常にペダルを回し続けなければ前に進めない。逆に言えば走りながら休むことができないわけで、同じ筋肉ばかり使っているとどうしても疲れが溜まってしまう。そんなときは使う筋肉を切り替えて上るのがコツだ。周期的にお尻の位置をずらしてポジションを変えることで、使う筋肉群を順番に休ませるのだ。フレッシュな筋肉群を使いつつ、疲労した筋肉群に小休止を与えることで、疲れを和らげることができる。

難しいことを言っているようだが、例えば最初はサドルの後方に腰を据えて臀筋群を活用する。次第に疲れを感じ始めたらサドルの前方に座り大腿四頭筋からの力をより引き出せるようにしてみる。また、座ったままで長時間ペダルを回していると背筋や腰を伸ばしたくなってくる。そんなときはサドルから腰を浮かせて数秒間だけでもダンシングすれば、背中や腰、両脚のストレッチにもなる。

ただしダンシングを長く続けると脚が酸欠状態になって疲れやすくなるから短時間に留めよう。ダンシングでは尻をサドルから前に浮かしてクランクの中心の真上に持ってくるが、勾配に合わせて腰の位置は前寄りになる。常に地球の重力の軸に合わせるイメージだ。

体重をペダルに乗せて、重力で引き下ろしてもらうようなイメージでペダリングする。身体を左右に振るのではなく、軸をぶらさずに踏み込みに合わせて自転車を左右に振って、身体の垂直を維持することがポイントだ。尻に痛みや圧迫感を感じたときも、少しだけダンシングすると痛みが和らぐことがある。また、急な勾配では積極的にダンシングを取り入れてもよい。息があまり上がらないように、ゆっくりとしたダンシングで急勾配をクリアするのだ。これらの流れを周期的に繰り返し、ペダリング時に使う筋肉を意識してこまめに変えることが、疲労を溜めない秘訣なのだ。

重量を軽くすればラクに上れる

重力に逆らって坂を上るヒルクライムは、持ち上げる総重量が軽ければ軽いほどラクなる。ロードバイクの車重はもちろん、飲み物や補給食、防寒衣や工具類等の携行品、そしてあなたの体重も！　だから不要なものはできるだけ持たないほうがよい。コース途中に補給ポイントや自販機があるなら飲み物や補給食は最小限にする。ただし、上りではこまめな水分補給が欠かせない。喉が渇く前に少量の水分補給を頻繁に行うのが望ましいので、必要量を考えて持って行こう。

また、荷物はできるだけ車体に装着して直接身に付けないようにする。リュックなども背負わないほうが疲れにくい。

総重量の中で最も重いのは自分の体重であり、実はいちばん不要なのは自分の身体についた余分な脂肪だ。ロードバイクを1キロ軽くしようと思ったら、場合によっては何10万円も必要になるが、自分の体重を1キロ軽くするのは、ほんの少しの努力で実現可能だ。エンジン出力（自分の体力）が同じならば、重いほど速度が遅くなり、燃費も悪くなることはご理解いただけるだろう。

ときには無理せず押して上る

ロードバイクなどの場合、フロントのインナーが34Tまでしかなく、急勾配ではケイデンスを維持できないこともあるだろう。そんなときは道路を蛇行しながら上る方法もある。蛇行するとわずかだが勾配は緩くなるので（その分、走る距離は伸びるが）、脚への負担を軽減して上り続けることができるのだ。とはいえ急勾配での蛇行はハードな状況下での複雑な動きで、周囲への注意もおろそかになりがちだし、クルマと接触する危険もある。テクニックとして覚えておくのはよいが、決して無理する必要はない。坂がキツければ降りて押せばよいのだ。歩く程度の遅いスピードではそのほうがエネルギー効率の観点からもラクになる。見栄を張らず、がんばり過ぎないほうが結果的に楽しめるじゃないか。

ルートプランニングでラクするコツ

ルートプランニングの小技として、上りを短く、下りを長く走れるように設定する手がある。同じ峠をどちらか上ればよいのか？　急坂を上るのは大変そうだが、短距離短時間で高度を稼げて実は効率的だったりする。そうして下りは長い距離をたっぷりと楽しむのだ。下り坂で急勾配や急カーブが続いても、なかなか楽しめるもんじゃない。

また、上り始めから峠までの距離と標高差を事前にしっかりと認識し、余裕をもっておおまかな所要時間を把握しておこう。スピードは平均勾配にもよるが、だいたい時速4～10キロでゆっくりと進むことを前提にしておく。橋や分岐といった主要なポイントの通過予想時間をあらかじめ設定しておけば、ペースの適切さや峠までの距離、標高差なども認識できて気持ちがラクになる。また、高度計やGPSがあれば、標高や現在地がリアルタイムでわかり、精神的にもラクになるのでお勧めだ。

苦しいだけに思えそうなヒルクライムだが、慣れてくると楽しく気持ちよくなってくる。そこにはハマると抜けられない、底なしの愉悦が待っている……。

5 テクニックの差が出る下りを速く安全に!

ダウンヒルは判断力とテクニックで上達する。上りや平地などほとんどの場合は体力や持久力がモノを言うが、そこに自信はなくともダウンヒルでは上級者になれる。ダウンヒルの爽快感は自転車の醍醐味だが、そのテクニックは体力や筋力では身に付かない。何よりも安全を確保することが最優先であり、危険を避け先を読む判断力、安全なライン取りやコーナリングのテクニックを知力とセンスで身に付けたい。安全技術が身に付いていないならば、スピードは求めるべきではない。

安全がすべてに優先する

ダウンヒルでは大怪我や命にかかわる事故に遭遇するリスクが高くなる。わずかな操作ミスや判断の遅れが転倒や衝突といった大事故につながるからだ。対向車線に飛び出してしまったタイミングでクルマが来たら、転倒で崖下に落ちたら、バランスを崩したりカーブを曲がりきれなかったりして路壁に激突したら……このように、命をも奪いかねないリスクがあることを常に意識しておく必要がある。高価な自転車が甚大なダメージを受けるリスクもあるし、仲間や他の道路利用者を巻き込むことだってあるのだ。

路面状況、対向車、後続車、カーブの度合い、道の広さ、勾配の変化、風向きや強さ、カーブミラー、自分のポジショニング、前後を走る仲間の動き、などなど下りでの注意点は多い。特に路面状況は石、砂、木、落ち葉、ゴミなどの落下物や濡れ具合、穴や溝など凸凹に目を凝らして注意しよう。また、カーブの内側は砂や埃が溜まりやすくなっているのでスリップに十分注意したい。

自分が安全なラインで下っていても、対向車線からクルマやオートバイがセンターラインを超えて膨らんでくる可能性があることもしっかりと意識しておきたい。タイムを競うレースではないのだから、人より少し速く下ったところでたいした意味はないのだ。ダウンヒルを安全に、そして快適に楽しむテクニックについて考えてみよう。

下りの準備は峠でしっかりと

ヒルクライムでは体温が上昇し、汗でウェアも湿りがちになるが、そこからのダウンヒルでは風を受けて体温が下がるから、湿ったウェアではどんどん体温を奪われてしまう。身体が冷えるとブレーキングが遅くなったり、身体がこわばってハンドリング操作が鈍ったりと危険要素が増えていく。さらにダウンヒルで重要な判断力が低下し、周囲の状況をしっかり把握しての的確なライン取りやスピードコントロールが鈍るおそれがある。

そんなトラブルを未然に防ぐためにもヒルクライム後はちゃんと休息を取り、呼吸や心拍を整えておこう。そして防寒のためにウィンドブレーカーなどを着用して体温低下を防ぐ。標高の高い峠では、上りきったときに感じなくても下り始めると想像以上に寒いことがあるからだ。上りではフロントインナーを使っていただろうが、下りではチェーンのバタつきを抑えてテンションを取るためにアウターに入れるのが望ましい。下り始めたら少しずつリアのギアを重くしていき、加速が必要な際に踏み込める程度のギアに早めに入れて気持ちもダウンヒルモードにセッティングしておく。

重心を低く、しっかりポジショニング

平地や上りのポジションで下るとどうしても前かがみの前輪荷重になってしまうので、後輪荷重を意識しよう。お尻をサドルの後方に移動し、できれば浮かせた状態もしくは、太腿でサドルのノーズ部を挟むようにする。ペダルは水平に保って利き脚を前に持ってくる。こうすると体重がペダルにかかって重心が低くなるからだ。自転車は重心が低いほど安定するので、より地面に近い場所に荷重するほうが好ましい。どかっとサドルに腰かけたままだと重心位置が高くなるだけでなく、路面からの振動が直接身体に伝わって視線もブレやすくなってしまう。

膝、肘、手首、足首などに余計な力を入れず、関節を柔らかくして路面からの振動を吸収させる。後輪にしっかり荷重をかけるとハンドル操作が軽くなり、またブレーキングでの後輪の制動力もアップする。

ハンドルはドロップポジション（ハンドルの下の部分）を握ると重心が下がって車体が安定しやすくなるし、ブレーキレバーも指先の少ない力で引くことができる。それにブレーキブラケットを握る場合に比べて、数センチは後方を握ることになるので、そのぶんサドルの後ろに乗りやすく後輪荷重しやすい。とはいえ姿勢が前のめりになるドロップポジションにとまどう人もいるだろうし、自分が

ブレーキ操作しやすいのならブラケットを持っても構わない。安心して確実に操作できるポジショニングが大切である。

顔は下を向かず、常に頭を地面と垂直に起こして視界を広く確保する。しっかり顔を上げて広い視野を保ち、先々までの状況を的確に判断して対応できるようにしよう。

また血流をよくし、体温を下げないためにも時々脚を回してやるとよい。カーブの立ち上がりなどでは積極的に脚を回して温めておこう。

ブレーキングは早めに少しずつ

ブレーキングは車体が安定している直進時に行い、コーナリング中はできるだけしないこと。カーブに進入する前にその状況や先を予測し、安全に曲がりきれるスピードまで十分に減速してブレーキングを終わらせておく。

直線での減速はフロントブレーキがメインになる。制動力はリアよりもフロントブレーキが圧倒的に強いから、強いブレーキングでは前輪8：後輪2程度がよいと言われている。ただし無暗に力を入れると安定を失い転倒のリスクもある。フロントブレーキでの急減速は前輪がロックすることもあるので、早めにリアブレーキで少しずつ減速しながらフロントブレーキを強めるなどしてうまくコントロールしたい。そしてブレーキング中に荷重が前にかかり過ぎないよう、腰を後ろに引いておくのもポイントだ。いずれにしてもブレーキは早めに、少しずつ減速するのが安全のための必須条件だ。

先の状況を読み違えたり想定外の障害物があるなど、カーブに入ってから減速が必要になった場合には、リアブレーキを軽くかけるいわゆる〝当て効き〟で微妙なコントロールを行うが、カーブでのブレーキングはスリップや転倒につながりやすいので特に慎重に。急ブレーキは非常に危険であり厳禁だ。

また、長い下りではブレーキレバーを握り続けて手が痛くなることもあるが、そんなときは身体をブレーキにする。上体を大きく起こして風圧をモロに受けて減速するのである。ずっと前傾姿勢を続けているストレスからも解放され、周囲を見る余裕も生まれてくる。直線の安全な場所で行える気持ちよい瞬間だ。

走行ラインを見極める

ダウンヒルであっても道路交通法に基づいて自転車は左側走行だ。直線路や見通しのよい大きなカーブならばキープレフトを維持しよう。しかし急カーブやつづら折れ、S字カーブやヘアピンカーブなどでは、ずっと道路の左端をキープして走行するには無理がある。カーブのライン取りは周囲の状況と安全の確認をしっかり行い、センターラインを絶対に越えないこと。これが大原則だ。

右カーブの場合は道路の左側から入って行き、後続のクルマなどに注意しながらカーブの頂点付近で走行レーンの中ほどに切れ込んでいく。そして再び左側に抜ける「アウト〜ミドル〜アウト」が基本。左カーブの場合は、同様に「ミドル〜イン〜ミドル」もしくは「ミドル〜イン〜イン」のラインで曲がれば、安定してコーナリングしやすくなる。

カーブの曲がり具合や路面状況、勾配やクルマのエンジン音など周囲の状況をしっかり把握して、その瞬間に見えている状況だけでなく、その先がどうなっているかも予想しながらカーブへの最適な進入速度と進入位置を見つけ、それらを総合的に判断してラインを決める。

コーナリング中にペダリングして加速することは、安定を失いかねないのでできるだけやらない。それだけにラインをしっかり決めることが大切で、その後はラインに乗って重力に引かれるままに狙ったとおりにカーブを抜けていくのである。

カーブでのポジショニング

カーブに近づいたら曲がる方向、つまり左カーブであれば左脚のペダルを上死点の12～1時あたりの位置でキープして、カーブの終わりが見えるまでペダリングを停止する。遠心力で外側に膨らもうとする自然の力学に対し、車体を内側に傾けてバランスを取るが、その際内側のペダルを上げて曲がる方向に膝を開くと、より重心が下がって安定しやすい。ペダルを上げておくことでペダルが地面に接触するのを防ぐこともできる。

カーブを走るときに意識しなければならないのは、〝曲げるのではなく曲がる〟ということだ。スピードが出ているときに曲がるには自転車が傾く必要があるが、自転車が傾くと前輪は傾けたほうに自然に切れ込む。ハンドル操作で曲げるのでなく、身体と自転車を曲がりたい方向へ傾けて、切れ込んでいく感覚で曲がるのだ。

外側のペダルは下死点付近において荷重をかける。コーナリング中に最も地面に近づくのは外側の足であり、ここに体重をかけることで自転車が安定するからだ。外足荷重でタイヤのグリップを高めることができるし、地面に押し付ける感じにすることで横滑りにも対応しやすく安定感が増すのだ。視線は顔を上げてカーブの最も遠い所を見ながら、狙ったラインどおりにトレースして行く。

車体と身体の位置関係

カーブで自転車を傾ける際、安定を保つためタイヤのグリップを活かす必要がある。カーブに差しかかったらブレーキングで後ろに引いていた腰を元に戻して、ニュートラルポジションを取って前輪を安定させる。

自転車と身体の傾け方には自転車を中心に身体がどちらに傾いているかによって、次の3つのパターンがある。慣れないうちは自転車を傾けるのが怖いという人もいるが、頭を傾けずに（これがポイント！）外脚荷重を意識すれば安定して曲がれるので、身体で覚えたい。

「リーンウィズ」とは、身体と自転車の傾きが一直線に上になる基本フォーム。

「リーンアウト」はきつめのカーブでもスピードを殺さずに抜けて行けるテクニカルなフォーム。

「リーンイン」は路面が荒れている場合や、安定を確保したい際のフォームだが、スピードはやや落ちる。

最初のうちはリーンウィズだけでもいいが、状況によってこれらを使い分けることができれば、快適に速く下れるようになる。

カーブを抜けて行く

カーブの終盤では視線をカーブの出口からその先に合わせる。下を見ないように顔をしっかり上げて、対向車が来ていないかなどしっかり周囲を把握して、カーブミラーがあれば先の状況をチェックする。カーブが緩くなってきたら傾けていた車体を徐々に起こしてペダリングを再開する。カーブに入る前にギアを1、2枚分軽くしておくとカーブからの立ち上がりがスムーズになるので覚えておきたい。ただし、次々とカーブが続くコースもあるので、安易に加速ペダリングせずに、先を見て状況に応じて対応する必要がある。

ちなみに左回りカーブよりも右回りカーブを苦手とする人が多い。世の中には右利きの人が多いが、右利きの人は左足が軸足の場合が多いという。軸足中心の回転はラクだが、軸足でない右足を中心に回るのは右利きの場合不得意となるというわけだ。また、地球の自転も公転も左回りであることが先天的に影響しているという説もある。ちなみに陸上やスケート、野球などのステージはすべて左回り設計となっている。

周辺状況への注意

仲間とともに下る場合は、お互いが干渉しないように車間を十分に取ろう。しかし、個々人のスキルの違いから近づき過ぎたり追い越したりする場合もあるし、大人数の集団だとダンゴ状態になることもある。どうしても抜きたいのなら、大きな声で「右から抜いて行きま〜〜す！」と叫んで相手にしっかり知らせる必要がある。

前を走る者は後ろを振り返ってはいけない。ダウンヒルの高速状態で後ろを見ようとするとバランスを崩しやすく危険だし、その間は前方を確認できないから、前を見たら対向車線からクルマがはみ出してきた！　なんてことになりかねない。サイクルコンピュータなどを見つめることも同様に危険。ハンドサインも無理して出さない。高速でのセンシティブなハンドリングが必要な状況で、片手運転はバランスを失うリスクが高くなる。

集団でダンゴ状態になったら、いちばん遅い人にスピードを合わせてお互いに車間距離を取るようにしよう。抜くのは見通しのよい直線で、安全を確認してからだ。クルマやオートバイが追い抜きをかけて来たら、左に寄って抜かせてあげよう。戦いを挑んでも危険が増すばかり。特に休日のドライバーは峠道に慣れていないことも多いから平日以上に注意が必要だ。

下りでは自転車でもいとも簡単にスピードが出る。これは初心者でも同じだが、スピードをコントロールする技術がなければ危険なのは誰にでもわかること。ハイスピードで下りながら確認すべき情報が非常に多く、かつアクションを即断即決する判断力も必要だ。総合的な判断力とコントロールテクニックは一朝一夕で身に付くものではないが、経験値を高めることで徐々に対応できるようになり、自然と身体が覚えていくのである。

安全確保のテクニックを身に付ければ、後はスピードへの恐怖心との戦いである。ただしそこにはダウンヒルに吸い込まれていく、ちょっと危険な快感が待ち受けているので要注意だ……。

6

悪路走破の快感でMTBにハマってしまう！

自転車が世の中に広まり始めた頃、道路は未舗装路が多かった。ツール・ド・フランスも初期の頃はほとんどが未舗装路だったし、今でもダートや石畳の道がルートになることがある。自転車は未舗装路の走行からその歴史が始まったのであり、ある意味それは原点であってライディングテクニックも未舗装路の走行から学ぶことが多い。様々なコンディションをクリアするテクニックの先に、大自然をフィールドにした広大な楽しみが待っている。

ロードバイクでの悪路対応

ロードバイクや細いタイヤのクロスバイクで走るとき、多くは舗装路が前提となる。しかし郊外や山の中などでは舗装されていない路面に出くわすことも少なくない。多いのは道路工事で舗装が剥がされているケース。また山の中の林道も多くは舗装されているものの、途中で未舗装区間が出てきたりする。

細いタイヤは未舗装には向かないのでそこはテクニックでカバーする必要がある。舗装路と同様のスピードで突っ込むと転倒やパンクのリスクがあるのは言うまでもないが、基本は未舗装部分に入る前にスピードを十分に落とすこと。路面状況によっては歩くようなスピードにすることだってある。

　そしてギアを軽くしてケイデンスを上げ、自転車を安定させることが大切だ。重いギアで荒れた路面を走るとトラクションを確保し辛く転倒しやすくなる。少しでも危険を感じたら無理せず降りて押すようにしたい。視線は下を向かず数メートル先の路面をしっかりとよく見て、路面のデコボコはもちろん、石や木が落ちていたり水の流れた溝や穴があったりするので注意しよう。

　路面状況に慣れてくるとスピードを出したくなるが、調子に乗ると細いタイヤは簡単にパンクしてしまう。さらにリムを傷めてしまうこともある。またスピードを出すと細いタイヤではハンドルを取られて転倒するリスクも高くなる。そうなると自転車も身体も大きなダメージを負うことになるから、スピードを落として細心の注意で走行したい。特に小径ホイール車の場合はハンドルが取られやすくなるので気が抜けない。

ポジショニングとパンク回避

　そんな不安定になりやすい未舗装路では、重心を下げて自転車を安定させることを意識しよう。高めのケイデンスでなるべくサドルには体重をかけず、少し尻を浮かすような感じのペダル荷重で低重心を心がける。下りなどペダリングが必要ない状況ではペダルは前後水平にしたポジションを取って、肘や膝を軽く曲げて路面からの振動を吸収する。ハンドルは軽く握って、いつでもブレーキを操作できるように指をかけておく。

　気を使うのはパンクだ。まずはタイヤに十分な空気を入れておく。タイヤ側面に記載されている推奨空気圧の上限近くが好ましい。ロードバイクなら通常は6〜9気圧程度だが、注意してスピードをしっかり落としていれば、これでリム打ちパンクは概ね避けられる。

タイヤ側面に石や突起物などをぶつけてのパンクは、しっかり路面を見て避けるしかない。ただしサドルにドカっと座っていると衝撃を緩和できないから、路面からの突き上げも膝と肘で吸収してパンクのリスクを少しでも低減したい。

グラベルの対処法

グラベルとは未舗装路の中でも、いわゆる砂利道のことである。砂利の大きさや深さなどで走り難さは異なるが、玉子やピンポン玉のような大きな石が敷き詰められた深いグラベルだとタイヤが潜ってハンドルが取られ、さらにポンポンと路面から跳ね上がったりして、タイヤの細いロードバイクには難関だ。一定以上のスピードで走ったほうが安定しやすいが慣れていないとかなり難しいので、そういうシーンでは素直に自転車を降りて押すことをお勧めする。

一方、小石が薄く広がっている程度のグラベルならば、経験とスキルで走れるようになるだろう。ポイントは軽いギアでクルクル回してケイデンスを上げ、路面からの振動による減速を抑え込むことだ。ハンドルはしっかり握って左右に振られがちな動きを抑え、まっすぐ進むように補正しながらハンドルを取られないように進路を矯正していく。両輪のトラクションを確保するため、ダンシングはしないでサドルに座ってバランスを確保し、特に後輪が空転しないように意識する。言うまでもないが、タイヤを太いものに履き替えれば走行は安定するが、その代わり舗装路での走りは重たくなる。

ロードバイクでも活きるMTBテクニック

未舗装路の中でも、荒れた道、泥でぬかるんだ道、深い砂利道などでは路面状況も目まぐるしく変化する。路面からの突き上げや抵抗も大きく、縦にも横にもスリップしやすくなり、ブレーキをかけると簡単にロックしてしまう。ハンドル操作も俊敏さとしなやかさが要求され、絶え間なく不安定で不規則な変化に直面し続けることになるが、これらをテクニックでクリアしていくのも自転車乗りの快感であり、楽しみでもある。

ちなみに世界で最も格式あるワンデーレースのひとつ、「パリ〜ルーベ」は相当な悪路を走るレースだ。近年タイヤ幅は広がる傾向にあるが、それでも出場選手の多くは28〜30ミリ幅のタイヤを装着したロードバイクで走っており、テクニックを身に付ければ悪路でもロードバイクで走破できることを証明している。また、シクロクロスはもともとロードレース選手の冬季トレーニングとして始まった競技であり、不整地を走ることで自転車の操舵能力、瞬発力を高めるよい練習になっている。

そうはいっても我々がロードバイクで悪路を走るには限界があるし、そもそもロードバイクはそのようなコンディションでの走行を楽しむモデルではない。MTBのように極太タイヤでゴツゴツのトレッドがあれば、走行不能と思われる悪コンディションでも驚くほど簡単にクリアできるし、あるいはそこがエキサイティングなフィールドになって新たな世界が広がるかもしれない。それにMTBのテクニックを身に付ければ、ロードバイクのテクニック向上にも大きく役立つだろう。

ギャップを超える快感

ＭＴＢに乗ってまずトライして欲しいのはギャップ越えだ。実際ロードバイクで走っていても路面の段差や緊急時の歩道への乗り上げなど、とても役立つテクニックだ。

①－段差やギャップが近づいたらスピードを落とし、尻を浮かせるポジションを取る。
②－段差に対してできるだけ直角に入るように進路を整える。
③－ペダルの位置は利き足を前にして、２時くらいの位置で踏み込みに備える。
④－肘を少し曲げて前傾になり、しっかりハンドルを握る。
⑤－段差の手前でペダルの上に立ち上がるように踏み込む。
⑥－同時に上体でハンドルを引き上げ、前輪を段差の上に乗せる。
⑦－前輪が段差に乗り上げたショックがあれば、肘で吸収する。
⑧－直後に全体重を前方に移動させ、ハンドルを前方下にグッと押し込む。
⑨－両ペダルのビンディングを同時に引き上げて後輪を浮かせるようにする。
⑩－後輪が段差の上に乗り上がったら、軽くペダルを回して安定させる。

ＭＴＢで山道のシングルトラックを走行する際にはこのギャップ越えを頻繁に繰り返すことになるが、思い切ってトライすると意外に簡単にクリアでき、ちょっと快感になる。スキルを磨けば数10センチのギャップなら難なく超えられるようになり、そのたびに快感が連続的にやってくるので、やっぱりやめられない!?

階段下りはリズムが大切

次は段差下り。実際に山道のシングルトラックを下っていて多く出くわすのが丸太などを利用した階段だが、長い階段に怖じ気づいて自転車を降りて下るのは、MTBライダーとしては少々残念だ。ちょっと勇気を出して階段下りにトライしてみよう。

①－下り始める前にサドルをいちばん下まで下げておけば、よりラクにポジションを取りやすい。
②－階段手前でスタンディングに近い状態までスピードを落とす。
③－スタンディング状態でペダルを水平に保ったまま、前輪を階段に差しかける。
④－前輪が落ち始めると同時に、腕を伸ばし、しゃがみ込むような感じで尻をサドル後方、もしくは後輪の上に持ってくる。
⑤－前後輪の着地のショックを膝と肘で吸収する。
⑥－傾斜が緩い階段の場合、両輪が落ちた直後にポジションを少しニュートラルに戻す。
⑦－次の段差に落ち始めたら、またサドル後方に尻を置くポジションを取る。
⑧－傾斜がキツイ場合は、尻をサドル後方、もしくは後輪の上のポジションを取り続ける。
⑨－下りだしたら途中で止まらないように、一定のスピードを維持する。
⑩－ドンッドンッドンッっと一段ずつリズムを取りながら下り続ける。
⑪－傾斜がキツくなり怖くなっても、勇気を持ってなるべく止まらないように踏ん張る。迷いは禁物、覚悟を決めたなら、思い切りよく最後まで挑戦を続ける。

⑫－残り数段程度になったらブレーキを緩め一気に転がして下りきる。

下りきると思わずニヤッと笑みがこぼれて、ちょっとした達成感が味わえる。ＭＴＢシングルトラックでは、こんな小さな喜びが次々に味わえるのである。

急登は一気に上る

距離が短く路面状況がそれほど酷くない場合は、急登は一気に上り切るのが気持ちいい。

①－急坂に差しかかる手前でギアを軽くし十分に加速する。
②－上り始めたらペダルが重くなる前に一気にギアを軽くしていく。
③－お尻はサドルの前方に移動し上体を前傾させ、ハンドルに近づけて前後輪にかかる体重を均等にする。
④－ハンドルをしっかり引きつけつつ覆い被さる感じで体重をかける。
⑤－前輪が浮きやすくなるのでしっかり地面に押し付ける。
⑥－後輪をスリップさせないため、できるだけ立ち上がらずにトラクションを確保し、円滑に一定のリズムでペダリングする。
⑦－急登の前方を見据えて、ペダルをしっかり回し続け、あきらめずに上り切る。

急な下りは度胸の見せ所

急坂下りはある意味度胸だめしで、傾斜に対する恐怖にどこまで打ち勝てるかが大きなポイントになる。

①－急坂に差しかかる前に尻をサドルから後ろにずらし後輪の上に持ってくる。
②－ペダルは水平にして両足に体重をかけ、尻を浮かせることで重心を下げて安定を確保する。
③－手を軽く伸ばしてブレーキをしっかり握る。
④－前輪・後輪同時にブレーキをかけ、タイヤがロックしないようにジワーと握る。
⑤－できるだけ直線的にラインを取る。
⑥－ハンドル操作はしないほうが転倒のリスクは少ない。
⑦－膝と肘に余裕をもたせ振動を吸収させながら思い切って下る。
⑧－終盤になったらブレーキを緩め一気に下りきる。

なお、階段下りと同様に、事前にサドルを低く下げておくとよりラクに下りやすい。

ライン取りは状況の即時判断と思い切り

スムーズな走行には上手なライン取りが必要になる。大切なのは「いちばん簡単に走れるライン」を見極めることだ。路面を読み、ラインを決めるポイントを考えてみよう。

・石や岩、木の根などの障害物が少ないか
・石の上は通れるか

・右側、左側、真ん中のどこが走りやすいか
・凹凸はないか
・タイヤのグリップが確保できる路面か
・砂などが浮いていないか
・ぬかるみは突破できそうか
・落ち葉の状況は
・グレーチングはないか
・空中に枝や草、つるなどが張り出していないか
・雪の状況は
・カーブのきつさは
・傾斜の変化は
・ペダリングのニーズは
・先の状況につながるラインか

などなど、状況をしっかり見極めて瞬時の判断でラインを選び自転車をコントロールする。判断の基準になるのは自分のスキルであり、自分でクリアできるラインを常に見つけ、ときには想定より難しくても思い切ってトライすることが上達につながっていく。これらのＭＴＢ基本テクニックを身に付ければロードバイクでも転倒やパンクのリスクを減らすことができるし、様々なライディングテク

ニックの向上にきっと役立つはずだ。

最後に、ＭＴＢを楽しむ際、山の中ではハイカー優先であることをしっかり意識していただきたい。「どけどけっ！」といった態度は言語道断。ハイカーがいたら「こんにちは」と挨拶し、道を譲ってくださった際には互いの安全を確かめながら「ありがとうございます」とお礼をするのが最低限の常識だと思う。また、山での常識やリスクについても理解しておきたい。自然へのインパクトを抑えることを心がけトレイルから外れないようにするだとか、山の天候を理解するだとか、ゴミは持ち帰るだとか……。残念ながらこのような基本的マナーを守らないＭＴＢライダーがいるのも現実で、結果、自転車進入禁止の山道が増えてしまった。

これ以上閉め出されないように、マナーとルールの厳守を一人ひとりが心がけたい。

7 過言ではない！天気がすべてを左右する

快適に走る、楽しく走る、天気はそのための最も重要な要素のひとつだ。どんなに華麗なライディングテクニックを身に付けていても、本来どれほど景色のよい素晴らしいコースであっても、大雨や暴風では快適でも楽しくもない。事前に天気に関する情報をしっかりと入手して自分で考え、分析して、より正確に判断することは、ライディングテクニックとともに自転車を楽しむのに必要かつ重要なノウハウなのだ。

天気情報は1週間前から分析を始める

日本は世界的にも湿潤な気候の国であり、雨季と乾季やスコールといった定型的なパターンはなく、雨は不定期に長くも短くも強くも弱くも、様々なパターンで降る予測の難しい地域である。しかし天気予報は多様なビジネスに結びつくこともあって、近年その内容がどんどんと詳細になり、予報の範囲も時間も細分化されつつある。その精度も向上していてインターネットやスマホでいつでも最新情報を入手することができるようになった。ツーリングにおいて天気はあらゆることに影響する非常に重要な要素であり、その情報は少しでも多いほうがよい。

ツーリングは週間天気予報のチェックから始まる。週間予報は変動することも多いから、ツーリング予定日のその地域の予報とその変化を毎日確認しておきたい。目的地だけではなくその周辺の地域の予報とその変化もよく見ておく。2～3日前になれば1時間単位の予報が入手できるウェブサイトも多く、それらを駆使して周辺地域を含めてマクロとミクロの視点で確認する。日々の天気の変化を見ていれば、当日はどの方向からいつごろ晴れてくるのか、もしくは崩れてくるのかといった予測を立てることができるようになる。

天候変動の仕組み理解する

天気予報の基本知識として季節毎の大まかな天候のサイクルを理解しておきたい。

冬の間はシベリアから大陸性高気圧の寒気団がやってきて、いわゆる西高東低の冬型気圧配置になり日本海側は雪、太平洋側は晴れの日が多くなる。風が強い日もあるが、年間を通じて最も晴れの日が多いのは冬の太平洋側である。寒さ対策さえしっかりすれば、雨の心配も少なく、ツーリングを楽しむのによい季節なのである。

春になると大陸から移動性高気圧がやってくる。この高気圧に覆われるとポカポカ陽気になりツーリングに優しい気候となる。ただし移動性というだけあって陽気は長続きせず2、3日で周期的に天気が変わるので予測がとても重要だ。4月や5月になれば移動性高気圧も勢力を増し、数日間好天が続くベストシーズンとなる。

梅雨の時期になると、梅雨前線の微妙な動きで週間天気予報と異なる天気になる場合も多い。逆に言えば雨の予報でも降らない、あるいは晴れることとさえある。この時期にうまく好天をつかむことができれば、日も長く暑さも厳しくない最高のコンディションとなる。天気予測のご褒美が最も大きいのもこの季節であり、経験と知識とカンをフル活用して臨みたい。

夏は太平洋高気圧に覆われ晴れる日が多いが、猛暑で熱中症のリスクが高くなる。また、にわか雨や夕立が突然にやってくることもあるため、そのような可能性が高い日には天気予報のこまめなチェックが不可欠だ。

9月は台風と秋雨前線の動きで、梅雨時と同様に週間天気予報が大きく外れることがある。秋雨前線が太平洋の南海上に押し出された後、10月以降は晴れやすくサイクリングには絶好の季節となる。しかし春と同様に天気変化も早い。「女心と秋の空」であり予測には細心の注意を払いたい。

降水確率をどう判断するか

天気予報の降水確率は、それが50パーセント以下の場合は実際に雨が降るのはそのパーセンテージよりも少なく、逆に60パーセント以上だとそれ以上の確率で雨が降ることが多い。ただしこれは、週末毎に自転車やアウトドアを楽しんでいる私の、過去何10年もの天気予報チェックからの経験値である。

もちろん50パーセント以下でも降水確率はあるのだから安心はできない。ひとつの目安はツーリング当日の天気が下り坂か回復基調かである。下り坂ならばできるだけ早朝から楽しんで雨が早まった場合にはエスケープルートや輪行で早めに切り上げる。回復基調ならばとりあえずスタンバイして雨が上がり次第出発すればよい。天気が回復するまでの待ち時間に、ツーリングできる残り時間で無理のないコースプランニングをしておけばよいのだ。いずれにしても最新の天気予報をこまめにチェックすることが大切である。

風を読む！　風向きと強さは疲労に直結する

雨ならばツーリングを中止したり途中で切り上げたりすることもあるが、風で中止をすることはあまりない。しかし実際にツーリングしていると、肉体的にも精神的にも風は最も大きく影響する。言うまでもなく自転車は風圧の影響を大きく受ける乗り物だ。特に強い向かい風の中を延々と走るのはヒジョーにツラい。仮に気持ちのよい快晴であったとしても疲労は激しく、いっきに楽しさも半減してしまう。天気予報と天気図で大きな風の方向と強さを把握してコースプランニングし、実際に走るときにも風の変化には敏感になりたい。

天気予報には大概、風向きとその強さの情報も提示されている。風向きは南西だとか東といった方角や矢印で示され、強さは秒速3メートルというように1秒当たりの空気の移動距離、つまり風速何メートルかで表示している。まずはこの風速をチェックしよう。

秒速1〜2メートルの風であれば、風向きがどうであれたいした影響はない。しかしこれが秒速5〜6メートルを上まわるようになると風向きが重要になってくるので、できれば進む方向がなるべく風下になるようにコースプランニングしたい。北西の風が強いのであれば南東方向に進むようにルートを考えるのだ。もちろん風向きを優先するあまり行きたい所に行けないのは本末転倒だから、多少の向かい風ならば我慢も必要だ。

風を読むカンを身に付ける

天気図を読んで大きな風の方向と強さを把握できれば、その後の予測も可能になってくる。原則として風は高気圧から低気圧に向かって流れるし、気圧差が大きいほど、つまり等圧線が立て込んでいるほど風は強くなる。

天気図上で日本列島に等圧線が2～3本しかかかっていない状況なら風は穏やかだろうが、4～5本以上になったら風向きに要注意だ。風は地球の自転の影響で北半球では高気圧から時計回りで吹き出し、低気圧に向かって反時計回りで吹き込んでいく。従って等圧線に垂直に吹くのでなく20～40度くらいの角度をつけて、高気圧と低気圧を中心に回転するように吹くことを覚えておきたい。

とはいえ風はくせ者である。常に等圧線に沿って吹くとは限らず、太陽で熱せられて発生する上昇気流の影響や、地形によっても吹き方は変わる。それまで追い風だったのが食事をしている間に向かい風に変わってしまうこともあるし、突然強風になったり凪いだりもする。竜巻やダウンバーストといった極限の自然現象も風のイタズラだ。

風向きが読みにくいときは空を見上げて雲の流れを見てみれば、その地域の大きな風の動きを把握することができる。インターネットやスマホの天気予報で風の情報を時系列で見るだけなく、等圧線に注意して風向きを考えながら見続けていると風を読むカンが身に付き始め、高気圧と低気圧の動きや地形や雲の動きなどを注視することでカンの精度も上がってくる。それでも想定外に向かい風が強いときには、コースを変えたり途中で引き返すことも必要だ。決して無理をする必要はない。

海風、陸風、谷風、山風、風にも色々ある

海に近い場所では海風と陸風の影響を受ける。未明から朝のうちは陸が冷えており、温度変化の少ない海のほうが暖かいため海に向かって陸風が吹く。しかし午後になると熱されやすい陸の温度がぐんぐん上がって大気が上昇したところに、暖まりにくい海上の空気が流れ込んで海風が吹いてくる。

河川沿いのコースならばこの自然現象をうまく利用して朝は河口に向かって進み、午後は河口から上流に向かえば風は行きも帰りも追い風となる。特に晴れて昼夜の気温差が大きな日は海風が強くなることがあるので要チェックだ。

同様の原理で谷風と山風もある。谷風とは谷間から山の尾根に向かって吹き上げる風で、昼間に太陽によって山の斜面が熱せられて起こる上昇気流だ。逆に夜から朝にかけては山の斜面や谷間が熱を放射して冷えて下降気流が起こる。これが山風で山の頂上から谷間に向かって吹きおろす。山間部は木々や起伏などで風が弱まりやすくサイクリングへの影響は小さいものの、山の稜線などを走る場合、特にスピードを出しやすいダウンヒルでは、吹き上げてくる風や突風に煽られないよう注意しよう。

観天望気で自己判断、意外とことわざも侮れない？

雲の動きや変化など、自然現象をもとに天気を予測することを観天望気と言う。日常生活の中でも天気図や予報を頭に入れつつ雲の動きや風の流れなどを意識して観察していれば変化のパターンを覚えやすく、観天望気の能力を向上させることができる。

天気のことわざ

太陽や月がカサをかぶると雨	絹層雲がかかり半日後に雨
朝焼けは雨	大気中に水蒸気が多い
夕焼けは晴れ	はるか西方が晴天
くもの巣の水滴は晴れ	晴れて放射冷却の結果
トンビが高く舞うと晴れ	高層の大気が安定している
猫が顔を洗うと雨	湿度上昇で蚤が活発に動き出す
魚が跳ねると雨	湿度上昇で餌の虫が低く飛ぶ
ツバメが低く飛ぶと雨	同上

雲による観天望気

雲名	別名	予報	備考
絹雲	すじ雲	1日後は雨	低気圧の最前線の雲
絹積雲	うろこ雲	半日後は雨	低気圧第二弾の雲
高積雲	ひつじ雲	半日以内に雨	ただし、東から西への移動は回復
高層雲	おぼろ雲	3～4時間で雨	春によく現れる
乱層雲	雨雲	雨が降り出す	すぐに切り上げよう
層雲	霧雲	山肌上昇で晴れ	停滞しているうちは回復しない
積乱雲	入道雲	1～3時間で大雨	夕立、雷雲

天気のことわざも活用する

言い伝えなどのことわざも科学的に正しいものが多い。例えば「カエルが鳴くと雨」といったことも、湿度の上昇にカエルが敏感に反応する結果であり、ちゃんと根拠のあるものだからぜひとも天気予測に活用したい。

自転車に限らずアウトドアにおいて天気は、あらゆることに影響する非常に重要な要素である。天気を予測し、変化をつかむカンを磨いて状況に応じた柔軟かつ適切な判断で行動する技術は、自転車やアウトドアのみならず、生活の様々なシーンに活かすことができる。この技術、身に付ければ一生役に立つのである。

8

疲れない走り方

サイクリングで最も大切なのは楽しむことであり、そのためには疲れないで走ることがとても重要だ。ポイントはがんばらないこと、無理をしないこと。心臓と肺で走るペダリングやポジションの大切さについては既に述べたが、ここではさらに休憩や補給など、実際に走っているときに気をつけたいポイントについて紹介したい。

こまめなストレッチで疲労を軽減

正しくポジションが取れていても身体の各部がこることはある。特にフラットハンドルの場合はポジション変更し辛く腕や肩がこりやすい。安全な場所を走行している際に片手を離してグルグルと回したり、大きく伸ばしたり手の開閉を繰り返したりすることでこりは和らぐ。

腰もこったり痛くなることがあるが、そういうときは尻を浮かせて前に突き出し上半身を反らしてストレッチしよう。信号待ちの時間に自転車に跨ったままでも手軽なストレッチは可能だ。手や腕だけでなく首もグルグルと回してストレッチすれば気分のリラックスにもなる。

目は常に風に晒されていて乾きやすく、また紫外線で疲れやすいから、ときどき目薬をさせばすっきりする。そして休憩の度にこまめにストレッチすることも、疲労軽減の大切なテクニックなのである。

上手に下って体力回復

長い下りは体力回復のチャンスでもある。峠からの下りでは身体をあまり動かさずに下ってしまいがちだが、峠を上りきった後のほてった身体を徐々にクールダウンし、下りで身体を冷やさないことが疲れを残さないための小技である。ポイントは、なるべく脚を止めてしまわずに回し続けること。身体に急激な変化を与えることなくゆっくりとクールダウンすることができ、なおかつ身体を冷やさないことになる。

我慢しない、欲求を満たせば疲れも吹っ飛ぶ

サイクリングでは自分の欲求に応じて好きなように時間を使い、行きたい所へ行って存分に楽しみたい。無理することも欲求を我慢することもない。少しでも疲れを感じたら少しずつ休み、少しでも喉が渇いたら少しずつ飲み、少しでもお腹がすいたら少しずつ食べるのだ。そうすれば疲れにも渇きにも空腹にも悩まされることはない。すべて身体が欲していることであり、それを補充するのは身体にも精神的にも心地よいのである。

水分補給は夏場なら15~30分に1回、喉が渇いたと感じる前に100~200cc程度を摂るのがよい。汗は水分と同時に塩分も排出するが、スポーツドリンクはこれらの失われた塩分やミネラルをバランスよく補給してくれる。それでも大汗をかいた後などでは塩分は補給しきれないので梅干や塩飴

なども摂るようにしたい。そして水分補給は熱中症の予防にもなる。

補給食はカロリーと糖分の摂取を心がける。ゼリー状のスポーツバランス携帯食やチョコレートなどを、お腹が空く前に休憩のたびに少しずつ食べるようにしておこう。ちなみに脂肪分は不要。

現在地と目的地までを常に認識しておく

常に現在地点を認識しておくのはサイクリングの基本だ。クラブランや経験豊富な引率者に付き添ってのグループライドでは、コースは他人任せにして、仲間とワイワイ景色や街並みウォッチングを楽しみながら能天気に走ることもあるかもしれない。しかし仲間についていくだけでは、自分で予期していない上りが続いたり、ペース配分が自分には合わなかったりといった肉体的な負担が生じやすい。さらに先の行程が、そのときの自分の体力ではかなりハードであると分かったときなど、精神的な負荷も大きくなる。

もちろんひとりで走るときにも現在地の把握は必須であり、先を考えない行動は自分がツラい思いをするだけでなく、人に迷惑をかけることにもなりかねない。

コースをしっかり頭に入れておくと、特に帰路での精神的疲労が軽くなる。疲れが溜まってくると同じ距離でも長く感じるだろうし、実際にペースが落ちて時間がかかることもある。そんなときには自分が何度も走ったことのある道や、走り慣れたコースの距離に置き換えてイメージするとよい。目的地まで残り何キロとなった際に「よく行く公園までの往復の距離と同じだな」といった感覚を持てるので、知らない景色の中であっても「公園に向かう途中のあの橋を越えたあたりだ」というふうに置き換えて考えると、ずいぶんと近く感じてラクになるものである。普段走る場所を想定して5キロとはどういう距離なのか、10キロとは20キロとは？　と距離感を身体で覚えておくことで、自分にとって最も確実な体力と距離と時間のバロメーターとなるのである。

事前に標高差を確認しておく

日本は国土の8割程度が起伏のある地形であり、世界有数の山岳国家だ。平野の河川沿いコースなどを除けば、1日走ればほとんどの場合は大なり小なりのアップダウンに直面する。

サイクリングの際には事前にルート上のどの場所にどの程度の標高差でアップダウンがあるのかを認識しておこう。つづら折れなのか直登か？　緩急変化のある上りなのか？　峠はトンネルか切り通しか？　谷沿いの道か尾根道か中腹か？　要所要所の勾配をよく調べておきたい。すべてを詳しく頭に入れておくのが面倒ならば、せめて高低差は何メートルでそれを何キロの距離で上るのかということだけでも認識しておけば、ずいぶんと体力やペースを配分しやすくなり、気分的にもラクになれるだろう。

標高差や距離を頭に入れたら、実際に走るときにそれがどの程度の体力を必要とし、どのようにペース配分すればよいかを身をもって感じとってみよう。毎回状況によって変わる自分の体力や環境に合わせて、どのようなペース配分でどのように走れば疲れずに楽しむことができるのかとか、峠越えの後に帰宅までの体力を余裕を持って残しておくにはどのようにすればよいのかといったことを、身体と相談しながら走って経験値として覚えるようにしたい。

いちばんのポイントはがんばらないこと、無理をしないこと、ラクして楽しむというスタンスを明確に持っておくことといった、精神的な構えなのだ。

ゴールしたときに「あぁー、疲れた」というのでなく、「あぁー、楽しかった！」と言えるようなサイクリングを満喫したい。

9 家族も身体も自転車も！大切なのはアフターケア

ところで、ライディングテクニックの習得には一生懸命になっても、サイクリングの後の様々なアフターケアが疎かになりがちかもしれない。仕事や日常の生活を快適にスムーズに続けるためにも、自転車のみならず家族や身体のアフターケアを疎かにすべきではない。家族や身近な方々と上手にコミュニケーションを取って、互いの理解に努めよう。それにサイクリング後に疲れを残さず、回復を早めることは年齢とともに重要になってくる。「疲れたー」と家族や自転車をほったらかしにするわけにはいかないから、走った後はクールダウン、ストレッチ、入浴、マッサージそしてエネルギーの補給と睡眠で早期回復しよう。

栄養補給で回復力を高める

クールダウンの前後には栄養補給をしておきたい。走行後、身体のエネルギーは相当消費されており、早めのエネルギー補給がスムーズな疲労回復につながるのだ。できれば走り終わった後30分以内にエネルギー源である糖分を摂取する。吸収の早いゼリー状の機能性食品やエネルギーバーが最適だが、もちろん菓子パンやフルーツでも構わない。合わせて水分補給もしておこう。夕食としてしっかりと食べる必要はなく、あくまでエネルギーの補給が目的である。食事がおいしく食べられるお腹のコンディションになっているだろうから、夕食は後でゆっくりと楽しもう。

温泉効果で汚れも疲れも落とす

次に入浴。もしゴール近くに温泉があればぜひとも利用したい。疲労回復の基本は筋肉の血行をよくしてやること。血液が新鮮な酸素と栄養を運び込んで疲労物質を排出することが疲労回復の基本的なメカニズムだ。

温泉の温熱作用は血管の拡張や血流増加をもたらし、筋組織の血行改善によって新陳代謝を高め、水圧による末梢部分のマッサージ効果や筋緊張の低下により疲労物質が除去されやすくなる。また、ゆったりと気持ちよくお湯に浸かってくつろぐことで、脳の中でα波が増加し緊張とストレスが解きほぐされていく。もちろんきれいな景色や空気と温泉の雰囲気は気持ちをリフレッシュさせ心身を癒してくれるのである。温泉でなくとも銭湯でも自宅の風呂でも構わないが、必ず入浴して身体の汚れと疲れを落としておこう。

できればマッサージをしたい

最後にマッサージである。マッサージは入浴後や就寝前のリラックスした時間に行う。心臓から遠い部分から始め、徐々に心臓に近づきながら手のひらで撫でたり揉んだり押したりしながら1箇所を4〜5分、全体では数10分程度かけてゆっくりと行う。やはりいちばん酷使する脚を中心にマッサージをしたい。

最初は足の指を揉みほぐし、次に土踏まずを強く押してやる。ふくらはぎは包むようにつかんで円を描くように上げていく。太腿は押したり強くつかんだりしながら脚の付け根まで揉み上げる。そしてお尻の上部、腰の下とわき腹の間くらいの部分を揉みほぐすと気持ちがよい。腕や首なども揉んだりつかんだりしてグルグルと回すようにマッサージしてあげよう。

早く眠りたいかもしれないが、睡眠時間を少し削ってでも、しっかりマッサージしたほうが翌朝の疲れは少ないはずだ。

家族へのケアは重要

家族や身近な人へのケアは、アフターのみならず日常から気を使いたい。身体の疲れや自転車のトラブルはリカバリーできても、家族とのトラブルは回復が困難になる可能性もあり、ある意味サイクリングを気持ちよく続けるうえで最も重要なことなのだ。家族との関係は人それぞれで一概にどうのこうのと言えることではないが、よく聞く悩み話としては、

「休日は家族のことは放っておいて、自分ばかり遊んでズルイ」

「何10万円もする自転車にお金を使い過ぎ」

「自転車を部屋の中に入れないで欲しい」

などと言われることが多いようだ。

対応策としてはちょっと禅問答みたいになるが、大切なのは相手への配慮と愛であり、相手の立場

に立って考え、行動することである。自転車に興味ない人には理解できないことも多いだろうし、自分の価値観を押し付けるのは得策ではない。例えば家庭の奥さんが趣味で10万円するバッグを買って、またちょっと色が違う15万円のバッグを購入して、さらに別のブランドの20万円のバッグを買うと言ったら、どう思うかというのと同じようなことではないだろうか。

自転車のことで家庭内に軋轢が生じるようなら、まずは相手の言い分に合わせる努力をしなければ、相手も理解しようとは思ってくれない。いつまでも気持ちよく自転車を楽しみ続けるために、家族やパートナーなど身近な人への配慮と、思いやりのあるコミュニケーションを大切にしたい。

第3章

ジテツウで毎日をヴィヴィッドに豊かな楽しみを!

4面キャッチの
使いやすさで選んだ
クランクブラザースのペダル
妙な形をしてるので
「何これ?」と訊かれること多し

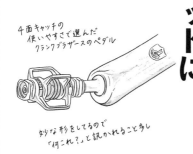

1 自転車が毎日をイキイキさせる！

自転車はペダルを回すことで進み続ける。他のエネルギーに頼ることのないこの乗り物はペダルを回すのを止めると不安定になり、そのままでは倒れてしまう。常に働き続けなければならないなんて、実に我々の人生を感じさせる乗り物ではないか。そしてこの自転車は、私たちがいつまでも倒れずに働き続けるのに、とても大きな力になる。ジテツウ＝自転車通勤・通学は、毎日をヴィヴィッドにし、ライフワークに豊かな楽しみを与えてくれるのだ。

ぜひ、ジテツウを始めよう！

世界の先進都市のバロメーター

今、ジテツウが大変なブームになっている。東日本大震災以降、自転車の利便性に気づく人が増え、自転車を楽しむ人が増え続けている。特に２０２０年以降のコロナ禍で、通勤や通学時の三密を避けるためにジテツウする人が急激に多くなった。

世界の都市でも自転車シティ化が進んでいる。特にヨーロッパでは国を挙げて自転車通勤を推奨している所もあり、例えばオランダでは自転車通勤を始めるときに国からクロスバイクが買えるほどの購入補助金が出るという。デンマークでは自転車が走りやすいように、ラッシュアワーでは時速20キロで走り続けると信号機がずっと青のまま進めるグリーンウェーブというシステムを取り入れている。20世紀までは自転車不毛の国であったイギリスでもロンドンでジテツウする人が増え続け、通勤時間帯では自転車の交通量がクルマを上まわる区間が多くなっているという。もちろんアメリカでもアジアでも、世界の多くの都市で自転車走行環境の整備が急速に進んでおり、ジテツウの多さや自転車環境の快適さが、自転車シティとして世界の先進都市のバロメーターとなりつつある。

痛勤地獄からの解放

始めてしまえばその魅力にハマってしまうジテツウだが、まず感じるのは痛勤地獄からの解放だろう。ラッシュ時の満員電車は非常にツラいが、ジテツウでは何よりこの苦行から解放される。電車の待ち時間も不要だし、ギュウギュウ詰めの車内で我慢することもない。ごった返す人ごみの中を移動しなくてもよい。電車の遅延やトラブルにイライラすることもなくなるだろう。さらに電車内ではコロナに限らずインフルエンザや風邪といった感染病に罹患するリスクもあるが、ジテツウではそんなリスクはほとんどない。

実際の通勤時間もジテツウのほうが短くなるケースがある。特に電車の乗り換えが何度かある場合は、自転車通勤のほうが所要時間が短くなることが多いのである。

身体も心も、そして地球も健康になる?

ジテツウはダイエットにも有効だ。そして脳卒中や心臓病などの成人病予防にも効果がある。電力もガソリンも必要とせずとてもエコ。二酸化炭素も排ガスも出さない、地球環境に最も優しい乗り物なのだ。自転車に乗れば心身ともに活性化され、職場や学校へのアクセス時間が仕事や勉強のウォーミングアップになって、スッキリした気持ちで1日をスタートできる。戦場のような通勤ラッシュで心身ともに疲弊して会社に辿り着くのでは決してよいスタートにはなり得ない。自転車の軽くリズミカルなペダリングで脳が刺激され、精神を安定させるセロトニンが活発に分泌される。さらに心地よく身体を動かすことでストレスを発散し、心身のコンディションが整えられる。いつでもフル稼働できる最高の状態が整い、朝から頭が冴えて身体のエンジンのかかりがよくなるのだ。

職場や学校では頭や目を酷使するだろうし、人間関係などにも気を使ってストレスが溜まりやすいかもしれない。しかし帰り道に頭を空にして自転車で気持ちよく走り、心地よい疲労感でぐっすり眠れば、心身ともにとてもリフレッシュできるのである。

自分の楽しみの時間が増える

ジテツウは自宅を出たときから楽しい自分の時間となる。つまり往復の通勤時間を自分の楽しみの時間に変えてくれるのだ。特に帰り道は時間的な制約から解放され、時間をかけるのも寄り道するのも自由になる。仕事の疲れをリフレッシュしながらサイクリング気分で自分の時間を満喫することができるし、昼休みだって普段は行けない、ちょっと遠くの気になる店に行くこともできる。

一方、ときには終電に間に合わないほど仕事が忙しい日もあるだろう。電車の本数が少ない地域では時間を気にしながら仕事を切り上げたり、もうひと仕事したりと調整が必要なこともある。電車の時間を気にしながらの仕事、あるいは帰りのタクシー代を払わねばならない理不尽な思い、帰宅難民のリスクなど、すべてジテツウでは無縁な話だ！

ジテツウだからといって深夜まで仕事をしても構わないということではないが、他の要因に影響されることなく仕事に集中でき、ペースを維持して自分で時間を管理する権利を手に入れることができるのである。

大切なのは継続すること

そんなジテツウのメリットを享受するには、やはり継続することが絶対条件になる。毎日でなくても構わない。はじめは週に2〜3回からでもよいのだ。雨の日や飲み会の日もあるだろうから目標は週3〜4回でOK、とにかく続けよう。三日坊主では意味がない。少なくとも2〜3ヵ月続けていれば、きっとジテツウのメリットを感じるはずだ。

最初は辛いときもあるかもしれない。しかし自転車で会社に行ったら原則として帰りもジテツウしなければならない。この強制力は続けるために効果的であり、そのうちに楽しさがわかってくると、何としてもジテツウしたくなってくる。そうなれば楽しみはどんどんと広がっていく。会社や学校に行くためのジテツウは無理なく生活の中に運動を取り入れられるから、実は続けやすいスポーツなのだ。

お小遣いが増える!?

実は経済的なメリットもある。電車で通勤する場合、交通費が例えば片道400円とすると往復800円、年間200日電車通勤するとなるとこれは16万円にもなる。毎日ジテツウしたとすると、この金額が丸々浮いてしまうのだ。16万円あれば結構いいクロスバイクが買えるし、ロードバイクにだって手が届く金額だ。

仮にクルマ通勤をジテツウに替えてクルマを手放したとしたら、燃料代や車検代、駐車場代や税金、保険やメンテナンス代などが浮いてきて、年間100万円もの節約になるとの試算もある。交通費やクルマの維持費だけでなく、健康になることで医療費の節減にもなる。ジテツウを始めると、健康診断の数値もよくなっていくケースが多い。

そして会社側にもメリットがある。今世紀からジテツウが急増したロンドンでの統計データによると、イギリスの場合、社員の病欠は雇用主にとって1日当たりおよそ3万円の損失になるという。平均的な病欠が年間4・5日なのに対し、自転車通勤者ではわずか2・4日に下がるそうだ。また自転車は渋滞や電車の遅延の影響を受けにくいため、遅刻が大幅に減少したという。

雨の日は乗らない

とはいっても毎日が好天とは限らない。私は原則、雨の日はジテツウはしない。雨が降っていると視界が悪くなるし、雨よけのフードなどを被るとさらに視界は狭まってしまう。雨そのものがメガネに付いたり目に入ったりして邪魔をするし、クルマや歩行者、自転車などの他の道路利用者も視界が悪くなっているから、互いを認知しにくくなる。さらにブレーキの効きも悪くなり、路面も滑りやすいから事故に遭う可能性も高くなる。また、会社に着いた後も濡れた靴やレインウェアの干し場所に頭を悩ませる。雨天時は原則として、電車などの公共機関を使うことをお勧めする。

朝から雨が降っていれば諦めやすいが、出発するときには降っていなくて、夕方や夜の帰宅時間帯に雨の確率が高いときが悩ましい。私の場合、出発時に降っていなければジテツウする。雨の確率が高くても降らないこともあるし、多少降っても自宅に着いてすぐに風呂やシャワーでＯＫである。帰宅時間に本降りだったら自転車はそのまま置いて帰ればいいし、必要なら輪行したって構わないのだ。

2

探究心に火が付くジテツウルート開拓

ジテツウの楽しみ、それはサイクリングの楽しみと同様に、自分でドンドンと創造していくことができ、奥が深く多岐に及ぶ。私はもう20年以上ジテツウを続けているが、今でも毎日のジテツウが楽しみだし、新たな発見や喜びに出会っている。ここではまず、ルートを開拓していく楽しみを紹介したい。

休日に職場や学校まで行ってみる

初めてのジテツウとなると何かと不安になり、時間に遅れないようにとどこを何時に通過せねばならないといった緻密な計画を立てたくなる。例え休日に自転車に乗っている人でも、平日の朝にいきなりジテツウにトライするのはためらうかもしれない。特に初心者にとっては不安もあるだろうから、最初は自分の街を走ることから始めてみるのがよい。そして隣の街まで、さらにその隣までと足を伸ばしてみると、案外簡単に行けてしまうのだ。

なんだ結構近いじゃないか！

今度は職場を目指して進んでみるが、一気に走る必要はない。初めて通る道もあるだろうし迷うこともあるだろう。地図上で走れると思っていた道が階段で途切れていたり、通勤通学の時間帯は歩行者専用になっていたりすることもある。信号が多くて引っかかっている時間が長かったり、交通量が激しくて安心して走れない場所もあるだろう。そんなことを確認しながら大まかなルートを考えつつ、のんびり職場まで走ってみれば、色々なことを確認しながらでも意外と簡単に着くものだ。

初めてジテツウルートをプランニングするときに最短距離を選ぼうとする人が多い。通勤時間の短縮が目的ならばそれもありだが、ジテツウには多くの楽しみがあるし、短い距離を走ることが目的ではないはずだ。仮に最短ルートを選んだとしても信号につかまりやすかったり、交通量が多くて安心して快走できなかったりで、必ずしも時間的に最短になるとは限らない。大切なのは安全に快適に楽しみながら走ることで、ジテツウは決して時間やスピードを競うものではない。

地図データでルートプランニング

最近ではスマートフォンにサイクリング用のアプリケーションがあり、サイクルコンピュータの機能に加えてルート選択やリルートなどカーナビ同様の機能もある。GPS内蔵モデルならば現在位置の経度、緯度、高度がわかるばかりでなく、正確な方向や移動距離、速度、時刻といった必要情報を表示してくれるし、ハンドルにスマートフォンを取り付ける専用アダプターもあって、どんどんバージョンアップして使い勝手も向上している。ベテランのジテツウ目線ではまだまだコンテンツに改善余地はあるものの、ジテツウが楽しめる快適なルートを的確にガイドしてくれるよう、今後も進化していくことを楽しみにしている。

スマホやサイクルコンピュータがなくても、ルートプランニングにはインターネットの地図サイトや国土地理院HPの『電子国土Ｗｅｂ』なども活用できる。縮尺は最初に20万分の１程度で大まかにどんな方向にどんな道があるのか、どんなルートを取れそうなのかを頭に入れる。次に10万分の１や５万分の１、２・５万分の１とクローズアップしていき、具体的に走るルートを想定するのだ。

実際に走る際には、プリントアウトしたインターネット地図に想定ルートをいくつか書き込んでおいて、何枚か持って行くと役に立つ。ルートプランニングのポイントは途中目印となるランドマークをしっかりと押さえておくことだ。地図上に記載されている目立つ建造物や地形などである。わかりやすいのは名前表示のある交差点、川、橋、鉄道、高速道路、トンネル、バス停や駅、大きな建物や施設、ゴルフ練習場のネットなどで、それらがルート上のどこにあるかを頭に入れておけば迷わずに走れるだろう。

ルートを開拓しているときには、自分が今どこを走っているのかを認識しながら走ることが大切である。橋を渡ったとか、鉄道とクロスしたとか、大通りを越えたといった各ポイントで、現在地点を頭の中の地図と照らし合わせるのだ。都会の風景は次々に変化があって楽しいし、確認できるポイントも多いので初心者でも走りやすいが、確証がないときには必ず地図で現在地を確認しよう。

クルマの少ない道が走りやすい

ルートプランニングのポイントは、いかに走りやすい道を探すかである。交通量の多い幹線道路は快適には走れないからなるべく避けたい。地図を見ながら、住宅街の道や一車線の道、信号の少なそうな道、田園や畑の中の農道、川に沿った堤防の道、駅や繁華街から離れた道、大きな公園や大学キャンパスのまわりの道などを探してみよう。そんな道を途切れ途切れでも繋いでいけば、気楽に走れるルート案ができあがる。

しかし地図上でどんなに走りやすそうな道であっても、実際に現場を走ってみると歩行者が多かったり、意外にクルマの往来が激しかったりと快適ではない場合がある。プランニングが実践に勝ることはないのだ。ベテランほどクルマの少ない静かで安全な道を選び、経験を積んでいくと、この道は走りやすそうだというのも感覚的に読めるようになる。

車線数が多くても路肩が狭い幹線道路や大通りよりも、車線数が少なくても道路の幅員が広く、路側帯がある道のほうが走りやすい。お勧めは住宅地の中にある生活道路で、クルマが少ないから排ガスで汚れた空気を吸わなくて済むし、信号も少なく静かで快適に走れることが多い。反面、歩行者の飛び出しやブラインドカーブも多いので注意も必要だ。交差点は見通しが悪くて道幅が狭いので、先を予測しながらカーブミラーをしっかり見て安全を確認しながら走ろう。

■交通量の少ない道

住宅街の道、一車線の細い道、信号の少ない道、旧道、田園の中の農道、名前のついていない道、道路標識の少ない道、川に沿った堤防の道、駅や繁華街から離れた道、大きな公園や大学キャンパスなどのまわりの道など

■交通量の多い道

国道、県道、バイパス、幹線道路、産業道路、○○街道（甲州街道・水戸街道など）、○○通り、環状○号線など

商店街が面白い

ジテツウルートの近くに商店街があったらぜひ一度立ち寄ってみよう。昼間は人通りが多く自転車では走りにくくても、早朝や夜遅めの時間帯ならば人通りは少ないだろう。クルマは進入禁止か、一方通行になっていたりしてあまり入って来ないことが多い。

商店街は様々な商店が軒を並べ、開店前や閉店後の店の状況にもそれぞれに個性がある。休日昼間に通ると賑わいのある違う顔を見せていて、実はこんな店だったのかといった発見もある。商店街がルートにあればちょっとしたアクセントになって面白さが加わるのだ。お店が開いていれば帰り道に買い物をすることもできるが、時間帯によっては買い物客が大勢いることもあるので、周囲の状況をよく見てスピードを落とすか自転車から降りて歩く必要もある。歩行者優先が絶対条件なので、場合によっては商店街を通らないなど臨機応変に対応したい。

池や川沿いのサイクリングロード

ルート付近にサイクリングロードがあったらぜひコースに組み入れよう。川沿いの道や池の周囲、海岸線などはサイクリングロードになっている所が多く、信号がなくクルマも走っていないのでマイ

ペースで安心して走ることができる。水辺の道は自然が豊富で、野鳥がいたり川面に魚が見えたりと心が和む。ただしサイクリングロードにはジョギングやウォーキングをしている人、犬の散歩をしている人などもいるので、他の利用者がいればスピードを控えて徐行しよう。

また、サイクリングロードは外灯がない場合が多く、夜間は他の道よりも暗いので、明るい高光度のライトを装着しておきたい。

五感を研ぎ澄まして街を観察する

自転車に乗って街を眺めると、見慣れた場所でも普段とは違った視点で色々なものが見えてくる。例えばクルマや歩行者の流れに意味を見い出すとか、交通標識などもその設置場所に周辺環境との関係が見えてきたりする。探検気分で裏道や路地、住宅街など色々な道に入り込むとさらに新しい道があったり、気になるお店を見つけたり、小さな工房やギャラリーがひっそりと隠れていたり、名前を知っている会社や有名人の住み家があったり、可憐な花が咲いていたり、緑の気持ちよい通りがあったりと様々な発見と感動がころがっている。

面白そうなら止まればよいのだ。街は自転車での散歩を歓迎してくれる。そして様々な街の横顔をどんどんと発掘するワクワクした気持ちを味わえるだろう。街を意識して見ることでジテツウの楽しみ方を知ることができるのである。

そもそも、知らない道を走っていると新たな発見に出会うことも多い。電車通勤では駅と駅の間に気になる店やモノがあっても途中下車してまで行ってみようとはなかなか思わないだろうし、毎日眺めているうちに何とも思わなくなってしまう。まさにレールを敷かれた人生のように、少しずつ無感情で鈍感になったりしてしまいそうだが、そんなときジテツウならフットワーク軽く立ち寄ることができるのだ。

ジテツウルートは固定しない

数あるジテツウルートの中から選りすぐってベストコースを決めたとしても、毎日同じルートでは飽きてしまう人もいるかもしれない。ルートは自由に変えればいいし何の制約もない。興味の赴くままにドンドン色々な道を走ってみればいいのだ。私は自宅と職場の間を何年もジテツウしているが、いくつものルートを持っている。季節によっても気候によっても気分によっても、柔軟にコースを変えて毎日ジテツウを楽しんでいる。

帰路は寄り道することも多く、職場から色々な所に行って、そこから自宅に帰るので毎回様々なルートを楽しんでいる。もちろん職場から立ち寄り場所まで、そこから自宅までルートは事前に確認しておき、必要に応じてガーミンなどで確認しながら走っているが、積極的に色々なルートを探索しながら走っているから新たな発見に出会うことも多い。ほんの小さな冒険ではあるが、毎回ワクワクドキドキちょっと興奮できるのだ。

何通りものお気に入りのジテツウルートを作って、毎日をヴィヴィッドに、豊かにしていこう。

3 あきらめない！遠くてもジテツウは楽しめる

ジテツウに興味はあるけど職場や学校まで距離があるから無理だと諦めてしまう人、さもなければ具体的な検討に至らないという人もいるだろう。しかし例え何10キロ離れていようとジテツウは可能なのである。ひとことで言えば公共交通機関を併用すればよいのだ。距離や時間であきらめる必要はないから、ぜひトライしてみよう。

自転車での通勤時間は概ね1時間以内が目安であり、一般的には15〜20キロぐらいまでが圏内であろう。もちろん片道1時間30分だとか30キロ以上をジテツウしている人もいるし、体力や時間に余裕があればぜひそうしたいところだが、最初からいきなり往復60キロは現実的ではない。

ママチャリではなく、スポーツバイクでのジテツウの場合の距離と所要時間は、様々な条件にもよるが概ね次ページの表のとおりとなる。

片道20キロ以上あったらどうする？

職場や学校までは20キロ以上あるからジテツウは無理だとあきらめるのはちょっと待って欲しい。何も全行程を自転車で走らなくてもよいのだ。例えば自宅から駅までバスを使っているなら、まずはその区間だけでもジテツウしてみよう。距離を伸ばしたくなったら隣駅まで、さらにその隣駅までと変えることもできる。

電車通勤をしているのならばいつもの乗車駅ではなく、いくつか先の駅までジテツウしてそこから電車に乗ってもよいのだ。乗り換えがあるならその駅か、その先の駅まで自転車で行くのも手だろう。慣れるに従って乗車駅をどんどんと変更していけば、様々なルートを開発できるし発見や楽しみの機会も広がっていく。その日の体調や仕事のスケジュールに合わせて乗車駅をフレキシブルに変更することだってできるのだ。逆に途中までは公共交通機関を利用して、そこから会社までを自転車で行くという選択肢もある。都会の場合、都心に近づくに連れて電車の混雑は激しくなるが、そうなる前に電車を降りて残りを快適にジテツウすれば、会社に着いたときには心身ともにリフレッシュされてメリットを享受できるだろう。

自転車通勤にかかる一般的な所要時間（スポーツバイクの場合）

片道の距離	所要時間(15〜20km/h)	コメント
3km以下	10分以下	ちょっと近すぎるので健康のためには歩いたほうがいいかも?
5km	15〜20分	初めてのジテツウには程よい距離。慣れると物足りなくなるかも
10km	30〜40分	慣れるとちょうどいい、ずっと続けやすい距離。もうちょっと走りたいときもある……
15km	45〜60分	はじめのうちは少し大変かもしれない距離。2〜3ヵ月続ければ快適で心地よくなってくる
20km	60〜80分	距離・時間共に一般的にこれくらいまでがジテツウ可能範囲とされている
25km	75〜100分以上	毎日往復50km以上はちょっと厳しいか……。交通機関の併用がお勧めだが、30km以上ジテツウしている人もいる

“マイタウン”が増えていく

自転車を駐めておく駅については、駐輪場所を探す必要もあるし、その駅で乗り降りするうちに駅周辺にも馴染みが出てくる。帰り道にその街で買い物をしたり、夕飯を食べるときもあるだろう。そうなると活動の起点となる街として、ある意味マイタウンといった感覚が芽生えてくるかもしれない。

公共交通機関を併用する場合には、自宅と途中駅までのジテツウと、途中駅から会社までのジテツウを使い分けることも可能だし、その起点となる駅は自宅と職場の間に好きに選ぶことができる。色々な駅を起点にしてジテツウを楽しめば、それに合わせてマイタウンが増えていく。色々な街を知ることで、自分に合った場所が見つかるかもしれない。その街が気に入ったら、何ならそこに引っ越すことだってアリではないか。ジテツウが前提ならば駅の近くでなくとも通勤通学への影響は小さいから、予算的にも財布に優しい住まいが見つかるかもしれない。

課題は安心できる駐輪場所の確保

ジテツウを始めようと思ったとき、悩みどころは駐輪場所だ。特に公共交通機関を併用するジテツウの場合、起点となる駅周辺に安心な駐輪場所を確保する必要がある。心強いことに昨今、多くの自治体が長年の放置自転車対策として駅周辺に駐輪場整備を進めており、この10数年で状況は大きく改善された。大都市圏の主だった駅には安心して駐輪できる施設が増えているから、起点となる途中の駅にもきっと見つかるだろう。

駅前の限られたスペースを最大に活かすため、最近では地下の駐輪場も増えている。最新式の施設は利用者が地下に降りることなく地上の入出庫ブースに自転車を入れてセットし、ボタンを押すと自動的に入庫される。ほんの10数秒の手間で自転車は地下の収納スペースに格納される。自転車に取り付けられたＩＣタグで保管状況を管理していて、出庫時は磁気カードを読取機に通すだけで自動で自転車が出てくる優れものだ。地下の収納スペースに人は入れないから、盗難やイタズラのリスクがほとんどなく安心して駐輪でき、公営施設のためコストもリーズナブルである。

ただし人気の駐輪場は月極め利用が満車のこともあるので、その場合は利用申請をしておいて、待っている期間は日払いで利用することになる。１日利用はどこの駐輪場でも行っているので、利用している期間に安全性や利用状況などをウォッチすることもできる。

職場での駐輪

職場や学校に駐輪場があれば問題ないが、安心な保管場所が見つからないこともある。その場合は近くに駐輪場を確保できないか探してみよう。最近のオフィスビルは駐輪場がある所も増えているし、誰でも利用できるケースもあるので積極的に調べてみたい。

あるいは職場のオフィスや倉庫に置かせてもらえるかどうかを、職場と相談することもできるだろう。折りたたみ自転車や小型のミニベロなら比較的簡単に持ち運べるので、職場に承諾をとった上で倉庫に入れさせてもらったり、フロアの邪魔にならない場所に置かせてもらうことができるかもしれない。ちなみに東京都は条例で自転車通勤を認めている事業者に対して、自転車通勤する従業員が駐輪場を確保していることの確認を義務付けており、この動きは全国にも広まっていくだろう。職場での駐輪が難しい場合もあるが、諦めずに探し続け、交渉していけば必ず見つかるはずだ。

サイクルステーションを活用する

昨今のジテツウ急増により、自転車を預けておくだけでなく、シャワーやロッカーなどを付設した施設が次々に誕生している。「バイクステーション」「チャリステーション」「ジテツウハウス」「エコ通ステーション」といった名称で、東京をはじめ大都市にどんどん増えており、ジョギングを楽しむ方々のためのランナーズステーションと併設されていることも多い。都心部にある場合がほとんどだが、会社の近くにあれば非常に便利だ。

空気入れなどの工具の貸し出しの他、ショップを併設して最新モデルを展示していたり、試乗会や休日のサイクリングなどイベントを実施している施設もある。中にはトレーニング施設があってインストラクターによる指導を受けられたり、あるいはセミナーを開催するだとか、シャツやスーツのクリーニングといった独身者に嬉しいサービスを提供する所もある。ジテツウのみならず自転車に関する様々な情報が集まっているから仲間ができるかもしれないし、うまく活用すればジテツウライフの充実につながるだろう。

ただし、施設がよい所ほど利用コストは高くなる。場所にもよるが1ヵ月の料金は数千円から万単位になる所も。利用するには会員登録が必要な場合もあり、月極めや3ヵ月など期間を決めた利用制度、1日利用や回数券がある所など施設や場所によって様々だが、都心の地代や利便性を考えれば多少のコスト高は許容範囲であろう。また営業時間もジテツウ利用者の多い朝と夕方から夜にかけての所が多い。残念ながら深夜営業や24時間オープンしている施設は未だ多くはなく、営業時間を気にしながらの残業になる場合もあるだろう。

ジテツウは素晴らしい。距離や時間で諦める必要はない。公共交通機関を併用することで様々な楽しみが新たに生まれる。自宅と途中駅までのジテツウと途中駅から会社までのジテツウを使い分け、その途中駅も自宅と会社の間であればどこにしても構わないので、体調や天気、季節、仕事の都合などに応じて柔軟に対応することができる。

色々な楽しみやメリットを享受するためにも、様々な形態のジテツウを自分で創造していけばよいのだ。

4 ジテツウに適した自転車と必須アイテム

ジテツウに限らず、自転車選びは自転車をどう楽しみたいかという方向性を自分で持つことから始まる。ジテツウの楽しみの先には休日のサイクリングやイベント参加、本格的なツーリングや自転車そのものへのこだわりといった、多くの楽しみが待っている。どんなことをしたいのかを考えるのも楽しみなのである。

スポーツ自転車であればだいたいジテツウできるが、多くの種類の中から選ぶには、まずはどのように使いたいのかをよく検討してジャンルを絞り、その中で予算と相談して決めればよい。

クロスバイク

クロスバイクは21世紀になった頃からの新たなジャンルの自転車で、ＭＴＢの乗りやすさや走破性と、ロードバイクのハイスピード性能を兼ね備えた〝いいトコどり〟の自転車である。「山道に強い」とか「スピードが出る」といった突出した性能はないものの、街中のチョイ乗りから日帰りサイクリング、ツーリングにも十分に使用でき、ジテツウだけでなく幅広い用途に対応する。日常と非日常をクロスさせる自転車ということからクロスオーバーバイクとしてこの名前が付いたと言われている。

クロスバイクと似ているが、ロードバイクのハンドルをドロップバーからフラットタイプにして、28〜35Cといった少し太めのタイヤを履いたロードバイク派生型のモデルをフラットバーロードと呼ぶ。ベースがロードバイクだけに車重10キロを切る軽いモデルもあり、スピードも出しやすい。ハンドルがフラットだから操作性が高く、街中での乗りやすさも考慮されている。

一方、ＭＴＢのフレームをベースに細めのオンロードタイヤを入れたＭＴＢ派生型にはフォークにサスペンションを装備しているモデルもあり、悪路や段差での高い走破性がウリだ。

クロスバイクはツーリングやロングライドでも十分に使えるし、細いタイヤに慣れていけばロードバイクへのステップにもなる。

ロードバイク

ロードバイクは舗装された道を高速走行するためのスポーツバイクである。ツール・ド・フランスなどの自転車レースで１００年以上にわたってスピードを追求してきた機能美が凝縮されており、ある意味芸術作品でもある。

初心者にとってロードバイクは大きく前傾するライディングポジションやドロップハンドルの持ち方やブレーキの握り方、さらに変速操作など敷居は高い。細いタイヤは低速では安定しにくいし、うかつに段差に乗り上げるとパンクしやすいなどライディングテクニックも要求される。安易にカッコよさだけで判断せず、自分の技量と今後の自転車ライフをよく考えて購入したい。

ロードバイクには純粋な競技用と、スピードと快適性の両立を追求したコンフォートタイプがある。

競技用は常用速度が時速40キロを超えるような高速走行を前提とした作りで、きつい前傾姿勢のポジション設計となっている。価格的にも何10万円以上もするモデルがほとんどで、本格的にレースを目指す人のための自転車だ。取り扱いもシビアになるし、価格的にもジテツウ使用だけではもったいないだろう。

コンフォートタイプは競技用に比べて比較的ハンドル位置が高くトップチューブも短かめで、少しアップライトにゆったりと乗れるように作られている。さらにタイヤは競技用よりも太めのものが多く、ギアもフロントは特にインナーギアが小さいコンパクトドライブでワイドなギア設定となっている。ドロップハンドルのブレーキングに慣れないエントリー者用にアシストブレーキレバーが装着されているモデルもあるから、ジテツウにはラクなポジションで周囲を確認しながら走りやすいコンフォートタイプがお勧めだ。

最近はいきなりロードバイクを購入する初心者が増えているが、コンフォートタイプでも初心者には慣れが必要だ。極めて細いタイヤは6～9気圧というハイプレッシャーでキンキンに硬く、初めて乗るには違和感があるだろう。またコンフォートタイプでもかなりの前傾姿勢になるから、慣れないと手や肩、首そして足腰にも痛みを感じるだろうし、尻も痛くなりやすい。

とはいえライディングテクニックを身に付け経験を積み、ロードバイクを乗りこなせるようになれば、軽快な走りを満喫しながらのジテツウが楽しめる。価格は10万円以上からで１００万円以上するモデルもあるが、１日１００キロ以上の長距離ツーリングも余裕でこなせるから、購入するならば宝の持ち腐れにならないようしっかりと目的を持って欲しい。

自転車好きが走りとスピードを求めて行き着く所はロードバイクである。

ＭＴＢ（マウンテンバイク）

まったくの初心者でも乗りやすいのがＭＴＢだ。サドルの高さを大きく調整できるので、慣れるまでは低めにしてママチャリのようにサドルにどっかりと座るポジションも取れる。ハンドルもフラットバーだから違和感が少なく、太くゴツゴツしたタイヤは多少の段差などもろともせずパンクもしにくい。ギアチェンジもハンドルの手元で簡単にできるし、坂道もラクに上れる軽いギア設定がある。丈夫で壊れにくく、ブレーキも強力で制動距離も短く、直進安定性もよい。スポーツサイクルとしては初心者にも乗りやすい、とっつきやすいモデルである。

一方、ＭＴＢは本来山道を走る自転車であり、ダートやシングルトラック（ハイキングや登山道）、街中を走るには適しているが、中長距離をある程度のスピードを維持して走るにはクロスバイクやロードバイクよりも性能的に劣る。とはいえ最近のモデルは軽くて耐久性が高く、また荷物を積みやすいモデルも多数揃っている。積載性能が高いことから山道だけでなく、世界一周などの長距離ツーリングにも使われることもあるが、ジテツウとして使うには、その頑強さや積載機能は過剰レベルではある。

ＭＴＢはリアサスペンションのないハードテール、リアにもフロントにもサスペンションのあるフルサスモデル、山道の下りに特化したダウンヒルモデルに大別される。

見た目にもカッコいいサスペンションは路面の衝撃を吸収し、乗り心地を大きく向上させる。さらにタイヤを路面にしっかり押し付けグリップ力を高める効果があり、しなやかに走りしっかり止まれる。そして急ブレーキでは特に前輪にかかる大きな力を吸収し、車輪がロックする限界を高めている。

反面、サスペンションはペダリングの力を吸収してしまうためエネルギー効率は悪く、舗装路を速く走るには適さない。特にリアサスペンションはその影響が大きいから、MTBの中でジテツウにお勧めなのはエネルギーロスの少ないハードテールタイプのモデル、もしくはサスペンションのないリジッドモデルだ。

スモールバイク（ミニベロ）

最近街中でホイールの小さいオシャレな自転車を見かけるようになったが、一般的に車輪が20インチ程度より小さいモデルをスモールバイク（ミニベロ）と言う。人気の秘密はそのかわいらしいスタイルにもあるが、軽く乗れて取り回しがしやすいことにある。ホイールが小さいとその分重心が下がるので安定感もあり、全長が短くなることから機敏なハンドル操作がしやすく小回りが利く。また、回転させる車輪が小さいので動き出しのエネルギーが小さくて済み、信号などでのストップ&ゴーでは漕ぎ出しが軽快で街乗りに向いている。

小径だとスピードも遅くなるかと思われがちだが、その分ギア比が大きく設定されているからペダル一回転で進む距離は大径車と変わらず、中には小径車にもかかわらずロードバイク顔負けのスピードを楽しめるモデルもある。反面ホイールベースが短くなることで直進性が犠牲になり、またタイヤも小さいことから減りが早くなる。さらに言えば回転部分が小さいということはジャイロ効果が小さく倒れやすくなる。50円玉と５００円玉では５００円玉のほうが倒れずに長く転がるのと同じである。サドルと後輪の間のスペースが広くなるのが小径車の特徴で、そのスペースを活用して大きなサドルバッグが装着可能だ。リュックサックがそのままサドルバッグとして装着できるタイプもあり、ワンタッチ着脱でそのまま背負って行けるビジネスタイプのバッグもあるから、ジテツウ用としてはとても便利であり実は私も長年愛用している。

フォールディングバイク（折りたたみ自転車）

フレームの一部を分割して小さく折りたためる自転車のことで、ほとんどが小径ホイールのスモールバイクである。最大のメリットは簡単に輪行できることだ。タイヤを外すこともなくほんの数分で輪行準備ＯＫである。クルマのトランクにも入れやすく、また室内保管にもとても便利。スモールバイクなので折りたたんでの携帯性が高く、非常に便利な自転車だ。出張先まで自転車で行き、帰路は輪行する場合などは大変に重宝する。

そのぶん走行性能が犠牲になる面もあり、また構造が複雑なので部品数も増え、強度確保のために重くもなる。もちろん価格も高くなるが便利さを考えればコスパは高い。

ランドナー

ランドナーとは小旅行車という意味で、昭和の時代にはサイクリング車の主流であった。キャリアを装着しやすいフレームで、泥除けもあって太めのタイヤを履いており、安定した走りで雨にも強い。

実はジテツウにとても適した自転車かもしれない。

昭和の大学サイクリングクラブ等ではほぼ全員がランドナーでツーリングをしたものだが、80年代のＭＴＢの出現、２０００年代のクロスバイクの台頭で、源氏に滅ぼされた平家のように衰退した。山奥に平家落人集落が残っているように、現在も専門の職人が細々と作り続けているが非常に高価になってしまった。それでも根強いファンは健在であり、昨今の自転車ブームに乗じてランドナー復活の兆しもある。

シクロクロス

ＭＴＢがこの世に出現するはるか昔から、ヨーロッパでロードレースオフシーズン（冬季）に、オフロードでのトレーニング用として使われていたのがシクロクロスだ。ロードバイクにゴツゴツしたトレッドのある細いタイヤをつけ、ブレーキは泥が詰まりにくいカンチブレーキやディスクブレーキといった、ＭＴＢと同様の制動力の高いものが装備されている。担ぎやすくできておりロードバイク並みの走りの軽さとＭＴＢ並みの走破性を持つ自転車だが、価格も10数万円以上とロードバイク並みである。クロスバイクはこのシクロクロスから派生したとの説もある。ジテツウに使うにはその高機能は宝の持ち腐れになりかねないが、ロードバイクの軽快性とＭＴＢの走破性を兼ね揃えているのは魅力だ。

グラベルロード

2010年代半ばに登場したグラベルロードは、ロードバイクをベースに未舗装路も走れるように設計された、比較的初心者にも乗りやすい自転車である。シクロクロスと似ているがレース仕様ではなく、例えばキャンプ道具を積んでのツーリングなども想定したホビーライド前提の仕様となっている。タイヤ幅もシクロクロスはレース規定で33ミリ以下に制限されるところ、グラベルロードでは最大45ミリほどになることも多く、トレイルライドやロングライドなど、より多用途に楽しめるジテツウにもお勧めの使いやすい自転車である。

リカンベント

リカンベント（=Recumbent）とは「寝そべる」という意味である。非常に低いポジションで視点が地面に近く、臨場的なスピード感が楽しめる。桜や紅葉を見上げて走るのは最高だし、街中でのチョイ乗りでもパフォーマンスは高く、まわりからの注目度はナンバーワンだ。スタート時の乗り出しが少々難しいが、それさえ慣れてしまえば誰でも簡単に乗ることはできるし、乗りこなせれば長時間のライディングでも疲れにくい。姿勢が非常に低いので空気抵抗が少なく、また背中にも体重が分散されてペダリング効率も高い。車体が重いので上りはツラいが、平地では快適にニコニコしながら楽しむことができるモデルだ。ジテツウに使ったら注目されること間違いなしである。

ジテツウのための必須アイテム

また、ジテツウするためには自転車以外にもヘルメットなど、必ず用意しておきたいアイテムがある。ここでは最低限必要なものをご紹介しよう。

ヘルメット

ジテツウには安全装備の着用が不可欠だ。ヘルメットの着用を義務付けている先進国も多く、日本でも2023年4月から着用が努力義務化された。万が一のときに身を守る必需品であり、クルマのシートベルトと同じ感覚で必ず装着したい。転倒や事故の際に頭を守るためだけでなく、目立つことでクルマに存在をアピールして事故を未然に防ぐことも大切な目的である。

購入するときには実際に被ってフィット感を確かめたい。頭の形や大きさは人それぞれだし、特に海外ブランドのものは日本人の頭にはぴったり合わないこともある。ヘルメットは前頭部から深めに被ってメガネやサングラスとの隙間をあまり空けないようにする。次に後頭部にあるサイズ調整ベルトやダイヤルで締め具合を調節する。その状態で頭を振ってズレなければOKだ。最後にあごのストラップを締めるが、これが緩いともしものときにヘルメットが外れてしまい役に立たなくなるので、苦しくならない範囲でできるだけしっかりと締めておきたい。メガネやサングラスはヘルメットを脱ぐときに外れないようストラップの下にセットしておこう。

なお、一度でも転倒などで大きなダメージを受けたヘルメットは機能が著しく低下するので使えない。私も転倒で頭を強打したことが二度あるが、実際にヘルメットが割れて衝撃を吸収してくれたことで命を救われた。

錠

世の中にスポーツバイクが多くなるのに比例して盗難件数も増えている。特に高価な自転車は目立ちやすく狙われやすい。

錠は2つかけると盗難のリスクが大きく減少する。盗む側からすれば2つの錠を開ける、または壊すことは時間がかかり見つかってしまう危険があるので諦めるのである。少々重くても、ひとつは見た目にゴツく頑丈そうな錠を準備するのがお勧めだ。ワイヤーなら直径が1センチ以上あれば視覚的かつ心理的な効果は大きい。そして必ずガードレールや標識のポール、柵や欄干などの動かせない構造物にくくりつけておく。

ライト

ジテツウでは帰路が夜になる場合がほとんどだからライトは必需品である。日の短い冬季には早朝出勤で必要なこともある。ライトのいちばんの目的はクルマや歩行者に対して自分の存在をアピールすることだ。路面を照らすことと思われがちだが、それは街灯の役目であり通常の自転車用のライト1灯ではそもそも不十分。暗闇の道で路面の安全を確保するには数1000カンデラもの光度が必要で、最近では5000カンデラ以上の光度があるライトもありこれなら安心だ。

後方には赤いライトを使う。すぐ横をかすめて追い抜いて行くクルマへのアピールはとても重要であり事故防止につながる。他にも反射板をペダルやサドルの後、ヘルメット、衣類やリュックサックなどにできるだけ多く付けておき、ぼんやり走っているドライバーでもすぐに気が付くようにしておきたい。ライトは明るくコンパクトなＬＥＤライトが主流、できるだけ光度の高いものを選ぶようにしたい。

スペアチューブと携帯ポンプ

ジテツウで多いトラブルの代表例がパンクだ。対処できなければ走れず会社に遅刻してしまう。修理するにはスペアチューブへの交換が必要だから、事前にパンク修理の方法を習得しておくと安心だ。

パンクの対応はチューブを取り替えるのが原則である。つまりスペアチューブ持参が基本なのだ。もちろん空気を入れるための携帯ポンプ、タイヤを外すためのタイヤレバー3本も必須アイテムで、パンクしたチューブの修理は持ち帰って自宅でゆっくりやればよい。それでも1日に2回以上パンクした場合やスペアチューブを忘れた場合にはその場でパンク修理が必要になるから、１００円ショップでも売っているコンパクトなパンク修理キットもぜひ携行しよう。

5 安全第一！市街地や幹線道路の走行テクニック

２０１７年5月1日に、国として自転車の活用を推進することを定めた「自転車活用推進法」が施行された。これはざっくり言うと、国民の健康にも環境にも優しい自転車の利活用を国レベルで推進しよう！という法律であり、これを受けて自転車通勤もますます奨励されるだろう。安全で快適な自転車走行空間の整備も進み始めているが、より安全に、より快適にジテツウを楽しむために、走る側の立場で市街地の走行テクニックについて考えてみたい。

道路交通法は理解されているのか……

自転車に関する道路交通法を完璧に理解し、遵守している人はほとんどいない。そもそも自転車交通ルールそのものが複雑怪奇で世の中にちゃんと認知されていないのである。

例えば曲がるときには必ず手信号を出すことになっているが、交差点でハンドルから手を離しながら右折や左折に臨むのは、交通量が多い場所や歩行者がいる所では決して安全だとは言えないと思う。しかしこれを行わなければ道路交通法違反となり罰則もあることになっているのだ。ちなみに私は、警察官ですら自転車で曲がる際に手信号を行っているのを見たことはない。このような不可解な交通ルールに加えて道路標識や路面表示にとまどうこともあり、どこをどう走ればよいのかわからないケースも多々あるようだ。

違反者にはクルマよりも厳しい処分

自転車に乗って歩行者と同じ感覚のまま走っている人が多く、そういう人は自転車はどこでも歩行者同様に自由に走れるとカン違いしているようにしか見えないが、まずはこれが大きな間違いだ。自転車は道路交通法第2条で明確に、荷車や馬車と同じ軽車両として扱われている。

当然守るべきルールがきっちりと明文化されており、これに従わなければ違反切符を切られ、罰金を支払わねばならなくなる。それだけではない。検挙されて赤切符を交付された場合、略式起訴されて刑罰が科されれば前科がつくことにもなるのだ。クルマには交通反則通告制度というものがあり、軽微な違反は青切符で反則金を納めれば前科はつかないが、自転車での違反にはこの青切符という猶予措置はなく、いきなり行政処分が科される赤切符を切られることとなる。つまり自転車の違反はクルマよりもずっと厳しい処分になり得るということである。

警視庁はルールを守らない自転車への取り締まりを2022年秋から強化しており、書類送検されて罰金といった刑事罰の対象となる「赤切符」の交付も増えている。

車両としてルールを守る

自転車に乗っている人の多くが道路交通法を十分に熟知しているわけではなく、対歩行者でも対クルマでも事故の場合、残念ながら自転車側に何らかの違反がある場合が本当に多い。特にスポーツバイクでのジテツウは注目度も高いから、マナー遵守を徹底し、他の皆さまの模範となるように心がけたい。

自転車の通行帯については、道路交通法第17条で「歩道または路側帯と車道の区別がある道路においては、車道を通行せねばならない」「道路の左側を通行しなければならない」とあり、車道を走らなければならないことが明記されている。歩道は一部の例外を除き、自転車での走行は道路交通法違反なのである。「原付バイクに乗っているつもり」の心構えで道交法を遵守して走行すれば、違反は犯さない。

手信号とドライバーとのアイコンタクトが大切

走行中は手信号で自分の意思をしっかりとアピールする必要がある。特に交通量の多い道では、クルマに対しての意思表示を明確な形で行うことが両者にとっての安全につながる。手信号を出す前にまずは後方を

主な道路交通法違反と罰則

飲酒運転	懲役3年以下または50万円以下の罰金（人身事故の場合はさらに重い罪になる）
信号無視	懲役3ヵ月以下または5万円以下の罰金
一時停止違反	
右側通行	
夜間の無灯火走行	5万円以下の罰金
携帯電話をかけながらの運転	
ヘッドホンをしながらの運転	
傘差し運転	
進路変更時の無合図（手信号など）	
二人乗り	2万円以下の罰金または科料
2台並んでの並走	
歩行者通行妨害	

振り返り、クルマの有無や距離を確認する。これはクルマに対しても自分が後ろを気にしているという意思表示になる。

道交法では手信号はクルマのウインカーと同様の扱いで、曲がりきるまで手信号を続けなければならないが、カーブの片手運転は危険でありお勧めしない。事前にしっかり意思表示をしてまわりに認知してもらえれば、両手でハンドルをしっかり持って曲がるほうが安全である。

前方の駐車車両や障害物を避けて車道側に膨らむときは、右手を斜め下に伸ばし後のクルマに向けて「パスするぞ！　来るな」と手のひらを開く。逆にクルマに先に行けという場合は、右手を上または斜め上に上げてボールを投げるように軽く前後に振る。どの場合もはっきりとした大きい動作がクルマとのわかりやすいコミュニケーションとなるので、堂々と手を出して運転者に確実に認知してもらおう。

信号待ちからの発進は要注意

信号待ちで大型車の横に並ぶのは、死角になって左折に巻き込まれる危険があるので避けるべきだ。また、交差点手前で右折待ちのクルマがあるときには、後続の直進車は必ず左に寄って自転車の走行ラインにかかってくるので前方のクルマのウインカーにも注意しておきたい。

対向車線からの右折車がある場合、こちら側車線の直進車の陰になって右折車から自転車が認識されにくい場合がある。特に片側二車線以上の場合、右折車は加速してスピードが出ていることもあり、事故の際には被害が大きくなる。

信号待ちで通勤オートバイの軍団に囲まれることもある。前に出ても追い越されるだけだから後ろにつくのが得策だ。発進直後のオートバイ軍団の後方は排ガスもスゴイから、安全を確保しながら少し距離を置いたほうがよいだろう。

信号などで停止するときには、事前にギアを数段軽くしておくと安定してスムーズに発進できる。もし重たいギアのまま停まってしまったら、その場でペダルを回してギアを軽くしておこう。重いギアのままでのスタートは交差点でふらつきやすく危険である。停止直前にフロントギアをインナーに落としておくのもよいだろう。

スタート時は左折のクルマに要注意だが、事前にクルマよりも前に出ておいて、信号が変わったら左折車にアイコンタクトをしてから先に発進する方法もある。

信号通過の工夫

信号にはできるだけ引っかかりたくないものだ。前方の信号に引っかかりそうだったら、まわりに注意しながらスピードを落としてゆっくり徐行運転するのもよい。つまり時間調整である。交差する道路の信号が赤の間に徐々にスピードを回復し、青になるのに合わせて交差点を通過すれば足をつかずに済む。体力消耗を抑えるエコ走法だが、交差点での安全確認をお忘れなく。

もし長い信号待ちとなったら手軽なストレッチでイライラを解消しよう。自転車に跨ったままでも、手や腕、首のストレッチはできるしリラックスにもなる。また、黄色信号ではなるべく停車したいが、ブレーキが間に合わずに交差点に突っ込んでいるときには反対車線からの右折車に注意する。相手も信号の変わり目で急いでいるので事故が多い。

路線バスとの競合は避ける!?

路線バスも場合によっては悩ましい存在だ。停車中のバスを追い越すのは面倒だし、追い越してもまた抜き返される。その際にあのでかい図体で幅寄せされることもあって、抜きつ抜かれつにマイってしまう。信号で早めに意図的に停まるなどしてタイミングをずらすなど工夫はできるが、いちばんいいのはバス路線を走らないこと。多少回り道でも裏道や住宅街を気持ちよく走るほうが絶対にイイ！

一方、都会で4車線以上ある道路では時間帯によってバス専用レーンが設けられている所もある。自転車の通行が認められている場合もあり、バスしか通らないので交通量が少なくなり走りやすいが、必ず自転車通行可能かどうかを確認して、あくまでバスが優先だと心して走ろう。

効率よく大通りの交差点を通過する小技

幹線道路などの大通りの横断は信号の待ち時間が長く、何台ものオートバイが一緒に並んだりしてあまり快適ではないが、ルートを工夫すれば回避できることもある。

ひとつの方法としては、幹線道路と鉄道がクロスするルートを探ってみる。幹線道路が鉄道の上を通っている所ではその下の鉄道沿いに道があることが多く、そこを通れば信号がない、あるいは交通量も信号待ちも少なくなることが多い。多少大回りをしてもそっちのほうが気分よく走れる。東京なら環七や山手通りなどでは鉄道とクロスする箇所が多々あり、そのようなルートが取りやすい。

また、幹線道路沿いには並行して交通量の少ない道がある場合もあるから、そこをうまく使いたい。幹線道路を渡る手前でその幹線道路と並行する道に入って進みながら、ブロック毎にその交差点から幹線道路を渡る信号を確認して青になるタイミングを見計らうのである。信号の待ち時間がない、または少なくなる場所で幹線道路との交差点に臨むと時間的には効率がよい。

路面の障害に注意して走る

左側通行は絶対条件だが、走る場所は道路端から60〜80センチ位の、アスファルトの端っこ辺りが適当である。あまり端に寄り過ぎるとゴミやホコリ、砂が溜まって小石が浮いていたり、舗装の継ぎ目や排水溝があったりでハンドルを取られることがあるからだ。また舗装が古いとアスファルトの割れ目やくぼみ、水たまり穴などがあったりするから、クルマのレーンのちょっと外側くらいが走りやすいスペースだ。

路上にはちょっとした障害物が多い。マンホールや交通標識のラインは濡れると滑りやすくなるし、雨の降りはじめはホコリが浮くので特に滑りやすい。これら障害物はそのリスクを認識することが大切であり、路面をよく見ての早期発見が最大の予防となる。

夜間は必ずライト点灯

ジテツウでは帰路は夜間になる場合がほとんどだろう。自転車は音もなくスーッとかなりの速度で動くため、暗い場所ではクルマにとっても歩行者にとっても非常に認知しにくいことを意識しよう。

夜に無灯火で走っていると、自分からはクルマや相手が見えていても相手にしてみれば音も光もなく、かなりの速さで近づく自転車にはなかなか気付かないものである。つまり無灯火はとても危険であり、道路交通法でも5万円以下の罰金となる違反行為だ。

必ずライトを点灯し、道路利用者に自分の存在をアピールして互いの安全確保を行う必要がある。特にスピードの出るスポーツバイクなら、夜間は早くから存在に気が付いてもらえるように、より強烈にアピールできる、できるだけ光度の高いライトを使うようにしたい。夜間走行の安全確保のためには必需品である。

ジテツウにはハブダイナモが便利

昭和の時代に主流だったタイヤに押し付けて発電するダイナモは減少しているが、現代はハブ（車輪の中央部分）に発電機を搭載してライトを点けるハブダイナモが増えている。常に発電しているが抵抗を感じるレベルではなく、ジテツウだと毎日使うのでより経済的だ。

LEDライトは簡易着脱式のモデルが多いので盗難防止のため持ち歩くことになるが、ハブダイナモならその煩わしさがなく、最近ではママチャリなどにも広く普及している。これは後付けできるオプションではないので、自転車購入時にハブダイナモ装着車を選ぶ必要がある。

幹線道路以外でも気は抜かない

住宅街や裏道、工場や倉庫街など交通量が比較的少ない道は幹線道路よりは走りやすい。しかし、住宅街の道路はドライバーにとって自宅が近くなって安堵感が出たり、通い慣れている道だったりして、ついつい気が緩んでいることもある。また混んでいる幹線道路の抜け道として利用されていたりすると、先を急いで飛ばすクルマもあるなど事故を引き起こす要因は多い。

住宅街の交差点は信号がない場合が多く、見通しが悪かったり道幅が狭かったり、また歩行者と車を区分けするガードレールがない箇所も多いので、安全確認を怠ることなく、十分に速度を落として左右を確認しながら走るようにしたい。また、右左折する際には歩道側もよく確認して、歩行者との接触事故を起こさないよう気をつけよう。特に子どもや数人で歩いている中高生などは、突然想定外の動きをすることがあるので要注意だ。

走行環境の改善に声をあげよう

日本の都市部は欧米に比べて、自転車にとってはあまりよい道路環境ではない。行政は圧倒的な産業規模を誇る自動車を優先して自転車を後回しにしてきたのだが、昨今の環境問題や健康志向を背景にした自転車ブーム、震災以降のジテツウの激増やそれらに伴う自転車事故の増加もあって、これまでの旧態依然とした自転車行政も抜本的に見直され実施されつつある。

これは私も所属する自転車活用推進研究会がこれまで積極的に行政に働きかけた成果と自負しているが、全国で自転車レーンの設置が進みつつある。「自転車活用推進法」の施行をきっかけに、社会的な自転車の優先度も上がってくるだろう。ひとりでも多くの方々が行政に対して、パブリックコメントなどで積極的に声を挙げていくことが、将来の快適な自転車社会につながっていくはずだ。

6 事故を未然に回避する

事故は疲れているときや油断しているときに起こしやすい。

自分で自分の身を守ることをしっかり意識し、常に安全確保に注意して集中力を持続している限り、事故を未然に回避できる可能性は高まる。つまりクルマが不注意運転をしていたとしても、五感を働かせて前後左右のクルマの動きを認識し予測して、こちらが止まったり避けたりできれば事故の多くは避けられるのだ。

クルマの動きを予測する

事故のリスクが高いのが交通量の多い交差点だ。交差点にかかる際には後ろを振り返りつつ、前後左右のクルマに注意する。ウインカーは出ているか、直進か左折か右折か、信号で止まるかそのまま突っ込むか、などを注視しよう。特に信号が黄色に変わった場合や赤になった場合でも突っ込んで来たり、強引に右左折するクルマもいるので要注意だ。そんなクルマに青信号だからと強気で向かっていっても痛い目に遭うのはこちらである。短気になって焦って走るよりリラックスしてゆっくり走ったほうが、事故の回避率は高まるのだ。

交差点では注意を払って気を抜かずにいても、駐車場やガソリンスタンドの出入り口などは注意を怠りやすい。意表を突いてクルマが出てくることがあるので注意して目を凝らそう。出会い頭の事故が多いのは大きな交差点よりもむしろこういった場所であり、特に路地などでは子どもや犬猫などが思わぬ所から飛び出してくる。

停車中の車両に注意

車道では停車しているクルマとの衝突リスクが高く、人が乗っていれば左右どちらであれ突然ドアが開くことがある。特にタクシーは客の要求で急に曲がったり止まったりドアを開けたりするし、空のタクシーは客を見つけると無理やりそこへ行こうと強引な運転をすることがあるので要注意だ。

バスも歩道側は乗客が突然降りてきたり乗り込んだりする。バスの後ろで待つのが最も安全だが、時間がかかりそうな場合はバスの左ウインカーが点滅している間に後方に注意しながら右側を通行する。追い越すときは後方のクルマに気をとられるが、バスの前方で停車していたクルマが急に動き出すこともあるから、クルマに人が乗っているかどうかを確認して注意しよう。

また、同じレーンを走るオートバイはやっかい者になるケースがある。彼らにしてみればトロトロと走る自転車はうざったい存在だろうが、無茶な追い越しをしてくる場合も少なくない。いくら対抗してもスピードでは敵わないし、自分の身の安全のためにも早めに道を空けてしまおう。

思いやり1・5メートル運動

クルマ側に自転車を認識してもらう運動が世界的に広がっている。左のようなマグネットシートやステッカーをクルマの後背部に掲げて他の道路利用者への注意を呼びかけるもので、自分の運転を再認識するとともに、後続車に呼びかけることを企図している。「Baby in Car」などと同じく、マナーとモラルに訴えるためのもので、クルマを所有している人にはぜひ貼っていただきたい、ドライバーの意識改革につなげる活動である。２０１５年11月に愛媛県で始まった「おもいやり１・５メートル運動」は日本中に拡がりつつあり、自転車活用推進研究会でもＰＲに努めている。

あくまでも歩行者優先で

歩行者はクルマには注意するものの、自転車に対しての意識は非常に薄い。思わずベルを鳴らしてしまいそうになるが、歩行者にしてみれば「ジャマだ、どけっ！」と言われているように感じるだろうからそれは避けたい。というよりも無暗にベルを鳴らすと道交法違反となり、２万円以下の罰金となることを覚えておきたい。抜くときには「すみませーん」と一声かければお互い気持ちいいし、特に歩行者が集団で横並びになって通せんぼ状態の場合はおしゃべりに夢中で自転車に気付かない、または無視されることもある。そんな相手にベルを鳴らすと逆ギレされることもあるから、声をかけて通してもらおう。

自転車にも注意する

車道を走行する他の自転車にも注意が必要だ。子どもやご高齢の方は蛇行したりよそ見をしていたりしてまわりを注意していないことがある。歩行者も、そしてそのような自転車も、不規則な突然の動きをしがちだから常にブレーキに手をかけて、すぐに対応できるようにしておこう。

残念ながら右側通行する自転車もよく見かける。接触や衝突、車道に膨らんでクルマとの事故につながりかねない危険行為だ。右側通行している自転車には「左側を走行してくださ〜い」などと声をかけて欲しい。そして歩道走行は禁止だ。車道で危険に直面した際の緊急避難として歩道に逃げる場合などだけが例外的に認められているが、それ以外は歩道を走行してはいけない。ジテツウするなら「自転車は車道」を必ず徹底しよう。

ドライバーに自転車の存在を認知させる

クルマを運転するドライバーの側から見た自転車は、車道を遅いスピードでフラフラと進み、時々予測不能な動きをする、一歩間違えば死傷事故に発展する危険極まりない存在である。一方ですべてのクルマが自転車をきちんと認識しているとは限らず、中には会話に夢中になっていたり考えごとをしていたり、さらには違反であるスマホやテレビを見ながら運転しているドライバーも少なからずいるのである。

大切なのはどんなケースでもハンドサインとアイコンタクトでしっかりと自転車の動きを伝えることだ。目立つウェアとヘルメットを身にまとい、大きなハンドサインでアピールすればクルマも気が付きやすいし、ドライバーとアイコンタクトできれば互いに安心である。

それでも転倒のリスクはなくならない

誰だって転びたくはない。しかし初心者ほど転倒しやすいし、それによる怪我が多いのも事実。経験を積めばどういう状況で転倒しやすいか危険を早めに認識できるようになって、それに応じた対処方法も体得していく。転倒そのものを経験する必要はないが、転倒しそうな状況を何度か体験したほうが「転ぶ！」と思った際にも持ちこたえられるのだ。

それでも転倒のリスクをゼロにすることは不可能だし、どんなに慎重なベテランだって転ぶことはある。だからこそ、転倒の際にどう対処すれば怪我や自転車のダメージを少なく抑えられるか、あらかじめ頭に入れておこう。転倒はとっさの出来事だし、その一瞬でどう対処できるかはわからないが、少なくとも頭に入れておけば対処できる可能性は高まるはずだ。

上手な転び方

転び方の基本はハンドルを握ったまま手を放さないことである。手を離してしまうと自転車そのものが二次的に凶器となって身体を襲うリスクがあるだけでなく、自転車へのダメージも大きくなってしまう。路面への身体の衝突は1ヵ所よりも腕、肩、脚、身体の側面など面として何ヵ所にも分散させたほうが、それぞれのダメージが軽くなる。つまりハンドルを離さずに身体を小さく丸めるようにして回るように着地することで、衝撃が緩和され怪我も最小限に抑えることができるのだ。

反対にダメージが大きくなりがちなのが、ハンドルから手を離して手を路面に着いてしまうパターンだ。体重と自転車を合わせた走行中の運動エネルギーは想像以上で、これを手で受け止めようとしても衝撃が大きく、キズや打撲だけでなく手首や腕を骨折することも多い。片手だけの場合はなおさらだ。不覚にもハンドルから手を放してしまったら、うつ伏せの状態になり両腕で柔道の前受け身のようにして、路面からの衝撃を吸収しながら回るように転倒する。

そして交通量の多い道路では、どんな転倒でもできるだけ左側に倒れるように意識したい。右側に倒れたり路上に放り出されたりしたらクルマに轢かれるリスクがあるからだ。そうなったら単なる自転車での転倒では済まないことは説明するまでもない。

自分の身体が最優先

転倒したとき何よりも心配し、しっかりと対処しなければならないのは自分の身体だ。例えどんなに高価な自転車だろうが、バッグから貴重品が散乱しようが、まずは身体を思いやる。転倒直後には気が張っているからそのときは大したダメージはないと思っていても、後に大事に至ることもある。気が動転していて的確な判断ができず、また周囲からの視線や恥ずかしさから、そそくさと何事もなかったようにその場を逃れたい衝動に駆られるが、実は後になって大変な思いをすることにもなりかねない。

特に頭を打った場合、ヘルメットが外れたり大きく損傷していたりしたらその場で動かずに安静にしてしばらく様子を見る。落ち着いて判断して大丈夫ならとりあえずはよいが、頭部は場合によっては救急処置が必要なこともあるから、少しでも不安に思ったら躊躇せず、まわりに助けを求めるなり救急車を呼ぶなりするべきだ。骨折してもやがてくっつくが、脳は再生しないのだ。

自転車のダメージ

身体だけでなく、自転車もあちこちダメージを受けている可能性が高い。そのまま乗ってしまうとトラブルになりかねないのでしっかりチェックしておきたい。

自転車の整備は事故を防ぐ

安全で快適にジテツウするには、自転車そのものも安全で快適でなければならない。事故に直結

転倒時に自転車が受けるダメージ

パーツ	チェックポイント
フレーム、フォーク	ヒビや曲がりがないか。塗装が落ちていれば要注意
ハンドルステム	真上から見てハンドルが曲がっていないか ハンドル本体が曲がっていないか
ブレーキレバー	曲がりはないか。スムーズに作動するか ドロップハンドルの場合はここが内側に曲がりやすい
ブレーキ本体	ブレーキは正常に作動するか。取り付けが曲がっていないか
ホイール	前後とも振れは出ていないか。ブレーキシューと擦らないか スポークが折れたり曲がったりしていないか
ディレーラー	前後とも正常に作動するか。特にリアは本体が曲がっていないか
チェーン	チェーンが外れていないか
フロントギア	ギア板が曲がっていないか。歯が欠けていないか
サドル	曲がっていないか。やぐらが壊れていないか

するのがブレーキで、ブレーキがきちんとメンテナンスされていないと制動距離も長くなる。特に濡れた路面では時速16キロから停車するのに、最大で3・5メートルも制動距離が伸びたという実験結果もある。

ブレーキシューが減り過ぎて溝がなくなると効き具合は急に悪くなる。また、きちんとリムを均等にセンターで挟んでいないと、いわゆる片効きになって制動力が落ちる。レバーを引く遊びが大きいと効きの甘さにもつながるため、しっかり調整して遊びをミリ単位に抑えたい。また、ワイヤーがサビていると引きが重くなって制動にも影響する。オイルを差すか、新しいワイヤーに取り替えよう。

タイヤ空気圧が低過ぎるとエネルギー効率が落ち、カーブも曲がりにくくなる。週に1度くらいは空気圧を確認して適切な空気圧にしておこう。変速機やポジションの調整もまめにしておきたい。

もし自分でメンテナンスするのが不安なら、自転車安全整備士や自転車技師がいる信頼できるショップに定期的にチェックしてもらうとよい。安価な自転車の場合、そもそもの安全性に問題がある場合もあるので、ＪＩＳ（日本工業規格）をベースにした、厳しい基準値・安全要件を備えているＢＡＡマークのある自転車を選ぶことをお勧めする。

さらにスポーツバイクは軽量でスピードが出やすいので、より高い品質と安全性が求められる。そこで一般社団法人自転車協会が、より厳しい「スポーツ用自転車安全基準」を制定した。この基準に適合した自転車の証明が、ＳＢＢＡ（SPORTS BICYCLE ASSOCIATION APPROVED）マークである。スポーツバイクを購入する際には、このＳＢＢＡマークが貼ってあるものを選びたい。

7

交通事故の対応は迅速に

自転車の違反に関する道路交通法が２０１５年６月に改正施行された。また２０１７年には自転車活用推進法が施行され、自転車の走行環境整備も進めやすくなってきている。おかげで自転車のマナーやルール遵守などの問題意識が高まってきたように思う。

しかし自転車事故の割合はわずかながら減少しつつあるも、未だに交通事故全体の2割近くを占める高水準で推移しており、これは先進国では最悪レベルである。事故の際の対処をきっちり間違わないようにするにはどうすべきかを考えてみたい。

どんなに注意してもリスクはゼロにはならない

ジテツウでもサイクリングやツーリングでも、交通事故は最も致命的な事態を招いてしまう。事故は乗車中の注意力や、先の状況を読む洞察力と判断力、自転車の安全整備や徹底したルール遵守などでかなり予防することはできる。しかし、自分では避けることのできない相手の不注意や不可抗力などで事故に巻き込まれてしまうこともある。万が一、不幸にも事故に遭った際には、きちんと対処してその後の被害やトラブルを最小限に抑えることが重要だ。

負傷者が出た場合は、自分が被害者であれ加害者であれすぐに対処すべきであり、少しでも対処に不安があれば迷わずに119番通報すべきである。何よりも人間の身体が、そして人命救助が最優先なのである。

自転車が被害者となるケースは相手がクルマであることがほとんどだが、怪我の治療や壊れた自転車の修理代、場合によっては休業補償や慰謝料なども相手の自動車保険で支払われる。事故の際、何はともあれ必ず警察に通報し、必要に応じて救急車を手配しよう。

自分の保険を使う場合でも事故証明は必要になる。そして必ず相手の免許証を確認し住所、電話番号などを記録し、免許証の写真を撮っておこう。また免許証の裏面に住所変更などが記載されていることもあるので、裏面も忘れずに確認しておきたい。

もしも相手が逃げようとしたらクルマのナンバーと車種だけは押さえておこう。事故直後、当事者は気が動転しがちだから、判断を間違わないようにとにかく落ち着くことが大切である。深呼吸して怪我の有無や状態を確認し、警察に通報することを念頭に置いておきたい。

警察には真摯に対応する

警察が来たら現場検証にできるだけ立ち会って協力し、状況をきちんと説明する。警察官のそのときの気分や相性が事故証明の内容に影響する可能性もあるので、警察官にはまじめに好意的に対処しよう。また警察にはできるだけ自分から連絡をしたほうがよい。警察は必ず誰が連絡したかを確認するし、相手に対しても心理的に優位に立てることもある。

クルマが相手の場合、過去の違反歴などから相手が警察への連絡を嫌がることがある。しかし仮に相手が高額とも思える示談を示してきても応じてはいけない。怪我は後に後遺症になるかもしれず、その場の示談ではカバーされないことになるし、休業補償や慰謝料などについてもうやむやになる可能性があるからだ。

警察への連絡がイヤだというのなら少なくとも救急車を呼ぼう。それなら相手も認めざるを得ないだろうし、救急と警察はリンクしているから結果的に警察が来て現場検証と事故証明をしてもらえる。これがないと後々のトラブルの発生につながるので大切なポイントだ。また、被害者でも加害者でも単独の場合でも、その後の余計なトラブルを抑えて処理がスムーズにいくように、事故の状況はできるだけ詳細にメモしておきたい。目撃者は大切な証人になるので、真摯に協力をお願いし名刺などを貰うか、その写真を撮らせていただき連絡先を記録しておこう。

相手に怪我をさせてしまったら

相手が歩行者や自転車などのケースで自分が加害者となった場合には、何よりも被害者の救護が先決である。もちろん加害者であるなしにかかわらず負傷者を救うことが最優先であるのは言うまでもないし、状況に応じて早急に救急車を呼び、警察にも必ず怪我人がいる旨を連絡しよう。

仮に相手の自己判断で警察に連絡しないとなっても、後に相手側が警察に連絡した場合は立場が悪くなることもあるから、その場で自ら連絡したほうが結果的にはよいこととなる。何らかの保険に入っている場合には賠償保障が使える場合もあるし、自転車保険などを使うなら、必ず警察の事故証明が必要だ。

大切なことは被害を与えた相手への真摯なお詫びである。その後のお見舞いやきちんとした説明など、できる限り被害者に対して誠意を尽くすことが加害者としての当然の義務である。

単独事故のときもまずは身体最優先

構造物に激突したり激しく転倒したり転落するなど、自転車単独の事故であっても怪我の度合いが大きければ救急車を呼び、警察に連絡すべきである。保険のあるなしにかかわらず、後で症状が出てきたり、思わぬ所で誰かに損害を与えてしまったり、思ったよりも身体へのダメージを被っていることもあるから事故証明は必ず取っておくようにしたい。何でもない怪我だと思ってもしっかりと応急処置を行って、そして病院で手当てを受けるべきである。

まずは自分の怪我の治療を最優先で行うべきだが、自分でできない場合は相手やまわりの人に助けを求める。処置が遅れると悪化するだけでなく、場合によっては深刻な事態になることもあるから、必ず病院で治療を受けて、事後の保険請求に備えて領収書は保管しておこう。

スリ傷の対処方法

自転車の怪我でいちばん多いのはスリ傷だろう。転倒や木や壁に接触したり、ライドの準備や作業中にちょっとした不注意で怪我することもある。出血があれば、コンビニやガソリンスタンドなどのトイレや水道を借りて、まずは流水でキズ口をしっかり水洗いして汚れをできるだけ洗い流し、清潔なティッシュやハンカチ、タオルなどでさっと拭き取ってできるだけ乾燥させる。

なかなか乾燥せず出血が止まらなければ止血剤を使う。また傷が深かったり汚れが酷い場合には化膿止めを塗っておき、最後に滅菌ガーゼを絆創膏などで止める。

ファーストエイドキットがなければコンビニなどでバンドエイドなどを買い、それを貼って傷を保護しておく。ジテツウの際にはバンドエイドなどは数枚を常に携帯しておきたい。交番や駅などでファーストエイドキットを貸してくれることがあるから、事態が深刻なら遠慮せずに相談しよう。

大怪我は初動が肝心

スリ傷程度なら何とかなるが、骨折など大きな怪我や身体に深刻なダメージがある場合は、とにかく慌てず冷静になって落ち着くことである。そして何をすべきか、さらにその次にどうアクションを取るべきかを想定しながら初動を開始しよう。

初動を間違うとトラブルが拡大することもあるから、まずは心に余裕を持とう。よく起こる主なトラブルに対処するため、表のような基本知識を頭に入れておけば慌てずに対処できる。

対処に不安があったら迷わず119番だ。救助までは必要なくても、対処方法についての適切なアドバイスを受けられるから心強い。救助する方も初動と対処をしっかり指導することでトラブルの悪化を防ぐことができるし、救助出動の減少にもつながるから決して迷惑なことではない。不安なときはためらわずに消防署でも病院でも警察でも役所でも積極的に連絡しよう。

怪我の応急処置

怪我の内容	対処	備考
擦り傷	流水で傷口をしっかり水洗い。汚れを完全に洗い流してからよく乾かし、バンドエイドなどの絆創膏類で保護	ひどい時は化膿止めかガーゼと包帯で保護
切り傷	出血が多ければまず止血、患部を心臓より高く上げ、傷口に清潔な布かガーゼを当て強く抑える	止血後は擦り傷対処と同じ
打撲	傷があればまず傷の対処。その後患部を冷やす。頭を強く打ってコブにならず吐き気があれば内出血→すぐに病院へ	冷やすには布に水を含ませ塗布し扇ぐ。もう一枚あれば空冷し頻繁に取り替える
骨折	基本は動かさず救急車を待つ。応急処置として副木を当てて固定する。できるだけ動かさずに骨折部分の上下の関節も届くように副木を当てて全体を固定する	固定用のテープや三角巾がなければタオルや衣類等で代用する。副木は傘などで対応できる
ねん挫	テーピングで特に痛みが強い方向への動きを制限するように固定し、患部を冷やす。足首の軽いねん挫なら靴ごとテープで固定する。テープや包帯がなければ靴ひもやタオル、衣類など何でも代用可	ねん挫とは関節が外れかかったか、外れたが元に戻ったときの周辺筋肉の炎症である。痛みは長く続くが無理をせねば大事にはつながらない
虫刺され（ハチ、アブ、毛虫等）	毒針を抜く（とげ抜き、針、粘着テープ）、水および石鹸で洗い冷やす。抗ヒスタミン軟膏を塗る	毒は通常酸性なので、アルカリ成分で中和する。石鹸類を塗り込むと効果がある
火傷	痛みが和らぐまで水で冷やす。水道がなければ布に水を含ませ塗布し扇ぐ。服は脱がさず、上から水をかける。水泡ができても破らない。後はガーゼ等で患部を保護	ひどい日焼けや摩擦による火傷も同様の処置をする

8

盗難対策は確実に自転車保険は忘れずに

昨今の自転車ブームで高額のスポーツバイクが増え、残念ながらそれを狙った盗難が増えている。スポーツバイクはその価値を知る人間から見ればいかに高価かはすぐに分かり、車体も軽いので、きちんと錠をかけていなければ簡単に持って行かれてしまう。基本はどんなに短い時間であろうとも自転車から離れる際には必ず錠をかけること。ここでは大切な愛車を守るための盗難対策と、自転車保険について考察してみたい。

プロが転売目的で高価な自転車を狙う

警視庁によると令和元年度の自転車盗難の認知件数は全国で16万8703件であり、一般刑法犯の75パーセントを占める窃盗犯罪の約3割が自転車盗難だという。自転車盗難は日本で最も多い犯罪とも言われているのだ。また、ひと昔前はちょっとそこまで行くのに拝借しますといった「拝借泥棒」が多かったというが、昨今はロードバイクブームもあって高価な自転車が増え、パーツにバラして転売で儲けようという組織的なプロ犯罪が増えているという。スポーツバイクは本当に狙われやすくなっているのである。

短時間でも必ず錠をかける

ドロボウが狙うのは駐輪して間もない時間帯が多いらしい。時間が経過するほど持ち主が戻ってくる可能性が高まるからだ。コンビニなどに立ち寄ってちょっと1～2分買い物をするときや、トイレに行くときについつい施錠しないこともあるが、ドロボウはそんなスキを狙っているのだ。

自転車盗難でいちばん多い原因は施錠されていなかったから。盗難をする人間が悪いのは言うまでもないが、きっちりと施錠せずに盗まれた側にも責任があると言わざるを得ない。しっかりとした施錠対応でリスクは小さくできるのだ。ちょっとコンビニで買い物をするときなど店内から見えるからと安心して錠をかけないこともあるかもしれないが、店内から自転車が見えるということは、外からもあなたが見えるということだ。錠をしていない自転車はその一瞬で盗まれてしまう可能性があることをくれぐれもお忘れなく。

複数の錠をかける

前章でも述べたが、錠は2つ以上するのが望ましい。2種類以上の錠があると開けるのにも壊すのにも時間がかかるためドロボウも諦めるからだ。また、スポーツバイクは前後輪を簡単に着脱でき、さらにサドルもワンタッチで外せるものもある。こういったパーツも盗難を防ぐためにガードレールや標識のポール、柵や欄干といった動かせない構造物にくくりつけよう。

ひとつは直径が1センチ以上ある太くて頑丈なワイヤー錠を、そしてもうひとつは十分な長さのあるものにしたい。これらで前輪と後輪、サドル、フレームを繋いで動かない構造物にくくりつけておくのだ。かつて前輪だけが道路標識のポールにワイヤー錠でつながれていたのを見たことがあるが、自転車本体は盗まれてしまったのだろう。そんなことにならないよう、すべてをしっかりと繋いでおこう。

基本は〝地球ロック〟

地球ロックとは、電柱やガードレールといった動かせない構造物に自転車を繋いでおくことだ。ただし民家のフェンスやポールなど、個人の所有物に地球ロックするのはちょっとマナー違反だ。厳密なことを言えばどんな構造物にも所有者はいるが、そこはあまりガチガチに固いことは言わず、それよりもガチガチにしっかり地球ロックしたい。

ロックはできるだけ高い位置、目立つ所にしたほうがよい。ドロボウが錠を切断するには大きな刃物が使われる場合が多く、刃物の取っ手に体重をかけて、テコの原理を使って大きな力で切断するのである。錠を高い位置にかけることで、体重をかけて切断しにくくなるし目立ちやすい。そういう意味では駐輪は人の目の多い所にすべきで、人通りが多い所であれば不審な行動を取りづらいし、所有者が戻ってきても気付きにくいから盗みにくくなる。

また、ライトやサイクルコンピュータなど簡単に外せるものはすべて外して持ち歩こう。ヘルメットを持ち歩くのが面倒ならばワイヤー錠を通して、自転車と一緒に繋いでおけばＯＫだ。

駐輪場は必ずしも安全ではない

実は自転車の盗難場所でいちばん多いのが駐輪場だという。多くの自転車が置かれている駐輪場は、ドロボウにすればよりどり見どりで品定めができる草刈場でもあるのだ。誰か自転車のそばでガチャガチャしていても不思議ではない空間だし、大きな駐輪場では係員の目も届きにくい。係員にシルバー人材を活用している公共駐輪場も多いが、ドロボウはシルバー人材をナメている。何か言われても堂々と「鍵をなくした所有者」を演じて誤魔化し、係員がそれ以上ドロボウ扱いをして追求することはないと自信を持っているようだ。

自宅や路上でも盗難は多い

盗難場所のワースト2は実は自宅である。屋内保管なら安心だが、そんなスペースがなかったり、家族の同意が得られないこともあるだろう。自宅なら屋外でも大丈夫と油断して施錠しない場合も多いようだ。特に道路に面した場所などはドロボウが目をつけている可能性が高いから、気を抜かずにしっかり施錠しよう。

次いで多いのが路上駐輪での盗難だ。ジテツウで職場や学校、その近くに駐輪場がない場合には路上駐輪している人もいるだろうが、毎日同じような場所に駐めておくケースがほとんどで、同じ場所に同じ時間で駐めていればドロボウに行動パターンが読まれてしまい、狙われる確率が高くなる。どうしても職場に駐輪できなければ、安全性の高い駐輪場やサイクルステーションなどを探したほうが無難だ。路上駐輪が避けられないときは場所を固定せずに頻繁に変更し、重くても堅牢な複数の錠でしっかり施錠し、確実な地球ロックをなるべく高い場所で行うしかない。

必ず防犯登録をしよう

施錠はもちろんのことだが、万が一に備えて防犯登録をしておくことをお勧めする。防犯登録は自転車を購入したショップで行うことができるが、購入時に登録していなくても、後からショップにお願いすれば事後対応も可能だ。通販で自転車を買った場合でも購入の証明になるものを持っていけば、自転車ショップで登録できる。

フレーム本体にある車体番号が警察に登録されることになるので、不幸にも盗難にあった場合は警察に届け出れば探してくれる。当たり前だが防犯登録をしていないよりもはるかに見つかる可能性は高くなるし、防犯登録のステッカーが貼ってあること自体が盗難の抑制にもつながるのである。

また、引っ越しなどで防犯登録を行った住所から別の都道府県に変わった場合、古い登録を解除して新たに再登録する必要がある。解除や再登録には防犯登録カードと身分証明書、場合によっては自転車本体も必要となるが、面倒でもきっちりやっておきたい。

自転車保険はサイクリストの義務

自転車は道路交通法上れっきとした車両だが、クルマやオートバイと違って自賠責保険のような強制保険はない。しかし自転車事故で加害者になれば、場合によっては高額の賠償金が科せられる。運悪く相手を死亡させてしまえば数千万円以上の賠償金になることだってあるのだ。自転車保険には必ず加入し、常にルールとマナーを守って危険を予知するライディングを心がけよう。

保険には自転車総合保険の他、自動車保険や生命保険などに追加する特約保険などがある。昨今自転車の保険商品が増え、加入者も大きく増えている。○○海上火災保険といった損害保険会社の自転車保険商品はもちろん、セブン‐イレブン、ドコモ、auといった企業も自転車保険商品を販売しており、コンビニで、あるいはスマホで手軽に自転車保険に加入することができるようになった。

カバーされるのは主に自転車搭乗中の保障で、賠償責任、死亡・後遺障害補償、傷害補償、示談代行サービスなどがあり補償額も保険金も様々だ。ロードバイクのような高価格の自転車に乗るなら、車両保険や自転車盗難保険もある。家族の有無や利用頻度、経済的な理由も含めてカバーすべき補償も人それぞれなので、自分に合わせてよく検討したい。

他の保険に付随する特約保険を確認する

自動車の任意保険に入っている場合、その特約の中に「日常生活賠償責任特約」や「人身傷害補償特約」といった追加補償の保険があるが、それを契約すれば補償金額に応じて掛け金は上がるものの、比較的リーズナブルな料金で自転車乗車時の保険としても使える。

「日常生活賠償責任特約」は通常の生活の中で他者に対しての賠償責任を補償するもので、自転車搭乗時以外でも他者に怪我をさせたり、物を壊したりした場合に使える。「人身傷害補償特約」は交通事故で自らが怪我をして治療や入院が必要な場合の費用がカバーされ、こちらも自転車搭乗時以外の怪我でも補償される。いずれにせよ保険の約款を注意深く読んでおこう。

それ以外の保険に入っていても特約などで自転車事故がカバーされる場合がある。例えば生命保険には医療特約といった、日常生活における怪我での治療や入院の費用が発生した場合、それを補償するものもある。ただし生命保険には対人・対物補償はない。火災保険や傷害積立保険などにも自転車事故をカバーする特約や補償があるので、自分の入っている保険約款をよく読み保険会社に相談してみよう。

自転車ショップが味方になってくれる

保険を扱っている自転車ショップで自転車総合保険に入るのも一案だ。自転車安全整備士のいるショップで点検整備を受けた場合、その証明となるＴＳマークを車体に貼ってもらえるが、その際保険料を払えば事故の際に補償が受けられる。ショップが保険会社と団体契約を結んでいるため個人で入るよりも安くなる場

保険の種類

保険の種類	備考
自転車総合保険	自転車乗車中の事故をカバー。家族全員カバーする家族型もある
傷害保険	自転車を含む日常生活での事故で、死亡や怪我をカバー
損害保険	自転車事故で加害者の場合など、日常生活の不注意で損害を与えたときに補償
火災保険、自動車保険	オプションや特約で、障害保険、損害保険がついている場合あり
旅行保険	自転車などでの旅行中だけをカバーする保険（海外ツーリングの場合は必須）

合があるし、何かあった際もショップは保険会社よりも自転車ユーザー側の立場に立ってくれる。

「自分は大丈夫」と思っていても、自転車盗難はいつどこで起こっても不思議ではない。もちろん不慮の事故もまた、望むと望まざるとにかかわらず、ある日突然訪れる。少しでもリスクを減らして快適に自転車を楽しむためにも、できる対策はしっかり講じて自己防衛していきたい。

9

複雑怪奇！日本の自転車交通ルール

日本の自転車事故の件数は、先進国中で最も多い。その最大の要因は、「自転車が歩道を走る」という日本の慣習にある。

かつては日本でも「自転車は車道」が当たり前だったが、１９７０年代にクルマが急速に普及してクルマと自転車の事故が激増した結果、臨時措置として自転車の歩道走行が認められた。あくまでも臨時の、暫定的な対応であったはずだが、以後抜本的な対策が取られることもなく、自転車の歩道走行が定着し現在に続いている。自転車は車道というのが道交法のルールであるにもかかわらず、多くは歩道で歩行者を脅かしながら走っているのが現状なのである。

その結果、自転車対歩行者の事故のおよそ4割は歩道上で発生しており「自転車が歩道を走る」という日本独特の慣習が少なからず事故を生む土壌となっている。交通事故全体の総件数が減少する中で、自転車事故が占める割合は２０１６年の18・２パーセントから２０２０年には21・９パーセントに増加しており、なんと１９７５年以来最高（最悪）の数字となっているのだ。

自転車の歩道走行は、歩行者のみならず自転車にとっても危険である。歩道を走る自転車はクルマから認知されにくいため、車道を走る場合に比べて交差点でのクルマとの事故発生率が格段に高いのだ。自転車が歩道を走る場合、事故に遭う確率は車道を走る場合よりも7倍近く高いとするデータもある。クルマの横を走るよりも歩道のほうが安全に感じるかもしれないが、クルマから認知されやすい車道を走るほうが実は安全なのである。

そして何より根本的な問題は、自転車を利用している皆さんが自転車の交通ルールを正しく理解していないことにある。というか自転車の交通ルールそのものが複雑怪奇で、世の中にちゃんと認知されていない。例えばベルの装着が義務付けられているが、歩道で歩行者に対しベルを鳴らすと違反となる。今回はそんな複雑怪奇な自転車交通ルールを考えてみたいと思う。

左折レーンのある交差点での直進

法律的には左折レーンの左から真っすぐ進むのが適正とされ、左端をそのまま直進して通過すればよいのだが、これは左折車両に巻き込まれるリスクが高い。特に信号待ちをして発進しようとする際には、同じく信号待ちをしていた左折車両と接触する事故が起こりやすくなる。しかも交通量が多いとずっと左折車両に阻まれて直進できず、そのうちに信号がまた赤に変わってしまうから、どこかで左折車両を無理やり止めない限りいつまでも交差点を直進することができない。これが法律なのかと疑ってしまうが、悲しいかなこれが実状なのだ。

これを回避するために、真ん中の直進レーンを通行する方もいる。しかし、自転車は車道のいちばん左側の車線を通行することが決められているから、厳密にはこれは違反になる。ならば法律に従いつつ、しかも安全に交差点を通過するのはどうすればよいのだろうか？

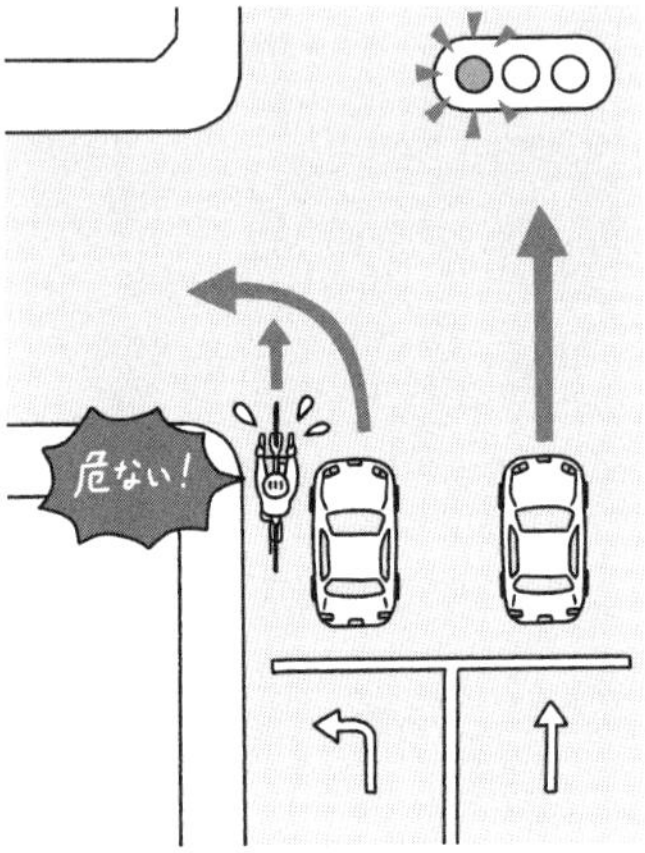

交差点の１００～数10ｍ手前からいちばん左側の車線の右端に移動し、左折車両の右側を通れば巻き込まれることはない。もちろん左折車両の往来する車線を斜めに横切るので十分な注意が必要である。複数車線がある場合には道路交通法上、軽車両はいちばん左側にある第一車線を走らなければならないが、車線内で左端に寄る必要はなく右端を走っても違法ではないのだ。ただし、単車線の場合は左側を通行せねばならず、これも誤解を生じさせる複雑怪奇なルールである。

結局、左折レーンで安全なのはいちばん左側の車線の左端で待ち、左折しようとするクルマのドライバーにしっかりアイコンタクトして手信号で大げさに前を指さして、自分が直進することをはっきり意思表示してからそのクルマの前に出て安全確認しながら直進することになるが、果たしてこれが現実的だろうか？

もしくは、交差点で自転車を降りて歩道を押して歩き横断歩道を渡ってから、また車道に出てから乗車して出発するというのが、最も安全で法律上も問題がな

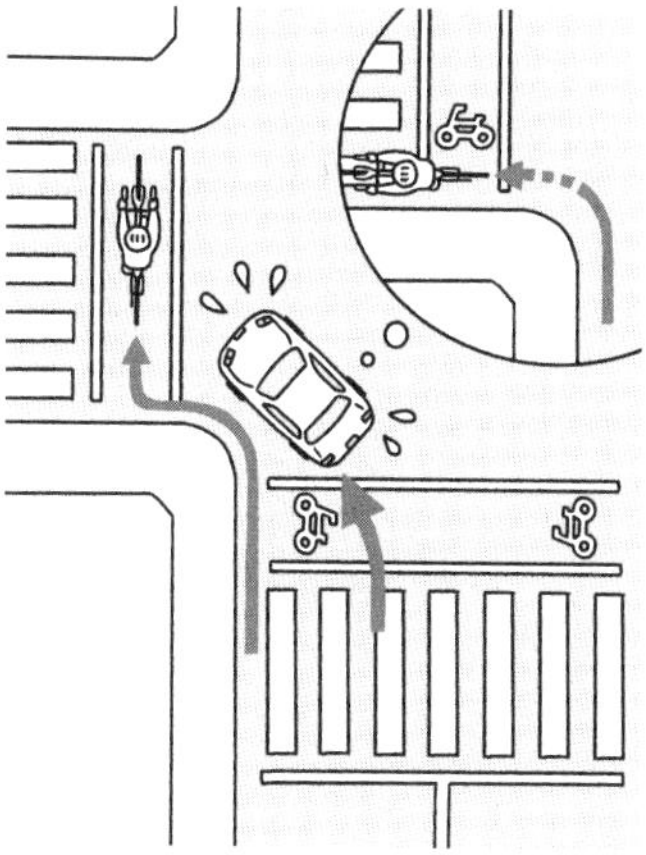

いかもしれないが、時間が十分にある方でないと、そんな悠長なことはしていられないだろう。

横断歩道に併設された自転車横断帯のある交差点の直進

道路交通法63条7項では、「当該交差点又はその付近に自転車横断帯があるときは（中略）当該自転車横断帯を進行しなければならない」となっている。つまり自転車横断帯を通らねばならず、そのまま直進してはいけないということである。

しかし、実際にこのとおり通行しようとすると、まずは少し左折してからまた右折するようにして自転車横断帯に入ることとなる。左折してくるクルマのドライバーから見れば、前を行く自転車が左折したのでクルマも左折したら、自転車がいきなり右折して目の前に飛び出すことになる。これは非常に危険であり事故も多い。実際自転車事故の7割が交差点で発生しており、このケースもずいぶんあるという。

道交法に背いて素直に交差点をそのまま直進したほうが、ずっと安全ではないか。あまりにおかしなルールであり、このように危険を誘発する自転車横断帯は現在急ピッチで削除されているが、それでもまだまだ残っている所もあるし、道交法もそのままだ。削除されない自転車横断帯が残っているのは歩道を通行する自転車のためというらしいが、そもそも自転車の歩道走行は禁止であって、それを助長するような対応は即刻止めて改善してもらいたいものである。

どの信号に従えばいいの!?

走行中に従うべき信号は、定められた走行場所に対面する信号機というのが法律の定めであり、自転車が軽車両である以上、クルマと同じ車両用信号に従うべきである。それなのに歩道を通行している自転車は歩行者用信号に従い、車道を走行中の自転車は車両用信号に従えばよいと思っている方が多いが、これも間違いである。歩道にある信号は歩行者用であり、本来通行禁止である自転車用の信号とは成り得ない……ハズである。

が、「歩行者・自転車専用」や「自転車専用」といった信号が歩道に突然設置されている場所が多くこれが実に悩ましい。仮に車道の左側を走行してきた場合、対面する信号機というのは当然クルマ用の信号となるが、並行する歩道の先に「歩行者・自転車専用」と記された信号があれば、それに従わなければならないと解釈されている。これもおかしなルールであり事故を誘発しかねない。先ほどの自転車横断帯のある交差点と同様に、道交法に背いて素直に交差点をそのまま直進したほうが、ずっと安全なのである。

スマホや携帯を操作しながらの運転

自転車を運転しながらのスマホや携帯電話の使用を禁止する規定は、各都道府県によって異なっている。例えば東京都の場合、「自転車を運転するときは、携帯電話用装置を手で保持して通話し、又は画像表示用装置に表示された画像を注視しないこと」となっている。つまり、手で持って通話しながらの運転と画面を注視しながらの運転は違反ということだ。青森県は、「携帯電話を手で保持することなく、かつ、携帯電話に表示された画像を注視することなく使用することができる場合にあっては、この限りでない」と記されているなど、ハンズフリーやスマホホルダーを使えばＯＫとしている県もある。

イヤホンやヘッドホンの使用、傘差し運転などについての規定も各都道府県によって異なっている。それぞれ在住地での道路交通規則を確認すればよいのだが、大切なのは自分と周辺の方々の安全の確保であり、仮に規則で違反にならないと解釈できても、安全性が低下するリスクがあることはすべきではない。

このように自転車の交通ルールは複雑怪奇。そんな中で自転車を安全に乗るためにはどうすればよいのだろう？

私は原付バイクに乗るのと同様にルール順守をするのがよいと思う。原付バイクは「原動機付き自転車」である。免許が必要な車両と意識して点数が引かれると思えば、まさか原付で歩道を走りはしないだろう。みんながそういう意識で自転車に乗れば、マナーも向上し安全な交通社会につながっていくと思う。

10

自転車は社会を、未来を、地球を救う！

ジテツウには健康や環境、交通社会や経済など数多くのメリットがある。ジテツウをしている人は自分のことだけでなく、地球や社会のための環境意識が高い場合が多い。またまわりからもそのように見られることが、ちょっとカッコイイかもしれない。ひとりでも多くの人がジテツウを始めれば、移動を自転車にすれば、それは社会にも未来にも、地球にもよいことにつながるのである。

クルマからジテツウにすればトン単位でCO2を削減！

地球温暖化対策のひとつとしてモーダルシフト＝交通手段の変更が提唱されているが、ジテツウはその最も有効な手段として、多くの自治体などから推奨されている。ある試算ではガソリンを1リットル燃焼させると約2・4キログラムのCO2が発生するという。例えば燃費がリッター10キロのクルマで片道15キロの距離を通勤した場合、1日に往復で7・2キログラム、年間210日クルマ通勤するとしたら、1年で約1・5トンものCO2が排出されることになる。

クルマはCO2の排出だけでなく、騒音や道路上の粉塵、ガソリンを精製する段階で排出される有害物質など、環境に好ましくない影響がある。燃料を使う交通機関は同様であり、電車も電気をつくる段階でCO2を排出している。

自転車の場合、これらの影響は言うまでもなく非常に少なく、地球環境に最も優しい移動手段と言えよう。ジテツウのエネルギー源となる食べ物は生産の過程でCO2が排出されているから、全体的にはCO2排出はあるかもしれない。しかし、徒歩やランニングと比較しても自転車は少ない消費カロリーで多くの距離を移動でき、エネルギー効率に最も秀でた移動手段なのだ。環境への貢献を直接的に実感することはできなくても、ジテツウしながらそういった意識を持てることは、ひとつの誇りになり、励みにもなるのである。

渋滞やラッシュの緩和にもなる

都会では多くのクルマが通勤時間帯に集中して走るため慢性的に渋滞が発生し、さらに無駄なガソリン消費を加速させている。ジテツウが増えクルマ通勤が減れば渋滞緩和につながり、クルマ利用による数々のデメリットの軽減にも貢献することとなる。ジテツウの増加に伴って自転車の走行環境の改善に行政も動きだしており、交通環境が整備されつつある。よりジテツウが増えることでその動きはさらに加速するだろう。

一方、電車通勤者がジテツウにモーダルシフトすることで通勤ラッシュの緩和につながり、ダイヤの乱れやトラブル低減の一助にもなる。ジテツウであれば公共交通機関がストップするような事態でも混乱を回避でき、帰宅難民になるリスクも避けられる。また、トラブルの際、仮にその日は自転車で通っていなくても、電車通勤の人と比べて様々な経路の道を知っているので歩いてでも帰りやすい。

ジテツウは地理にも強くなれるのだ。

会社ルールの確認

今や「環境」は多くの企業にとってキーワードである。環境問題に前向きに取り組んでいるというイメージを作ることは、どんな企業にとってもプラスになるだろう。世の中の自転車ブーム、ジテツウの増加が環境に好影響を与えていることは企業も認識している。

ジテツウを促進することで企業イメージの向上に加えて従業員の健康状態改善への寄与、通勤費や通勤車用の駐車場コストの削減といった効果を得ることができるのだ。実際にジテツウを認めている、または奨励している企業はどんどん増えているが、ジテツウを始める場合にはまずは自分の会社のルールを確認しよう。ポイントは次のとおり。

・ジテツウを認めているか
・ジテツウの規定があるか
・駐輪場は会社にあるか、なければ近隣にあるか
・ジテツウ承認の手続きは（保険の加入、整備の義務、承認証の貼付など）
・通勤費の扱い
・事故の場合の対応（被害者／加害者それぞれの場合）
・労災の適用
・自転車運転に関する安全教育の有無

通勤費の扱いに注意

通勤費の扱いには注意したい。通勤費は会社の就業規則等に基づいて支払われるもので賃金の一種だが、その支払いは法律で定められているものではなく、会社が任意で規定を定めて支払っている。従って会社によってルールは異なり、ジテツウに通勤費が出る場合も、そして出ない場合もある。内緒でジテツウをしていながら別途通常の交通機関を使った場合と同等の通勤費を受け取っていた場合には、過去に遡って返納させられる場合もあれば、人事評価に影響したり、処罰の対象になったり、最悪の場合、懲戒解雇になる可能性も否定できない。

会社がジテツウを認めていない場合には会社と交渉することになる。ジテツウを認めることで、前述のような会社にとってのメリットがあることをしっかりとPRしてみよう。不幸にも会社がどうしても認めないなら自己責任で行うこととなるが、リスクをとってでもジテツウを選ぶ人々も実は多く存在する（私もかつてはそうであった）。

CO2を21パーセント削減！　世界一自転車に優しい都市は？

「自転車シティ」化がどれだけ進んでいるかが、世界の先進都市のバロメーターのひとつであるとも言われている。ある調査では、自転車に優しい都市ナンバーワンは、ここ数年来ずっとデンマークのコペンハーゲンである。

日本の都市の「自転車シティ」化のためにも、見習って欲しいポイントを挙げてみよう。まずは都市全域を網羅する自転車レーン網の整備である。日本でも各地で自転車レーンの整備が進みつつあるが、断続的でありネット状になるにはまだまだほど遠く、途切れることなくどこにでもつながる自転車レーン網の整備が必要だ。コペンハーゲンの交差点では、自転車の停止線はクルマより5メートルほど前方に引かれていて、自転車はクルマの前に出て停止するようになっている。そして自転車用の信号はクルマ用よりも早めに青に変わり、先に発進できるようになっている。クルマによる巻き込み事故の防止になるのだ。

さらに自転車レーンにはＬＥＤの案内灯が埋められおり、その輝きに従って進めば交差点では赤信号でも止まらずに進めるようにプログラムされている。ＬＥＤが埋設されていなくても、時速20キロ前後で走っていれば信号に引っかからない仕組みになっている所もある。

その他、自転車をそのまま電車に載せることができるし、冬の雪道も自転車レーンは車道より優先して除雪されるなど、自転車利用者の視点に立って様々なインフラが整備されている。その結果、コペンハーゲンの通勤通学の自転車の利用割合が60パーセント程度に増えたのみならず、ＣＯ２排出量も２００９年からの２年間で21パーセント削減されたという。

自転車シティ化が街を活性化させる

全国で街の中心部の「シャッター商店街」化が進んでいる。クルマ優先のインフラ整備で、郊外のバイパスや幹線道路沿いに大型ショップや商業コンプレックスなどがどんどん完成して人々を吸引し、クルマを停めるスペースが少ない中心部の商店街には人が来なくなっているのだ。

しかし、自転車は商店街を復活させる可能性を秘めている。自転車インフラの整備が進んで利用者が増えれば、人々は街中に入ってきやすくなる。往来が増えれば来客も増え、商店街が潤うという状況を作り出すことに、世界の自転車シティは既に成功しているのだ。自転車と歩行者のインフラ整備を優先させてクルマを街の中心部から締め出すことで売上が上がった実例は、欧米の自転車先進都市で証明されているのだ。例えばアメリカのニューヨーク市では、自転車レーン網の整備で商店街の売上が49パーセント上がったとの報告もされている。自転車に優しい都市は街を活性化させ、持続可能な社会を推進する街になると言えるだろう。

自転車で発展途上国を支援

放置自転車を発展途上国に譲与することで、その国の交通環境を向上させ、人々の生活や経済にも貢献している事業がある。「ムコーバ」（再生自転車海外譲与自治体連絡会）という慈善団体が地方自治体などと連携して、回収後に持ち主が引き取りに来ない放置自転車を修理・再生し、団体・企業・市民などからも協力を得て海外に譲与していたのだ。残念ながら現在は活動を休止しているが、2019年までの30年間で発展途上国91ヵ国へ8万7255台の自転車を寄贈したという。

世界には道路が整備されていない国々も多く、届けられた再生自転車は、例えば現地の助産師や保健師が地域住民を巡回訪問する際の足として、保健医療の普及活動に役立てられたりしている。WBR（World Bicycle Relief）というNPO団体も同様の活動を行っており、そこからアフリカへ譲与された自転車によって、何時間も歩かないと学校に行けなかった子どもたちが通学できるようになったり、荷物を積める自転車のおかげで仕事が効率的になったなど、様々な形で発展途上国への貢献につながっている。

自転車を通じて社会に貢献する

クルマをハイブリッド車や電気自動車に乗り換えたり太陽光発電を家庭に導入するなど、環境意識の高い人が増えているが、自転車は健康にも交通環境にも社会にも、最もよいのである。環境意識のある方々は、率先してジテツウを始め、ずっと続けて広めていただければと思う。

ひとりでも多くの方々がジテツウするようになり、日々の移動に自転車を活用するようになれば、人にも社会にも地球にも大きなメリットがあるのだ。もちろん三日坊主ではなく、ずっと続けてこそメリットが活きてくる。ジテツウをしていると環境や健康、交通社会への改善意識が芽生えてくるし、まわりからもスマートでクールに見られるかもしれない！

物ごとにもアクティブになり、自然と笑顔が増えてくるのだ。自分と世の中を変える小さな一歩に、自己満足のヨロコビを感じるだろう。自転車を楽しみ続けることで、よりよい社会づくりに貢献していこう！

第4章

ゴキゲン！カラダと自転車のメンテ術

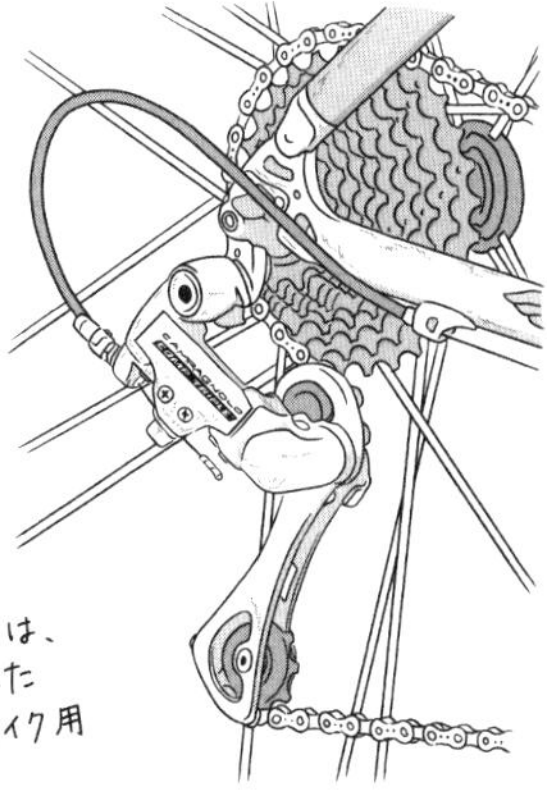
フロント24Tに対応させるため
必死に探し出した
リヤディレーラーは、
カンパが一時期だけ出していた
マウンテンバイク用

1 生活習慣病に、メタボ対策に効果絶大！

日本人の死因の過半数が生活習慣病ともいわれるガン、心疾患、脳血管疾患で占められており、同じく生活習慣病である糖尿病、高血圧、脂質異常症、肥満などが、それらの死因に大きく影響している。自転車はこのような生活習慣病の予防効果が高く、メタボ対策にも効果絶大だ！

エアロビクスに匹敵する最高の有酸素運動

自転車は数あるスポーツの中でも有酸素運動の効果が非常に高く、かつ身体に最も優しいスポーツである。ジョギングやジムでの運動と比べ、体重がサドルとハンドルとペダルの3ヵ所に分散するため腰や膝への負荷が小さく、怪我も少ない。

特に肥満やメタボリック症候群（および予備軍）の人は概して身体が重く、ランニングのように足腰ですべての体重を支えるスポーツの場合、腰や膝への負担が大きくなる。ちなみにランニングでは着地の際に体重の3倍近い力が片脚にかかるという。それに、メタボで出たお腹を揺らしてジョギングやエアロビクスダンスをするのはちょっと抵抗あるかもしれないが、そんな体型でもレーサージャージとヘルメットにサングラスでビシッと決めてロードバイクで軽快に走れば、ずっと見栄えもするじゃないか！

心肺機能と循環機能を高め、血管を健康に

生活習慣病の予防には心肺機能と循環機能の強化が有効だが、自転車は特にこれらの機能を高めるのに効果的だ。人間の脚にはカロリーを多く消費する大きな筋肉が集中しており、ペダルを回し続けるには大量の酸素が必要となる。ペダリングは脚だけでなく腹筋や背筋、腕や手など身体のほとんどの筋肉を使う効率的な全身運動だから、身体の隅々まで酸素をしっかり供給しなければ、そのために空気をたくさん取り込まなければと肺が強化されていく。取り込んだ酸素は血液が全身に運ぶから、心臓のポンプ機能も強化されるし、心臓から遠い脚や全身の毛細血管まで血液が行き届くので循環機能も鍛えられるのである。

高血圧は心疾患や脳血管疾患などの大きな要因のひとつだ。実は私も高血圧気味なのだが、血圧が高い状態でも自分では特に自覚症状はなく、日常生活にも自転車ライフにも支障をきたすことはない。

しかし血圧の高い状態が続くと、血管にずっと負担がかかり続けて動脈硬化が進み、血液の流れが悪くなったり、血栓ができやすくなったりする。さらに高血圧が続くと血管や心臓だけでなく、脳や腎臓などにも障害をもたらして脳卒中や心筋梗塞、狭心症、腎不全といった、命にかかわりかねない大病のリスクが高まってくるのである。自転車に乗ってしっかり有酸素運動をしていれば血流速度が速くなり、その効果で血管年齢も若返る。ペダリングの運動は心臓から血液を全身に巡らす補助効果もあるから、血流が増えて血管の働きも活発になってくる。

血栓などで詰まりがちになっていた血液がスムーズに流れやすくなるし、血管が活発に活動することで血管壁が柔らかくなり動脈硬化しにくくなるのである。より多くの血液を筋肉に運ぼうとするので末端の毛細血管も発達していき、血管自体が太くなったり、新しい血液の通り道を作ったりする。ただし重いペダルを踏み込み続けていると筋肉が強く収縮して血管を圧迫し、かえって血流を妨げることになりかねない。ケイデンスを意識して軽いペダリングでクルクル回すようにと再三繰り返しているのには、実はそんな理由もある。

心疾患や脳血管疾患の予防にも

心肺機能と循環機能が高まると心臓から毛細血管までが丈夫になるだけでなく、血液中の中性脂肪が減少して悪玉コレステロールを取り除く善玉コレステロールが増えてくる。善玉コレステロールによって健康な血液、いわゆる「サラサラ血」となって脂質代謝を改善し、高脂血症のリスクを減少させる。つまり高血圧や動脈硬化になりにくくなるのだ。

動脈硬化は心疾患の要因のひとつだが、循環機能が高まることで動脈硬化に対する予防や治療の効果があることが医学的に認められている。脳血管疾患（脳出血、くも膜下出血、脳梗塞など）の要因としても動脈硬化や高血圧などが挙げられるが、循環機能の強化は血管を健康にし、脳血管疾患の予防にもなるのだ。

お腹ポッコリのメタボ対策にも自転車が効果的

メタボリック症候群とは単に太っているというのではなく、内臓まわりの脂肪が多くなる内臓型肥満と、高血糖・高血圧・脂質異常症などの症状が同時に2つ以上現れている状態だという。中高年になるとお腹がぽっこりと出て、会社の定期検診などでメタボリック症候群と診断される人も増える。そうすると医者からはメタボ解消のためにと効率よく、続けやすい方法の一例として自転車が推奨されるケースも多いようだ。内臓まわりにこびり付いたぶ厚い脂肪をなくすためには、毎日一定時間以上の有酸素運動を欠かさずに続けるのが効果的である。

生活習慣病である糖尿病の患者は、全国で600万人以上。糖尿病予備軍といわれている人は実に1500万人もいるといい、中高年以上の3人に1人に糖尿病の可能性があるとも言われている。糖尿病は一度発病すると、食事療法や薬物療法、運動療法などをずっと続けていかなければならない、ある意味「不治の病」だが、その予防として推奨されているのが有酸素運動だ。

血糖値は食後20分ぐらいから上がり始めるので、その頃から自転車に乗り始め、20～30分以上運動を継続すると効果的だという。血中の糖分などがエネルギーとなって燃焼されて、食後の急激な血糖値の上昇を抑えられるのだ。

ストレス、不眠、精神疾患にも効果あり

自転車は身体的な疾患のみならず、精神的健康にも効果がある。まずはストレスの解消だ。仕事や生活の中で不快なことがあっても自転車に乗ると気分がスッキリする。私は20年来ジテツウを続けているが、毎日同じ場所を走っていても、日々まわりの景色や街の情景を楽しみ風を感じることで晴れ

やかな気分になってくる。

ジテツウをしていなくても、休日にサイクリングを楽しんだり、街中や近所を走るだけでも気分転換になり、走った分だけ達成感を味わってストレス解消につながる。また生活習慣病予防に食事や運動は大切だが、睡眠の質も大きく影響する。サイクリングによる適度な疲労感は睡眠の質を向上させ、グッスリと眠るのに効果的とされている。それに日光に当たることで幸せホルモンと言われているセロトニンが分泌され、ストレス、不眠、うつ病の予防や改善に効果があるという。

うつ病は、非日常的な体験を通じて物事を感じにくくなっている感性に刺激を与えると、改善効果があるとされる。自転車に乗って顔に風が当たればその感覚でスピードを感じることができ、風景や環境にも敏感になって、まわりからの刺激を捉えようとする本能を回復させてくれ、うつ状態から解放されるのだという。旧千円札の夏目漱石さんは、ロンドン留学中に神経衰弱でうつ状態にあったというが、ホームステイ先のペアレントに勧められてサイクリングを始めたら症状が改善したと言われている。

自転車は様々な疾患に効果があるが、大切なのは続けることだ。何回か自転車に乗っただけでは大きな効果は得られないが、数ヵ月単位で続けていれば、きっと少しずつ効果を感じられるはず。体力や体調、仕事や生活に合わせて無理せずに、楽しみながらいつまでも自転車に乗り続けていただきたい。

2　ダイエット、シェイプアップに最適！

引き締まったボディ、魅力的なスタイル、若々しい身体……自転車はきっとこれらの夢を叶えてくれる。短期的な目先のダイエットではなく、リバウンドしにくい体質に改善できるのだ。秘訣は続けること、そして楽しむことである。

そもそも人間は太る宿命にある

人類誕生から数10万年以上、その歴史の99パーセントの時間を人類はずっと飢餓のリスクと直面していた。いつ食べ物にありつけるかわからないため食べられるときにできる限りのカロリーを摂取し、いざというときに供えて「脂肪」という形で体内にエネルギーを蓄えることを、生き延びるために必要な機能として発達させてきたのである。

また脂肪を蓄積するだけでなく、蓄積した脂肪を一気に使ってしまわないように、少しでも燃費をよくしてカロリー消費を抑えようとする機能も人間のＤＮＡに刻み込まれて来た。しかし今日、飢餓のリスクがなくなっても、長年培われ続けたその機能は衰えることなく保持されているため、食事のたびに脂肪が体内に蓄積されていくのである。蓄積される分、消費しなければ溜まり続けて太っていく宿命にある。そして一気に脂肪を減少させようとしても、飢餓に対する防衛本能から少しずつしか消費できない身体の仕組みになっており、簡単にはダイエットできない宿命も背負っているのである。

これまでにダイエットに挑戦したことのある人は多いだろう。ある調査によれば、特に30代から40代の方々の過半数は、一度はダイエットにトライしたことがあるという。しかしそのほとんどは1年どころか半年も続けられず、一時的なダイエットで終わっているらしい。世の中にダイエットビジネスは数多くあるが、結果的にそのほとんどは継続的な、大きな効果は得られていないようである。

ダイエットのメカニズム

ダイエットするには脂肪を減らさなければならない。単純な話、摂取するカロリーが消費するカロリーよりも多ければ脂肪は体内に蓄積される。逆に消費カロリーが摂取カロリーより多い状態が続けば、理論的には脂肪は減っていきダイエットにつながる。摂取カロリーを減らすのは食事制限が中心となるが、よほど日常的に食べ過ぎている人でなければ、食事の量を減らすのは身体によくない。ここでは主に消費カロリーを増やすこと、つまり運動する＝自転車に乗ることについて考えたい。

有酸素運動を始めると、まず血液中の糖質が消費される。脂肪燃焼は運動開始10分後ぐらいから少しずつ始まるが、20分以上経つと徐々に燃焼効率が高まってくる。脂肪分解酵素とも呼ばれるリパーゼ酵素が積極的に働き出し、脂肪を分解してエネルギーに変えるからだ。20〜30分以上運動を続けていくとこの分解された脂肪がエネルギーの主力となるから、少しお腹が空いた状態で自転車に乗れば、早い段階から脂肪も並行して燃え始めて効果は高まる。

カロリーを消費するのは主に筋肉だが、10代の頃には比較的たくさんあった筋肉も、20代以降になると何もしなければ徐々に減り始める。筋肉が減少すれば基礎代謝（運動しなくてもカロリーを消費する量）は低下し、10代と同じ食事量であれば当然脂肪が付きやすくなる。

40代や50代になればなおさらである。継続的に運動していなければ筋肉は落ちていき、基礎代謝は下がり続け、ますます肥満やメタボに近づいていくことになる。毎日自転車に乗ることは筋肉を維持するためにも有効であり、基礎代謝の低下抑制につながる。ダイエットのためにも三日坊主にならないように、楽しんで続けていきたい。

痩せるのではなく、引き締める

ジテツウでのダイエットは嬉しいことにお腹や腰まわりの余分な脂肪が落ちてくるだけでなく、脚が引き締まってくるし、太腿を上下に動かしお尻の筋肉を使うからヒップアップ効果もある。人間の基礎代謝全体の4割は筋肉によるものだというが、その基礎代謝を高めることで正しいダイエット効果が得られるのだ。身体を引き締める筋肉が増えると脂肪はますます燃えやすくなり、カロリーを消費しやすい身体に変わっていく。心肺機能が向上して疲れにくく、また回復もしやすくなってくる。自転車はダイエットのための夢の乗り物なのである。

ダイエットを意識して走るならスピードはちょっと速めの感覚で、時速20キロ程度がひとつの目安となる。人によって様々だが、息が切れない程度のスピードを維持しよう。ギアは軽くして、70～90程度のケイデンスを維持して脚を回す。軽いギアで回転数を確保するほうが効率よく脂肪が燃焼するからだ。逆に重いギアを踏んで息が切れるような強い負荷になると、有酸素運動ではなく無酸素運動となる。この場合、運動に必要なエネルギーの主体が糖分となり、脂肪燃焼は少なくなる。これはいわゆる筋トレであり、筋骨隆々のマッチョな体形に向かってしまい脚は細くならない。

脚への負荷をできる限り軽くして積極的にクランクを回す意識で乗っていると、体全体の余分な脂肪が燃焼しやすくなり、脚だけでなく全身がスリムに引き締まっていく。

体重を1キロ落とすには？

ちょっと気を抜いて生活していたら体重の1キロなんてあっという間に増えてしまう。もしもその分、自転車本体やパーツで1キロ軽量化しようと思ったら、いったいどれほどお金がかかるだろうか？　自分の意識とちょっとした努力で体重を落とすほうが、経済的にも肉体的にも、そして精神的にもずっといい。身体

200kcal消費するために必要な運動

	必要時間	コメント
徒歩（4km/h）	1時間	1時間歩くのはちょっと長い
ウォーキング（6km/h）	45分	距離は徒歩と同じ4km
ジョギング（8〜10km/h）	20〜30分	膝や腰を痛めないように
縄跳び	30〜40分	ちょっとしんどそう
ラジオ体操	40〜50分	そんなに続かない？
自転車	20〜30分	ジテツウでOK

に蓄積されている体脂肪は1キロで7000〜7500キロカロリーにもなる。つまり、体脂肪を1キロ落とそうとしたら、摂取カロリーと消費カロリーの差が7000〜7500キロカロリーとなるように、エネルギーとして消費しなければならないのだ。ちなみに、体脂肪を1キロ落とすためには、ランニングならば100キロ以上、ウォーキングではなんと200キロも運動する必要があるという。

もちろん、一気に1キロ落とす必要はなく、毎日100キロカロリー程度、摂取カロリーと消費カロリーの差を維持していれば2〜3ヵ月で達成できるはずだ。ちなみに普通の人のダイエットに必要な1日の消費エネルギーは200キロカロリーが目安と言われているが、そのカロリーを消費するために毎日必要な運動時間は表のとおりとなる。やはり自転車がお勧めなのである。

リバウンドしないボディを作る

体重を落とすことだけを目的にした食事ダイエットや、薬などによるダイエットは一時的には効果があるかもしれない。しかし身体に必要な栄養が不足してそれを補うために筋肉や骨が分解されてしまい、かえって健康が害される可能性がある。急激なダイエットで体重が減少すると、身体は生命を守るためにそれ以上体重が落ちないように適応し、少ないカロリーでも生きられるようにと基礎代謝が減って脂肪を消費しにくい体質になる。そうなるとダイエットを止めた途端、身体に元の体重に戻ろうとする機能が働いてリバウンドするのである。ダイエットとリバウンドを繰り返すと痩せにくく太りやすい体質になるリスクも高まる。

自転車は短期間で急に痩せられるわけではないが、時間をかけて徐々に引き締まっていくためリバウンドのリスクは小さい。また、筋肉の割合が増えて基礎代謝が向上し、身体のコンディションが整いやすく太りにくい体質になっていく。筋肉は脂肪よりも重いから短期的には体重が増えることもあるが、長期的にはリバウンドしにくい身体に体質改善していくのである。

ダイエットに失敗するのは、そのほとんどが継続できないことが原因である。自転車に限らず、長期間継続して一定の有酸素運動をすれば大抵のダイエットは成功するはずだ。自転車なら通勤でも日々のライドでも、日常生活の中で有酸素運動を習慣化しやすい。食事も脂肪や炭水化物の摂り過ぎに注意は必要だが、身体を動かした後は罪悪感なくおいしく楽しめるではないか。一方、現在でも世界では10億人以上の人々が食料不足に直面し、飢餓に苦しんでいる。たまたま飽食の国と時代に生まれた我々としては、決して食料を粗末にせず、無駄のない食生活と健康管理をしっかりと行いたい。そうすることが無駄な食費や医療費を削減し、そこで浮いた予算を活用できれば、もしかしたら飢餓に苦しむ人々の救いの一助につながるかもしれないではないか。

3 快適乗車で生涯サイクリストに

メタボ対策や生活習慣病の予防、ダイエットやシェイプアップに自転車は最適である。しかし、少し乗っただけでは効果は期待できない。できれば週に3～4回、平日が無理なら毎週土日や休日にコンスタントに乗り続けていれば、数ヵ月で効果が実感できるだろう。

いつまでも乗り続ける秘訣

いつまでも末長く自転車を楽しみ続けるには、その楽しみの原体験とも言える、初めて自転車に乗れたときの感動と喜びを忘れずに、ちょっとワクワクしながら乗り続けることがポイントかもしれない。

スポーツバイクを新たに購入する場合、ずっと継続できるかどうか自信を持てずにためらうケースもあるだろう。健康やダイエット、ジテツウ、あるいは趣味を謳歌するなど明確な目的があって、その実現のための強い意志があれば問題はないが、意気込みはあったものの何ヵ月かで続かなくなったり、それこそ三日坊主で終わってしまう人もいる。けれども、それほど強い目的達成意識はなくとも、ちょっとワクワクする楽しみがあれば実は無理なく続けられるのである。

目的が明確だったら、それに向かって一歩ずつ進んでいけばいい。しかし、「3ヵ月で5キロ体重を落とす」などと高い目標を掲げてしまうと、その達成に必死になって苦しむことになりかねない。

例えば「色々な風景や街の情景をできるだけ楽しむ」といったゆるーい目的なら、ゆるーい感じで続けられると思う。「先日つぼみだった花が今日は可憐に咲いていた」といったちょっとした発見にも、ワクワク感や小さな目的を達成した喜びがあるかもしれない。夏の暑い日に緑の多い道に入ると体感温度がこんなにも違うのかと気づくこともある。季節の移り変わりや人々の営み、街角のお店のディスプレイの変化など、些細なことにも発見と喜びのチャンスはころがっているのだ。

私は50年以上自転車に乗り続けているが、今でも日々のジテツウで小さな発見に喜びを見い出し続けている。

スピードで得られる快感

スピードに楽しみを感じるのは人間の本能のひとつでもあるといわれている。自転車で徐々に速度を上げてスピードに乗ってくるとなぜか気持ちよくなってしまう。風を感じ景色がどんどん流れてスピードを感じると、脳からドーパミンが分泌され快感を覚えるのである。ドーパミンは神経伝達物質のひとつで神経細胞を活性化させる。さらに快感を覚えることでストレスの発散やリラックス効果を得ることもできる。人それぞれに快感が得られる心地よいスピードは異なるが、風を切って軽快に走る気持ちよさは、サイクリングの楽しみの源流でもある。

ロコモを予防する

僭越ながら、私は生涯サイクリストを目指している。この素晴らしい生き甲斐をずっと続けたいという思いは強く、そのためにも楽しみ続けることが肝心だと思っている。

生涯サイクリストを目指す上で気になるのは生活習慣病やロコモ（ロコモティブシンドローム）だが、ロコモとは運動器症候群のことで、筋肉、骨、関節、軟骨、椎間板といった運動器のいずれか、もしくは複数に障害が起き、歩行や日常生活に何らかの不具合をきたした状態のことをいう。

年齢と共に下半身の筋力が衰え、立つ、歩くといった動作が徐々にできなくなっていくことも典型的なロコモである。ここでも、自転車に乗り続けていれば自然と下半身が鍛えられ、ロコモ予防に効果的であろう。言うまでもなく自転車は全身運動であり、継続することで筋肉を維持増強することができるから、楽しみながらロコモ予防できるのである。

下半身が衰えると、歩行時につまずくなど転倒しやすくなる。年を取ると転倒による骨折や怪我をきっかけに寝たきりになることも多い。その予防には腸腰筋の衰えを抑えて転倒しにくくすることが有効である。腸腰筋とは背骨の下部（腰椎）から骨盤をまたいで太腿の骨（大腿骨）の付け根につながる脚を引き上げる筋肉で、上半身を支えて姿勢バランスを取り、脚を大きく持ち上げる働きをしている。だがこの筋肉は歩行やジョギングではあまり使われず鍛えにくい。

ペダルを踏むときには主に太腿の筋肉である大腿四頭筋やハムストリングスを使うが、反対に脚を持ち上げる動作では腸腰筋が積極的に使われる。ペダリングで腸腰筋を鍛えることで転倒しにくくなり、寝たきり予防にもなるのである。

また、体幹が弱ってくると身体のバランスを取れなくなって転びやすくなるが、自転車では体幹、いわゆるインナーマッスルも鍛えられる。体幹がしっかりしていると自然と姿勢がよくなり、スタイルもシャキッとして若々しく見えるようになってくるのだ。

脳と神経を活性化する

自転車は倒れないようにバランスを取る全身運動であり、安全確保のために脳も活性化するため老化防止効果がある。

特に街中では、危険を回避するため五感をフルに働かせてクルマや歩行者、障害物との位置関係を把握してそれぞれの動きを予測し、周囲の安全を確認しつつ走らねばならない。乗車バランスを取りながら瞬時の認知と判断に基づくハンドリングやスピードコントロールが求められるわけだが、これには脳や神経細胞のフル活用が必要であり、その活性化が老化の抑制につながるのだ。

神経細胞の強化は老化防止に有効だが、自転車の運動は細胞を強化・維持する方法のひとつとなる。自転車に乗って筋肉を動かすことも、身体全体の運動をコントロールすることも、脳が活性化し刺激を与えることとなって老化やボケの予防になる。

老化は足からとも言われるが、この場合の「足」は本来「脚」であろう。日々脚を使い、脚力が維持される自転車が老化を防ぐのは言うまでもない。また、ロコモは膝からくることもある。膝や腰への負担が大きいジョギングでは身体を痛めることもあるが、サドルに座ってペダルを回す自転車ならそのリスクはずっと少なくなる。あまりに膝への負荷が大きいと膝の老化が早まって変形性膝関節症になる恐れもあるが、自転車のペダリングは膝を伸ばす筋肉をつけることができ、その予防と治療にもなるのである。

自転車は国家財政の救世主！

厚生労働省の公表では令和2年度の国民医療費は44兆9665億円だった。国の税収総額が63・5兆円しかない中、消費税や所得税の税収とほぼ同額がそっくりそのまま医療費に使われている。患者負担や保険料も増えており、税金以外の我々の負担も膨らみ続けている。さらに高齢者人口の増化に伴って医療費はドンドン増えており、1200兆円以上ある国の借金（国民1人あたり約1000万円以上だ！）はますます膨れ上がって国家財政は瀕死の状態なのである⁉

厚生労働省の試算によると、メタボになると健康な人と比べて年間8〜12万円も医療費が増えるという。一方、シマノが従業員を対象に2008年から2011年にかけて調査した通勤形態別の医療費データによると、自転車通勤者はクルマや電車などで通勤する人と比べて1人あたり2万円程度年間医療費が少なかったという。もちろんメタボと健常者との比較ではなく、一般の従業員全体を対象とした通勤形態別での比較である。

つまり、ひとりでも多くの人が自転車を始めて楽しくいつまでも乗り続けることで、医療費は間違いなく減少していくのだ。私は自分の健康のためだけでなく、家族や企業、そして国家のためにも自転車に乗り続け、さらにひとりでも多くの方々に自転車を薦め、より多くの方々が心身共に健康になればと願っている。

4 カッコよく快適に！ レイヤリング術

スマートでクールなロードバイク！ しかし乗っている人のファッションがダサければ台なしである。ＴＰＯをわきまえて、自転車とのコーディネートを考えたオシャレをしたい。レイヤリングはオシャレのポイントであると共にアウトドアスポーツの必須科目である。様々に変化する外部環境に対応するレイヤリングを身に付けよう。

レイヤリングの基礎知識

レイヤリングとは重ね着のことである。気温や天候だけでなく、様々なＴＰＯに合わせてスマートにウェアをアレンジし、快適なアクティビティを確保する術なのである。季節などにもよるが、基本はベースレイヤー、ミッドレイヤー、そしてアウターシェルの3層のウェアの組み合わせでコーディネートする。ベースレイヤー（熱層）は肌に直接触れる下着、間に着て保温のための空気層を作るのがミッドレイヤー（断熱層）、風雨などの外部環境から身を守る役目を担うウェアをアウターシェル（外皮層）という。

汗を吸うコットンなどの素材は濡れると乾きにくく身体が冷えるため、ベースレイヤーには適さない。寒い季節には保温性と速乾性に優れ、薄手で軽いポリエステル系素材のアウトラストやジオラインなどがよいだろう。暖かい季節には素早い蒸散作用でサーモレギュレーション効果があり、涼しく抗菌効果もあるクールマックスといった素材がお勧めである。

ミッドレイヤーはウィックロンやオーロンなどのアクリル系素材、ポリエステル系素材のフリースなどが軽くて保温性、撥水性、耐久性に優れている。天然素材であるメリノウールは保湿力と除湿力を兼ね備え、さらに防臭力もあるがちょっと価格が高めである。

アウターシェルはゴアテックスなど定番の防水透湿素材のジャケットなら、アウトドア用の雨具でも兼用できる。防水機能が高く防風性や耐久性にも優れたジャケットをハードシェルといい、完全防水ではないが高い撥水性を有してストレッチ性や軽さなどを重視するタイプをソフトシェルという。ウィンドブレーカーもソフトタイプのアウターシェルと言える。

サイクリングでのレイヤリング

サイクリングは外部環境の変化に長時間晒されるスポーツであり、常に身体を快適な状態に維持するためにも衣類の着脱によるレイヤリングが欠かせない。朝夕と昼間の気温差の大きい春秋や、衣類を着込む冬にはレイヤリングの上手な活用が快適な走行の重要なポイントになるのだ。

サイクルウェアは気候や環境から身体を守り、常に体温を一定に保つこと、そしてライディングが身体に与える影響を軽減するためのギアである。サイクリング用のウェアが他のスポーツと違う点は、空気抵抗を考慮するところにある。風をはらんでバタつくようなウェアは適さない。身体にフィットした動きやすいスタイルが基本なのだ。

休憩や食事の際には身体が冷え始める前に早めに衣類を重ね着するよう気をつけよう。特に峠などを上りきった後の下りでは体感温度が急激に変化するので、多少暑くとも下り始める前にウィンドブレーカーなどのアウターシェルを着てから走るとよい。ちなみにゴルフ用のレインウェアはかさ張らず軽く動きやすく、足首も絞れるため機能的に使えるのでお勧めだ。

こまめに衣類を調整する

レイヤリングのポイントは、面倒がらずにこまめに調節することである。特に冬の朝は寒くて身体も温まっていないからスタート前に着込んでしまいがちだが、必ず準備体操をしてまずは身体をほぐして温めて、少し寒く感じるぐらいのウェアで走り始めたほうがよい。

走り出すとさらに体温は上昇し始め、5～10分もすればちょうどよくなってくる。上り坂でもあったらさらに暑くなるだろうから、汗をかく前に先手先手で衣類で体温調節していこう。まずはアウターシェルのジッパーの開閉で調整し、さらにはアウターシェルを脱いだりミッドレイヤーを一枚ずつ減らしていくといった具合に、体温の変化と外環境の変化に対応して衣類を調節するのだ。ポイントは汗で身体を濡らさないことだから、少しでも暑いと感じたら早めに止まって脱いでしまうほうがよい。

春や秋は冬に比べてミッドレイヤーが少ない、もしくはない状態での調整になる。ベースレイヤーには下着でないタイプを選んで、暑いときには速乾性のシャツ1枚のスタイルになれるようにしておくと安心だ。気温差の大きい季節なので天気予報をよく確認してから何を着るか、準備しておくかを決めたい。

夏のサイクリングはサイクルジャージとサイクルパンツだけでＯＫだ。素材は吸汗性・速乾性が高く、汗の蒸散での冷却効果があるクールマックスなどがよい。日焼けが心配な人はアームカバーやレッグカバーで保護しよう。

サイクルジャージの特徴

サイクリング用のウェアはサイクルジャージとサイクルパンツに代表される。これらは乗車時のペダリング効率と快適性を追求した専用設計であり、着心地はもちろん、機能的にもライディングに最適だ。

サイクルジャージは前傾した乗車姿勢でも背中が出ないように背面が長くなっており、腰の後ろ半周がポケットになっている。ここに財布やスマホ、補給食、カメラなどを入れるのだが、人によってはスペアチューブや工具まで入れてしまうこともある。胸はジッパーで大きく開き、体温調節もしやすい。素材は即乾性のある化繊で身体にぴったりとフィットするからバタつかず、余計な疲れを起こさない機能満載の設計である。

レーパンは恥ずかしい？

サイクルパンツ（通称レーパン）はペダリングしやすいように設計されている。伸縮性の高い化繊素材が使われていて、お尻に大きなパッドが入っているから長時間サドルに座り続けても痛くなりにくい。レーパンは素肌に直接穿くのが原則で、下着を着けると肌が擦れて痛くなりやすい。膝上までのタイプが一般的だが、膝下までの長さのニーパンツやロングパンツ、あるいはタンクトップとレーパンとを合体させたスタイルのビブショーツやビブタイツなど、色々なタイプがある。

ただ、歩くことを想定していないので自転車を降りると機能的ではない。前傾して腰を大きく曲げたロードバイクの乗車スタイルに合わせてカッティングされているし、きつめにピタッとフィットしているから「まるで江頭2：50みたい!?」とロングタイプのレーパン姿に抵抗を感じる人は多い。初心者や女性にはこのぴちぴちしたレーパンは恥ずかしくて穿けないという人だっている。「ぴちぴちのレーパンはちょっと……」という方のためにレーパン以外のサイクルパンツを紹介しよう。

パッド付きアンダーウェア

下着としてのパンツに厚いパッドが付いているもので、その上から好みのズボンやパンツを穿くことができる。パッドがあるからお尻も痛くなりにくいし、手持ちの普段着を活用できるので経済的にもラクである。

バイカーズパンツ

街中でもスマートでカジュアルに使えるパンツ。ストレッチ素材で動きやすくペダリングもスムーズである。お尻が擦れて痛まないように、サドルと接する場所や中央部などに縫い目がなく、パッドのあるインナーパンツ付きのものもある。全体にスリムで裾を調節して絞ることができるなど、チェ

季節に合わせた服装

	春・秋	夏	冬
ベースレイヤー	速乾性素材のアンダーシャツ、暖かい時期には下着ではない速乾性のシャツ	速乾性のシャツ	保温性、速乾性の高い新素材アンダーシャツ
ミドルレイヤー	薄手のフリース、アクリル系新素材シャツ	不要	アクリル系新素材シャツ、メリノウール素材などの保温着
アウターシェル	ウインドブレーカー、ソフトシェル	（ソフトシェルまたはウインドブレーカー持参）	防水透湿素材ジャケット（ハードシェル）、ウインドブレーカー
その他	寒いときは防水透湿素材ジャケット（ハードシェル）	替えの速乾性シャツ、バンダナ/タオルは汗拭き用）	末端の保温ツール、手袋（インナー含む）、厚手のソックス、イヤーウォーマーまたは耳をカバーする帽子
下半身	レーサーパンツ/タイツ、バイカーズパンツ、ポリエステル・ウール素材のズボン（パッド付きアンダーウェア着用）	レーサーパンツ、MTB用ショーツなど	レーサータイツ/レッグウォーマー、新素材のアンダータイツ、ポリエステル/ウール素材などのズボン（パッド付きアンダーウェア着用）

ーンなどの巻き込みや汚れを防止できる。

ＭＴＢ用ショーツ

ＭＴＢでもサイクルパンツを使う人はいるが、ぴちぴちではなく自然な余裕がある動きやすいＭＴＢ用ショーツが主流だ。ポケットなどもあって見た目には普通のハーフパンツなので、街中で穿いていても違和感はない。

街乗りにはカジュアルなシティライドウェア！

最近はシティライドウェアなどといった新たなジャンルで、街乗りやツーリング向けのサイクルウェアが充実しつつある。当然サイクリングに必要な機能は持ち合わせているし、速乾性素材などを使い背中のポケットもあったりする。パンツも普通に立ったスタイルでのカッティングが施されていて歩きやすく、ストレッチ性を持たせたバイカーズパンツ、スリークオーターパンツなどがあり、街中のウェアとしてもオシャレに着こなすことができる。

もちろん手持ちの普段着をサイクリング用にコーディネートしても構わないが、選ぶ際には動きやすさだけでなく、クルマからの視認性を考慮して彩度の高い明色の選択が望ましい。自分の個性を活かしたカジュアルなウェアで、自転車とコーディネートして乗ればオシャレに楽しめる。

街乗りにもツーリングにも似合うのはオーソドックスなニッカーズボンとハイソックスだ。これは膝の動きへの抵抗が少なく普段着にも合わせやすい。渋めのカッコイイおじさんっぽくてかなりオシャレだし、今でもこのスタイルの愛好者は多い。ツイードを着こなして、街を自転車で楽しく走るイベントも毎年秋に東京と名古屋で開催されており、素敵な自転車おじさんがたくさん集まっている。

ところで女性サイクリストが増えないのはファッションにも大きな原因がある。女性好みのシンプルでカワイイ洗練されたサイクルジャージなど、品揃えはまだまだ十分とは言えない。サイクルパンツを素肌に直接穿くことに抵抗を覚える女性も多いし、下着を着けてもその線が見えやすく敬遠されがちだ。身体の線を出すのは恥ずかしい、という女性心理もあるだろう。スカートを着用する女性も多いが、機能的には空気抵抗を増やすだけでマイナスなんじゃないかなぁ……と思ってしまう。

デザイン的にも機能重視ではあるが派手なものに偏っていて、ファッションに敏感な女性が憧れを感じるようなウェアは少ないという声もよく聞く。それに女性の視線は自転車そのものよりもファッションに注目する傾向があるというから、女性サイクリストのためにもファッショナブルなウェア類の品揃えをメーカーに期待したいものだ。

サングラスもヘルメットもオシャレに

衣類だけでなく、身に着けるすべてのものがレイヤリングにもオシャレにも大切である。サイクリングで風を切るとチリやホコリが目に入りやすく、特にコンタクトレンズの人にはツライ。紫外線からの保護を考えても、アイウェア＝サングラスは大切なアイテムだ。サングラスは見た目にカッコイイデザインは多いが、自分の顔やその形に合っているかがポイント。調光機能のあるものや、レンズが取り替えられるタイプもあるのでTPOに応じて身に着けよう。

ヘルメットも派手なカラーが多い。安全のため周囲への認知性を高めようというニーズからであるが、派手な色なので他とのコーディネートが合わなければアンバランスさが目立ってしまいがちだ。フレームと色を合わせるなど工夫しておきたい。価格は数千円〜数万円と幅があるが、これは主にデザインと重量の差である。

グローブはパッドのクッションでハンドルからの振動を吸収して疲れを軽減すると共に、転倒時に手を保護する役目を担う。手の甲がタオル地のものは汗を拭きやすくて便利だ。手頃な価格なのでいくつか持っておいて、ウェアの色に合わせてコーディネートできればオシャレである。

どんなにファッションをビシッと決めても、イイ気になって交通ルールやマナーを守らずにカッ飛ばしたりするのは人としてカッコ悪い。マナーを遵守し内面から湧き出る、スマートな大人のオシャレを身に付けたいものだ。

5 身体のトラブルを予防する

自転車は楽しい! しかし身体にトラブルがあったら楽しみどころか苦しみに変わってしまう。初心者にいちばん多いトラブルはお尻の痛みだろう。これをいかに防止するかは切実な問題なのである。身体のあちこちの痛みは正しいポジショニングである程度予防できる。疲労もある意味トラブルだが、ライド中や前後にボディケアを意識すれば予防できるのだ。

お尻の痛みは初心者の洗礼!?

自転車を始めた初心者はほとんどの場合、最初の難関としてお尻の痛みを経験する。これにうまく対処することが、自転車と末永く仲よくお付き合いできるかどうかのポイントとなる。体力的にバテたとしても、休憩してエネルギー補給すれば回復するが、お尻の痛みはそうはいかない。サイクリング中に痛くなったら、多少の対応はできるにしても特効薬的な対策はない。

まずは事前準備をできる限り万全にしておくのが最大の対策となる。毎回痛くて辛くては自転車に乗るのがイヤになってサイクリングも楽しくなくなってしまうから、しっかり事前対策はしておこう。どんなスポーツでも、慣れないうちは痛みやトラブルはある。テニスや野球だってラケットやバットを振って手のひらにマメができるだろう。しかし慣れてくると力の入れ方も分かってきて、痛くなる部分も適応して強くなってくる。

痛みの発生には様々な要素がある。まずは坐骨や臀部が痛くなる場合。これは体重がサドルにかかり過ぎていることが主な要因となる。次に男性の場合、尿道など股の前部の圧迫による痛みで小便をする際に痛みが強くなる。前傾姿勢を取り続けた場合や、サドルの角度が上向きの場合に起こりやすい。もうひとつが下着やズボンの縫い目の硬い部分が股間とサドルに擦れて起こる痛みである。

どの痛みについても最大の要因はサドルとお尻の相性の問題であり、自分のお尻に合ったサドルに出会えればほとんどは解決する。が、痛みが出るまでには少なくとも数時間以上は走り続けなければならず、ショップでサドルを選ぶ際に試すことは非現実的である。

まずはパッド入りパンツを使う

最も簡単に効果が見込める痛みの予防策はパッド入りパンツの着用である。サイクルパンツにはパッドが付いているので、まずはサイクルパンツを穿いて乗車してみる。初めはパッドの存在感に違和感を覚えるかもしれないが、これはすぐに慣れるだろう。サドルに跨ってしまえば違和感は和らぎ、走っていれば存在感すらなくなってくる。

陰部に痛みが出る場合についても、パッドの厚いサイクルパンツである程度は予防できるから、一度その効果を実感したらサイクルパンツはサイクリングと切り離せないものとなるはずだ。ただしパッドの薄いものは効果も薄い場合があるので、痛みがある場合には厚めのパッド付きサイクルパンツをお勧めする。例えばお尻が小さめで臀部の肉が薄い人は、ロングライド向けのパッドが厚めのもののほうが安心できるだろう。

サドルとお尻、それは男女の関係か？

お尻の痛みの最大の原因はサドルとお尻の相性である。相性ピッタリのサドルであれば痛みとは無縁。初めからそんなサドルに出会える人はシアワセである。

どれだけ見た目や印象のいいサドルでも使ってみたら痛みが出た、といったことも多い。一概に柔らかければ痛みが出ないわけでもなく、硬いサドルでも問題ない場合もある。逆に柔らか過ぎるサドルは疲れやすかったりもする。サドルを変えてもしっくりこなくてまた別のサドルにと次々に替えるケースもあって、ときとしてベテランをも悩ます〝サドル沼〟は実に深い。そんなことを繰り返してやっと痛みのない快適なサドルに出会ったならば、そのサドルはずっと使い続けたい、生涯のパートナーにもなり得る貴重な存在だ。サドルとお尻の相性は男女の仲のように、じっくり付き合ってみないと分からない。サドル探しは婚活のようなものかもしれない。

そんな相性ピッタリのパートナーを見つけ出すヒントを考えてみたい。まずは、骨盤が広い人は幅が広めのサドルを、骨盤が狭い人は細い形状のサドルを選ぶことから始める。ショップによってはサドル幅と坐骨幅を計ってチェックしてくれるが、個々人の骨盤の形状でも左右されるため完璧ではない。

また、お尻の肉が少なく痩せている人はより厚めのクッションを持つサドル、お尻の肉が豊富な人はクッションが固めでベースが広いサドルがフィットしやすい。穴あきタイプや溝付きタイプは、尿道や前立腺への圧迫が軽減されるので陰部の痛みには効果的だ。サドルの先端を正面前から見たときの断面が平たいタイプと丸いタイプとでも、股や脚の付け根への当たり具合などが人によって異なってくる。

買い替えの予算が厳しい人には、安価なサドルカバーをつけるという方法もある。クッション材やジェルなどが入っていて柔らかい乗り心地になり、一時的な痛み対策になる。自分のお尻に合った、痛くならないサドルに出会えれば幸せであるが、選び方や形状による特徴などを理解した上でショップの人とよく相談して購入したい。

ポジショニングで身体の痛みを予防する

ロードバイクの場合、初心者は前傾姿勢に慣れていないため、ハンドルを高く手前にセッティングしたアップライトでラクなポジシ

サドルの形状と特徴

種類	特長
ロード用モデル	軽さを追求し、カーボン素材を多用したものが多い。メッシュ構造のものもある。幅も狭く、スマートだがビギナーには難しいかも
ツーリングモデル	一般にオールラウンドに使えるタイプで、人気の定番モデルやクッション材入りタイプも多い
MTB用モデル	ロード用モデルより幅が広い。多くの種類があり選択肢が豊富。MTBツーリング用のモデルもある
女性用モデル	女性の坐骨に合わせ幅がい広い。クッション材を用いる場合が多くお尻痛に悩む男性にもお勧めだが、変な目で見る人がいるかも?
ジェル入りモデル	クッション材としてジェルが入っているモデル。個々人のお尻の形にフィットしやすい
穴あきタイプ	尿道や股などの圧迫を抑えるため、センター部分前方に穴や溝が開いている。今やこのタイプが主流で見た目にもカッコイイ
革サドル	まめにオイルを塗る等の手入れをすれば自分のお尻に馴染ませることができる。20世紀には全盛であったが、いまだに愛用している人が多く、高級サドルとしてその地位を保っている

ョンになりがちだが、そのぶんサドルへの加重も大きくなる。サドル、ペダル、ハンドルに体重をうまく分散できず、サドルに体重が集中するとお尻が痛くなりやすい。サドルの上下、前後、角度、ステムの長さやハンドルの高さ、角度を調整して痛くならないポジションを模索しよう。

例えばハンドルが遠い場合はサドルの前部に座りがちで、より前傾になって骨盤の寝かせ過ぎによる尿道や陰部への負荷が大きくなる。ポジションは乗る人の体型や乗り方によって様々なので一概には言えないが、ステムを短くして適切なポジショニングにすることでサドルに座る位置も改善され、尿道や陰部の痛みが軽減される。

サドルが低過ぎたり、ハンドルが遠過ぎたりするなど自分に合っていないポジションは、お尻だけでなく各部の痛みの原因になる。事前にしっかりポジション調整を行っておけば、それだけで身体の痛みを予防でき、多少は改善されるのである。もちろんペダリングも正しく行いたい。重いギアを踏み込み続けていると各部への負荷が大きくなり、特に膝が痛くなりやすい。ケイデンス70～90ぐらいで軽く回そう。

ショップなどで身体の各部を測定し、自分の体力や脚力を考慮して理論上は正しいポジションにセッティングしていても、身体の各部に痛みやこりが出てくることもある。長距離を走ったり標高差のある長い上りが続いたり、延々と向かい風が吹き続けたりして身体に疲れが溜まってきた場合だとか、体調が思わしくなかったりすると例え正しいポジションを取り続けていても、身体の痛みやトラブルになることもある。実際に疲れが出てきたときに身体が欲求する姿勢は自分にとって最もラクなポジションであり、逆に元気なときは多少のポジションのズレがあっても痛みやこりは出てこない。

手や腰など身体の一部が痛くなってきたら、それらを少しでも和らげることのできるポジションを探してみよう。少々面倒だが休憩の度に、ハンドルの角度やサドルの前後位置などをこまめに調整して試行錯誤を繰り返すのである。

ウォームアップはトラブル予防に必須

スポーツにおいてウォームアップとクールダウンを行うのは常識である。自転車もしかり。乗り手がそのままエンジンとなるだけに、ウォームアップとクールダウンはその日の走りや後日の疲労に大きく影響する。

ウォームアップは筋肉の柔軟性を高めて関節の可動域を広げるから、何より怪我の予防になる。まずはラジオ体操などの屈伸運動で身体をほぐすことから始めよう。次に行うのはストレッチ。太腿や膝の裏、アキレス腱など脚の筋肉を中心に、腕、肩、背中、首などを10〜15分程度かけて伸ばしてやる。ストレッチすることで筋肉が適度に伸びて血流が増えてくる。血液の循環がよくなれば身体も温まって代謝がよくなり、筋肉も活発に動きやすくなるのだ。ストレッチには活動しやすくするだけでなく、関節を伸ばすことによる可動範囲の改善、および心身共にリラックスさせる効果がある。

ストレッチの注意点はゆっくりとその部位を十分伸ばすようにして、強い力を加えないことである。反動をつけたり急激に引っ張ったりすると筋肉の防御反応で逆に硬くなってしまう。また同じ場所をあまり長い時間かけて伸ばし続けない。筋肉が緩んでしまって収縮しにくくなる。一ヵ所につき15〜20秒程度が適切で30秒以上は伸ばさないようにしよう。もう一点、ストレッチに大切なのは呼吸である。普通に息をして、伸ばすときにはゆっくりと吐くようにする。息を止めてしまうと筋肉が緊張してしまい十分に伸びなくなる。

サイクリング中もストレッチ

走り始めてから身体が温まるまでの間はウォームアップ走行として、普段よりも軽めのギアでゆっくりめに走ろう。休憩時間にもストレッチはしたほうがよい。特に脚まわりや背中、腰などは痛みやこりが出やすいので、休憩の度に頻繁にストレッチをすれば予防効果があって疲れも溜まりにくくなる。

自転車を使ってストレッチするのもツウっぽくてカッコイイ。自転車の横に向き合って立ち、サドルとハンドルに手をかけてお辞儀をするように背中全体をストレッチしたり、サドルやトップチューブに片足をかけて上体を前屈しながら脚裏やアキレス腱を伸ばすのだ。上半身や腕、肩などは信号待ちの間にも自転車に跨ったまま捻ったり伸ばしたりしてストレッチすれば、時間も有効に使える。

疲労回復に大きく影響するクールダウン

走行後のクールダウンも必須項目である。「今日も楽しかった！」と忘れてしまったり、ついついサボってしまいがちだが、後の疲労回復に大きく影響するので必ず行いたい。翌日に疲れを残したくないなら、クールダウンはウォームアップや走行中のストレッチよりもずっと効果がある。

クールダウンは走り終わる前の10～15分から開始する。走り始めと同様に普段よりも軽めのギアを回しながらゆっくりと流すように走るのだ。ハイペースで走ってきて急に運動を止めると、乳酸などの疲労物質が筋肉中に残ったままになりやすいので、最後は軽く流すように走って、さらに自転車を降りた後にラジオ体操などの整理運動とストレッチを行うことで、血流が整って疲労物質が排出されていくのである。クールダウンのストレッチは念入りにやるほど疲れが残りにくい。

日焼け対策

日焼けは紫外線（UV）によって起こるが、紫外線にはUVA、UVB、UVCの三種類がある。UVAは長波長の紫外線で短時間で肌の表面を赤く焼き、ひどい場合には水ぶくれやただれを起こす日焼けの原因だ。UVBは表皮細胞の中まで届き、遺伝子DNAを傷つけ皮膚を中から黒くしていく中波長の紫外線で、これは皮膚に与えるダメージが大きい。UVCは最も有害だが、オゾン層と大気中の

部位別のストレッチ

	ストレッチ方法
腕	片腕ずつ反対側の腕方向に伸ばし、もう一方の腕で抱え込むように手前に引き付ける
肩	片腕を曲げ後頭部に肘を持ってきて、もう一方の手でその肘を横に引き付ける
首	片手ずつ頭に手をかけて引き付けて左右に伸ばす。両手で頭を抱え込んで下を向き後部を伸ばす
脚裏	両脚を交差して立ち、両手を地面に着けるように前屈を繰り返す。交差した脚は時々前後を入れ替える
太腿	立ったまま片脚を深く後ろに曲げ、反対側の手でその足首を引き上げる。上半身はやや後に反るように胸を張る
アキレス腱	脚を前後に大きく開き前脚に体重をかける。踵を上げないように後ろ脚の膝を下へ折り込んでアキレス腱を伸ばす

酸素分子で完全に吸収されるので地表には届かない。

紫外線の量はゴールデンウイークから5月下旬にかけてが1年で最も多くなる。その頃はサイクリングにとってベストシーズンではあるが、急な日焼けをしやすい時期なので日焼け止めを忘れずに塗っておきたい。

日焼け止めは2種類の表記方法で大別される。まずＵＶＡ防止効果の「ＰＡ分類」。これは＋の数で表され、「ＰＡ＋＋」などと表記される。＋の数が多いほど効果は高い。一方、ＵＶＢ防止効果の指数が「ＳＰＦ値」で、「ＳＰＦ30」といった数値が高いほど防止効果は長続きするが、その分肌への刺激も強くかぶれやすくなるので薬局等で確認してから購入したい。日焼け止めと共に、地肌を露出しないようアームカバーやレッグカバーを併用すれば日焼け対策効果は大きくなる。また、ＵＶカット効果の高いサングラスは紫外線や異物から目を保護してくれるので、着用をお勧めする。

身体のトラブルの予防には、心の準備やウォームアップも重要である。様々な準備に追われて忘れ物をしたり、時間がなくなって無理を強いられたりすればトラブルの元になる。時間や気持ちに余裕を持って楽しむことが、トラブル防止にはとても大切なのである。

6

身体がヤバイ！ そんなときどうする⁉

足がつった！ 膝が痛い！ ハンガーノックで動けない！ ツーリング中の身体の異変は、その対処を間違えばゴールできないどころか、身体に深刻なダメージを残すこともある。特に初心者は慣れない前傾姿勢や、普段使わない筋肉の酷使などで身体のあちこちに痛みや不具合が発生しやすい。ここでは身体のトラブル対処を考えてみるが、まずは無理をしないことが最大の予防である。

足がつった！

日頃運動不足でツーリングに出た際などに、峠など上りでがんばってしまうと足がつることがある。痙攣を起こすのは、ふくらはぎか太腿前部が多いが、どちらもヒジョーに痛い！ 特にヒルクライムイベントなどでは、好タイムを目指してがんばり過ぎて足がつる人が多くなる。多量の汗をかくと脱水症状に近づき、水分と一緒に体内のミネラル分が失われ、体内の電解質バランスが崩れて足がつりやすくなる。過去につった経験があったり、足がピクピクし始めたりしてつりそうだと感じた際にはすぐに自転車から降りて、ストレッチで予防しよう。

《対処法》

①-走行中に足がつったら、速やかに安全な場所に移動して自転車を降りる。両脚がつるとその場で落車するリスクもあるから、クルマが来ても大丈夫な場所に避難する。ひどい場合はペダルからビンディングシューズを外すのさえ困難になる。

②-ふくらはぎがつってしまった場合には座って膝を伸ばし、足首を強く折り曲げふくらはぎとアキレス腱をゆっくりと伸ばす。つま先に手が届かない場合にはタオルなどを足先に引っかけて伸ばす。足を引き上げた状態を8秒間ほど続けることを繰り返す。

③-太腿前部の場合はまわりの人に手伝ってもらい、足首を曲げたまま手を膝裏に入れて膝を折り曲げる、上に覆い被さってもらって波状的に体重をかけて押してもらい腿を伸ばす。

④-ストレッチを繰り返し、症状が治まったらマッサージをする。

⑤-スポーツ飲料等で水分と塩分を補給すると回復しやすい。

⑥-温めると回復を早め再発防止になる。

予防策としては、こまめな水分補給とミネラル豊富なバランスの取れた食事を心がける。アルコールの過剰摂取は足がつる原因になるので前日のお酒は控えよう。また、漢方薬の芍薬甘草湯は効果が高く、これを飲むと数分以内でほとんどの方が治るというからつりやすい人にお勧めだ。

ハンガーノック

自転車は乗り手がエンジンであり、筋肉を動かす糖分がエネルギーとなる。そのため途中で十分なカロリー補給がないと、クルマのガス欠と同じような状態になって動けなくなってしまう。この状態をハンガーノックという。血液中の血糖値の低下などによって筋肉を動かすエネルギーが欠乏し、急に身体に力が入らなくなってしまうのだ。ひどい場合には手足が痺れたり、頭がぼーっとしたりめまいがしたり、目の前が真っ暗になったりもする。食料や水分の補給を十分に行わず、特に長い上りなどでがんばってしまった場合に起こりやすい。ハンガー（空腹）によるノックダウンでハンガーノックと言うのである。

《 対処法 》

①－少しでも身体に力が入らないと感じたら、すぐに休憩してカロリーを摂取する。

②－無理して動けなくなった場合には早急なエネルギー補給が必要。カロリーの高い糖分などを多く含んだものをしっかりと摂取する。

③－一度ハンガーノックに陥ると簡単に回復して再出発というわけにはいかない。ひどい場合にはカロリーをエネルギーに変換する体力すら奪われてしまい、摂取した食料が消化吸収され回復するのに1時間程度の時間が必要になると言われている。

④－決して無理して見切り発車せずに、落ち着いてしっかりと回復するまで待つ。

ハンガーノックにならないためには、空腹を感じる前からこまめにカロリーを摂取することが大切だ。スタート前に十分なエネルギーを補給し、走行中は一度に大量の食物を摂るのではなく、こまめにエネルギー補給する。空腹を感じてからでは遅いのだ。補給食には携帯用のエナジージェルやカロリーメイトのような少量で高カロリーなものがよい。手持ちの補給食がなくなったらコンビニなどで必ず補給調達しよう。

熱中症

自転車に熱中するチャリ馬鹿のことではない（まぁこれも病気かもしれないが？・）。気温が高く日差しがきつくて風が弱いときには、多くの汗をかいて水分と共に塩分やミネラル（ナトリウムやカリウムなど）が排出されて失われていき、身体の中の熱を外へ放出する機能が低下して体温調節ができなくなる。この状態を総称して熱中症と呼ぶ。

熱中症には主に日射病と熱射病があるが、日射病は脳の体温調節機能の障害で、軽い脱水で顔が赤く、息が荒くなったりする。熱射病は日射病よりも症状が重く、頭痛、吐き気、悪寒などに襲われ、高体温で顔は青ざめ冷や汗が出たりする。ひどい場合には昏睡状態に陥り死亡することもある怖い病気だ。サイクリング中に頭がぼーっとしたり、気だるくなったり、吐き気がするといった症状が出たら要注意である。

《 対処法 》

①－まずは涼しい所へ移動する。日陰で休むのもよいが、できれば冷房があったほうがよい。コンビニでもスーパーでもパチンコ店でも、とにかく冷房の効いている場所に移動して、事情を話して休ませてもらい横になる。少しでも症状が出始めたら我慢せずにすぐに対処する。

②－衣服を緩めて風通しをよくし、ラクな状態にする。

③－体に水をかけたり、冷たい濡れタオルを当てて体を冷やす。首、腋の下、脚の付け根などの動脈部分を冷やすと効率的に体温が下がる。

④－水分と塩分を補給する。スポーツドリンクには「水分」と「塩分」が含まれているのでお勧めである。塩飴や塩タブレットを摂取するのもよい。

冷房施設のない場所では、近くに川や海、湖などがあれば水浴びなどをして身体を冷やす。とにかく異変を感じたらすぐに休み、体を冷やすことである。ちなみにヘルメットには空気を通すベンチレーションがあるので、濡らしたバンダナなどで頭を覆った上から被って走れば予防効果がある。

膝の痛み

重いギアを踏み過ぎていると起こりやすいのが膝の痛みである。サドルの高さや前後位置が適切でなかったりしても膝痛の要因になる。ケイデンスを確保したペダリング、自分にフィットしたポジショニングができていないと膝にかかる負担が増え、膝が痛くなりやすい。過去に膝を痛めたことがある場合、寒くなると再発しやすくなることも覚えておきたい。

《対処法》

①－軽いギアでクルクル回し、90回転／分程度のケイデンスを意識する。
②－サドル、ハンドルのポジショニング調整を行う。
③－膝の前側が痛い場合は、サドルが低過ぎたり前に出過ぎている場合が多い。
④－膝の裏側が痛い場合は、サドルが高過ぎたり後ろ過ぎたり、またアンクリング（ペダリングで踵が下がる）が起こっている場合が多い。
⑤－O脚気味の場合は親指側を高く、X脚気味の場合は小指側を高くするようにカント調整する。カント調整はクリートの間にクリートウェッジを挟んで行う。もしくはフェルトやラバーシールをシューズのインソールの裏に何枚か重ねて貼る。

膝の痛みの最大要因は重いギアを踏むことで、特に上りなどでペダルを踏み込み続けて負荷が多くなると起こりやすい。無理をして膝痛になったらその後のサイクリングは苦痛でしかない。やっぱり、軽いギアでかるーく回して予防しよう。

首の痛み

スポーツバイクの乗車スタイルは基本的に前傾姿勢となる。特にロードバイクの場合は前傾姿勢が強くなる傾向にあり、前方確認のために常に首を起こしていなくてはならず、首に痛みが発生する要因となる。下ハン（ドロップハンドルの下部を握る）は、過屈曲頚椎（曲がり過ぎる首）になりやすく、長時間続けていると首痛が起こりやすい。

《　対処法　》

①－下ハンは長時間続けず、ハンドル上部を持つようにする。
②－ハンドルを高くする。
③－休憩や信号停車などの際に、こまめに肩と首をストレッチする。
④－前方確認に余裕のある場所では、安全を確保しながら首をラクにする。

スポーツバイクの経験を積めば、首を支える僧帽筋や胸鎖乳突筋、背筋などが鍛えられて前傾姿勢をラクに続けられるようになる。いちばんの対処法はたくさん走って慣れることだろう。

手首・手のひらの痛み

ロングライドなど長時間乗車した場合、手首や手のひらが痛くなることがある。体重分散がうまくできずに手にかかる負担が大きいと起こりやすい。ずっと同じ場所を維持し続けていると神経が圧迫されて痺れや痛みが出ることもある。手や腕は路面からの振動が吸収できるように力を抜いてリラックスさせるのが基本で、体重を支え続け過ぎると荷重と振動から、手だけでなく肘や肩までも痛くなってくるので要注意だ。

《対処法》

①－サドルが前に出過ぎていたり高過ぎたりすると、手にかかる負荷が増える。ハンドルを高くしてサドルを後方に引き、低めにするなどポジションを調整すれば痛みは出にくい。やり過ぎると尻が痛くなるので、適度に体重分散できるよう調整する。

②－パッドが厚めのグローブを使えば手のひらへの荷重を和らげ、振動を吸収する効果がある。ちなみに100円ショップなどで売っている女性の化粧用品だが、ファンデーションを塗るスポンジを手袋の中の手のひら部分に入れると同様の効果があり、状況に応じて使うことができる。

③－クッション効果のあるバーテープがよいが乗車中に替えるのは無理なので、応急処置としてはバンダナやハンカチなどをバーテープに巻く。滑らないように注意が必要。

④－ドロップハンドルの握る位置は、バートップ、肩部分、ブラケット、ブラケットトップ、下ハン、エンドなど色々とあり、様々な状況に応じてこまめに握り換えることで手の痛みや疲労は軽減できる。

ライドの途中でできる対処以外として、手の痛みへの事前の予防をしておきたい。バーテープをクッション効果のある厚めのものに換えたり、ハンドルの高さや位置、サドルやブラケットの調整など、試行錯誤で自分にフィットするポジションを模索しておこう。

身体のトラブルや痛みが乗車時以外にも続く場合には、早めに病院で診てもらうようにしたい。痛みを我慢して無理にライドを続けたり、その後も回復しない状態になってしまうと、自転車に乗りたくなくなるかもしれない。異変を感じたら我慢せず、無理せず、がんばらず、身体を労わってあげることが、いつまでも自転車を楽しみ続けるために大切なことなのである。

身体各部の痛みと対策

	痛くなる状況（一例）	対策（個人差あり）
背中	背中を伸ばし続けている場合	リラックスして背中を丸め、腹筋を使うよう意識する
腰	一定のポジションをずっと続けている場合	ハンドルの持ち位置など、適度にポジションを変更する。たまにダンシングする
ふくらはぎ	筋肉への負荷が高い力で踏み続ける	十分なウォームアップ。軽いギアでのペダリング
足裏	きっちりと拇指球で踏んでいない	クリートの位置調整。拇指球で踏む。ソールが硬い場合は、インソールや厚めのソックスなどを着用する。シューズの締め付けを少し緩める
	ソールの硬さに慣れていない	
尻	サドルが合っていない	ポジションの調整。パッド入りパンツの着用
	アップライトなポジションを続ける	

7 自転車の健康管理はサイクリストの義務！

自転車の整備状況はサイクリストの人格を表す。どんなに高価な自転車に乗っていても、整備やメンテナンスがいい加減ではサイクリストとして尊敬できない。整備とメンテナンスはサイクリストの義務であり、自転車への愛情表現でもある。そして、愛情は自転車の寿命にも大きく影響する。たった1本のネジの緩みが、ライディングを不快にしたりトラブルを引き起こしたりするのだ。スポーツバイクの性能をフルに引き出し、快適に乗り続けるためにも日頃のメンテナンスをしっかり行いたい。何事もまめなスキンシップを続けることが長い付き合いの基本である。

注油と掃除は健康管理の基本

注油と掃除はメンテナンスの基本である。ドロやホコリが付着したままのスポーツバイクは、乗っている人のサイクリストとしての人格が疑われる。自転車を愛する人ならば汚れたままの状態で放っておくことはあり得ない。我々人間は日々の汚れと疲れを風呂に入って落としているが、疲れや汚れが溜まると病気になりやすい。自転車だって同じことでメンテナンスしないとサビやガタが出てくる。それは自転車にとって万病の元となるのだ。

スポーツバイクのチェーンは露出しているので雨やホコリの影響をモロに受け、汚れが溜まっていく。また、チェーンは強い力で硬いギアと噛み合っているため互いにわずかずつ削れていく。チェーンにオイルを注さないでカラカラのまま乗っていると異音が発生したり、サビや付着したホコリなどが研磨剤となってフロントギア、リアスプロケットギア、ディレーラーやプーリーを傷めてしまい寿命を縮めてしまう。さらに無駄な摩擦抵抗が大きくなって自転車も身体も疲れやすくなるのだ。注油と掃除は自転車への愛情表現でもあり、長く付き合うための必須条件である。

日常生活でも部屋や身のまわりの掃除を行うのと同様に、自転車も汚れたら掃除をするのがサイクリストとしての自然なスタイルである。それに、こまめに自転車と向き合うことで小さな異変にも気づきやすくなる。毎回本格的な洗浄などをする必要はないが、ちょっと汚れたかなと思ったときや雨の後、濡れた路面を走行した後などはフレームなどに付いた汚れを落としておきたい。ウェスで簡単にざっと汚れを落とすだけでもよいが、油汚れは簡単には落ちないから、余裕があればパーツクリーナーやチェーンクリーナーなどを使ってこびり付いた油汚れをできるだけ落としておく。

本格的な掃除はホイールやパーツを外してブラシで水洗いとなるが、日常的にはそこまでしなくても、見た目がキレイになればよいだろう。ちなみに乗車前などの数分でカンタンに掃除するときは軍手を使うと便利である。自転車に乗る前に軍手を両手にはめてフレームやハンドル、ホイールやパーツなど汚れの目立つ所を撫でるように拭いていくのである。軍手は洗えば何度でも使えるので、カンタンで効率的、そして経済的なのだ。

チェーンの清掃

自転車のメンテナンスでいちばん頻度が高いのは、タイヤの空気圧調整と共にチェーンなどへの注油である。いきなりチェーンに注油をする人もいるが、その前にまず汚れを落とそう。チェーンに残っているオイルは走行中に路上のホコリや細かな粒子などを付着させ、黒ずんだ汚れになっている。この汚れの上から注油しても付着物は除去できないので、そのまま乗っているとチェーンだけでなく、ギアやディレーラー、プーリーまで傷めてしまう。

チェーンの汚れはウェスで拭いただけではキレイには落ちない。チェーンの外側ではなく、つなぎ目の中やピンなどの可動部の汚れを落とす必要があるのだ。そのためにはチェーンクリーナーが必需品となる。チェーンクリーナーを使って汚れを溶かし、しばらくおいてから乾いたウェスやキッチンペーパーなどでチェーンを包むようにして可動部の汚れを拭き取るのだ。注油の際にクリーナーが残ったままだとオイルが分解されて十分な効果を得られないので、しっかり拭き取る。さらにキレイにするならチェーン洗浄器と洗浄液を使うとよい。ちょっと面倒だがこれならほとんどの汚れが落ちて実に気持ちよい。

オイルの種類と特性

自転車の寿命は注油で決まるといっても過言ではないから、自宅の自転車置き場などにウェスとオイルを常備しておき、いつでもサッと注油と掃除ができるようにしておきたい。

チェーンオイルはドライタイプとウェットタイプの二種類に大別されるが、ドライタイプは潤滑剤の中でも乾いた部類のため、走行中のホコリの付着が少なくチェーンが汚れにくい。しかしオイル自体が蒸発しやすく、雨で流れ落ちやすいため耐久性に乏しく、頻繁にオイルを注すこまめなメンテナンスが必要になる。雨天時や濡れた路面以外での乗車用にはお勧めである。ウェットタイプのオイルは粘性が強く、油分がチェーンから離れにくい。雨天、ドロ、雪といった悪コンディションの使用にも耐えうるし、蒸発しにくいため注油頻度はドライタイプに比べて少なくて済む。ロングライドやブルベなどにはお勧めである。反面、ホコリを付着しやすくオイルが固まりやすいためチェーンが汚れやすい。見た目が黒くなり、足や手が触れると汚れやすい。

チェーン用の専用オイルはもちろんお勧めだが、ホームセンター等で扱っているWD40やクレ556といった万能タイプのケミカルスプレーは価格がリーズナブルだ。潤滑だけでなく、サビ落としや光沢、そして多少の汚れなら落とせてしまい1本あると重宝する。ただしこれらのケミカルスプレーはドライタイプなので長持ちはせず、頻繁な注油が必要となる。ちなみにいちばん長持ちするのはマヨネーズ状のグリスを直接チェーンなどに塗り込むことである。

注油の手順

注油するときは、まずは手が汚れないように軍手をする。そしてチェーンの下に汚れてもよいシートや新聞紙を敷いておくとよい。屋内で作業するときは換気にも気をつける。スプレータイプのオイルはまわりに飛び散りやいので、タイヤやホイールなどに付着させないようにウェスなどでガードする必要がある。事前にトップギアに入れておけばチェーンがホイールから少しだけ離れるので作業しやすくなる。なお、フロントアウターギアの最下点後部で注油するとタイヤやホイールに付着しにくくなる。

注油はチェーン全体にかけるのではなく、コマとコマの間にあるリンク部分（可動部）に1コマずつていねいに行う。チェーンの外側（プレート部分）に注油の必要はない。チェーンの表面ではなくリンク部分を狙って、少しずつチェーンを動かしながらスプレーし、ゆっくり1周回して吹き付けていく。1周の目印は1ヵ所だけ見た目が違う「コネクトピン」を基準にするとよい。「コネクトピン」がなくても1周以上すればよいので、少し余分に回しながら注油すれば安心だ。

チェーンのすべてのピンに注油し終わったら、ペダルを回してディレーラーを操作し、

チェーン以外の注油箇所

注油箇所	注油方法/注意事項
ワイヤー類	ブレーキワイヤー、変速ワイヤーともに、各接合部からアウターケーブルにオイルを流し込む。注油後はワイヤーを最大限動かして馴染ませる
ブレーキ可動部	ブレーキレバーのピン、ブレーキ本体の可動部、ワイヤーリードに慎重に注油。ブレーキシューやタイヤ/リムなどにオイルが付着しないよう細心の注意が必要
リアディレーラー	パンタグラフの可動部、ピン部分に少量を注油。チェーンと同様の高頻度の注油が望ましい
フロントディレーラー	パンタグラフの可動部、ピン部分に少量を注油。
プーリー	汚れが集まるところなので、小まめな掃除と注油が必要。チェーンと同様の手順で、同時にメンテナンスするのがよい
ビンディング（ペダルとクリートの接合部）	クリートを固定するビンディングのスプリング部分に、ドライタイプの潤滑油を注油する。ペダル類にかからないように慎重に少量ずつ行う

すべてのギアに変速させる。チェーンにオイルを馴染ませると共に、オイルをスプロケットにも行き渡らせるのである。その後数分〜10数分時間をおいて内部にオイルを染み込ませてから、チェーン表面に付着している余分なオイルを拭き取っておく。表面のオイルは汚れの元になるので、乾いたウェスやキッチンペーパーなどでチェーンを握るようにして、そのままクランクを逆回転させてしっかりと拭き取ろう。必要なオイルは内部にしっかり浸透しているので大丈夫だ。

日常的に注油が必要なのはチェーンとワイヤー類（ブレーキとディレーラー）、リアおよびフロントのディレーラーなどである。どこも注油の前に汚れをウェスなどでしっかりと落としておくこと、注油後は余分なオイルをきれいに拭き取ることが基本だ。

注油禁止箇所

掃除を始めるとついついあちこち注油したくなるが、絶対に注油してはいけない場所もある。いちばんの注意箇所はリムとブレーキシューだ。ディスクブレーキの場合もブレーキパッドやディスクローターへの注油は厳禁である。ここにケミカルスプレーがかかるとブレーキの効きが悪くなるから、チェーンにスプレーする際にはリムにかからないようウェスでガードするなど細心の注意が必要だ。タイヤにもスプレーがかからないように。ゴムを傷めることとなる。またベアリングが入っている部分も中のグリスを溶かしてしまうので注油は厳禁である。

ペダルシャフト、ボトムブラケット（両クランクの回転軸）、ハブ（車輪軸）、ヘッドパーツなどの回転部分にオイル類が入ると中のグリスが溶けて回転がスムーズでなくなるだけでなく、ダメージを与え壊れやすくなってしまう。特に汚れを落とすディグリーザーやＷＤ40などの万能系スプレーは要注意。ブレーキ本体やレバー、ワイヤー類など可動部への注油も、少量ずつまわりにかからないように注意しながら行いたい。

汚れやサビは早めに落とす

フレームは布を少し湿らせるか乾いた状態で汚れを落とし、布にケミカルスプレーを少し染み込ませて磨くと美しい光沢がよみがえる。不覚にも自転車にサビを出してしまったときには、ケミカルスプレーを少し多めにかけてサビを溶かす。20〜30分毎に拭き取ってまたスプレー、というのを繰り返せば普通のサビならばだいたいは落ちる。しかし何よりもサビを出さないことが愛車に対する最低限のマナーである。

リムやブレーキにケミカルスプレーは厳禁だが、リムは汚れが目立ちやすく、ブレーキシューの削りカスが黒くこびりついていたり、またドロが付着していたりするとリムもブレーキシューも傷めてしまう。湿った布でしっかり拭き取っておこう。

どんなネジも必ず緩む

自転車には１００個以上のネジが使われているが、どんなネジでも乗っていれば必ず緩んでくる。特に緩まないのは雨ざらしでサビついたネジだけであり、そんなのはサイクリストとして論外である。特に新車はネジがまだ馴染んでいないので緩みやガタが出やすい。自転車はネジ類によって組み上げられたパーツの集合体であり、たったひとつのパーツがなくなったり壊れたりするだけで走れなくなることもあるのだ。整備の際にはネジの緩みをちゃんと確認しよう。

ネジがなくなったり潰れたりのトラブルは意外と多いから、予備を持っていれば安心だ。また針金もあると役に立つ。サドルのやぐらやキャリアが折れるなど、ネジでは対処できない所も針金で固定できたりするのだ。細めの物ならあまりかさばらないのでぜひ持っていたい。走っていて異常を感じたら、その場ですぐにできる限りの対処をする。そして帰ってからはきっちりと整備して次回に持ち越さないのが鉄則だ。

乗車前点検を習慣づけよう

ライド前には乗車前点検をするのが望ましい。点検といってもとてもシンプルで、ハンドルとサドルを持って自転車を10センチほど浮かしてそのまま落としてみる。ガタや緩みがあればゴトゴトといった違和感のある鈍い振動音がするし、それで場所が特定できなければ前輪、後輪それぞれ別々に落としてみて調べよう。次に両方のブレーキを強く握って前後に揺さぶる。ブレーキ本体の緩みとヘッド部のガタの確認だ。さらにハンドルを横に切って前後に揺さぶると前輪のハブ軸の緩みがチェックできる。後輪のハブ軸は後輪とサドルを持って持ち上げ後輪を左右に振って手の感触でガタを見る。

次にディレーラーの確認だ。後輪を持ち上げたままペダルを回してシフトレバーを動かして変速がスムーズかを確認しておきたい。特に輪行ではホイールを脱着するから要チェックである。安全な場所があれば乗車しながら変速の確認をしてもよいが、注意するポイントはオーバーシフトにならない

定期点検のポイント

ブレーキシュー	減ってないか。片効きしていないか。リムにきっちり当たっているか
ブレーキ本体	左右のバランスは均等か。ネジは緩んでいないか。前だけ/後ろだけを握って体重をかけて前後してのガタはないか
ブレーキレバー	握った際の遊びは適当か（1cm未満）。動きが重くないか。ブラケットの取り付けは緩んでいないか
ワイヤー（ブレーキ/変速機）	固定部はきっちり止まっているか。サビは出ていないか。ワイヤーがほつれていないか。交換の際にはワイヤーに事前にグリスを塗っておく
サドル	ぐらつきがないか。水平になっているか
チェーン	汚れやサビはないか。伸びや緩みはないか（前のギアの前部を引っ張ってギアとチェーンの間に浮きが出なければOK）
タイヤ	溝は十分残っているか。亀裂はないか。サイドがささくれ立ってないか。空気圧は適正か
ハンドル	緩みはないか。進行方向にまっすぐに付いているか。高さや角度は適正なポジションが取れる設定になっているか
ペダル	シャフトにガタはないか。回転がスムーズか。異音はしないか
車軸	ハブのガタはないか。クイックリリースはきっちり締まるか（重すぎないか）。フレームの縦軸方向に対しズレはないか
スポーク	リムの振れはないか。緩みや折れはないか
ディレーラー	スムーズに変速するか。オーバーシフトしないか。異音はないか

ように確認することだ。リアであれば力を込めてローギアに押し込んだ際にチェーンがローギアを越えてスポークとの間に落ちてしまったり（スーパーロー）、逆に一気にトップギアに落とした際にトップギアを越えてフレームのエンドとの間に挟まってしまったり（スーパートップ）する可能性があるのでしっかりチェックしておきたい。またタイヤの空気圧も大切なポイント。タイヤが細いほど荒れた路面での衝撃吸収力が小さいので、適正レベルに入れておかないと簡単にパンクしてしまう。様々な項目を入念にチェックしていたらキリがないので、乗車前点検はこれらの重要項目に絞って行えばよい。

日々の整備をしっかり実施していれば大きなトラブルになる可能性は小さくなる。しかし、走行状況に応じて月１回か数ヵ月に１回は各部の健康状態をきっちりチェックしてトラブルを未然に防ぎ、いつまでも快適に気持ちよくライドを楽しみたい。

たまには本格的に洗車する

雨の中を走ってドロ水がかかったり、濡れた未舗装路を走ったり、グラベルなどのダート走行をした後は洗車が必要だ。そうでなくても汚れが気になったらキレイに洗車するのが自転車への愛情だろう。洗車は両輪を外し車体ごとひっくり返して作業する。タイヤが巻き上げたドロが裏側にこびりついているからだ。タイヤやホイールはホースの水を直接かけて大きめのブラシでゴシゴシ洗っても大丈夫。

クランクやペダル、ハンドルまわりなどの回転部分は防水のためのシールドが施されているが、あまり勢いよく水をかけると中に水が入ってトラブルの元となる。クルマ用洗剤、もしくは台所用洗剤をバケツで薄めて、ウェスかスポンジを使って身体を流すように優しく洗ってあげよう。クランクは時々回しながら、ブレーキやディレーラーは操作しながら汚れを落としていく。洗車後は乾いた布できっちりと水分を拭き取り、必ず注油する。仕上げはウェスでフレームをピッカピカに磨き上げて、愛車と共に気分爽快になろう。

基本的にメンテナンスさえしっかりしていれば、自転車は耐久性に優れた乗り物である。1台で何10万キロにもおよぶ世界一周を成し得た猛者もたくさんいるのだ。スポーツバイクはその性能をフルに引き出してこそ価値がある。メンテナンスを楽しみながら、自転車への愛情を育んでいこう。

8

パンクにスマートに対処できるとカッコイイ

タイヤは人間のエネルギーや意思の最終伝達ポイントであり、自転車走行において最も注意が必要なパーツだが、パンクは突然に襲いかかってくるし、適切に対処できなければ走行不能になってしまう。もしものパンクにテキパキとスマートに対処できれば、きっと仲間からも尊敬されるだろう。また、パンクの予防と快適走行の基本になるのがタイヤの空気圧調整だ。適正空気圧を常に保持するのは基本中の基本だから、こまめに空気と愛情を注入しよう。

空気圧に気を配る

タイヤは自転車のすべてのパーツの中で唯一地面に接する場所であり、走る、曲がる、止まるといったすべてのエネルギーや意思の最終伝達ポイントだ。そのタイヤの空気圧の調整は、最も大切で基本的なメンテナンスである。

どんなに他の調整が完璧でも空気圧が低過ぎたら快適には走れない。空気圧によって振動吸収性や走行抵抗、グリップ力などは変わり、それが安全にも疲れ具合にも影響する。他のパーツと違って一度適正レベルに調節しても、自然に空気が抜けていくのは避けられず、だからこそ頻繁な調整が必要なのである。

まず空気圧が低いと接地面積が増え路面抵抗が大きくなる。そのぶん疲れやすくなり、パンクのリスクも大きくなる。しかし振動吸収性は向上し、乗り心地はソフトになる。またグリップ力が高まるため雨などで濡れた路面や、雪道などの滑りやすいコンディションでは走りやすくなる。

逆に空気圧が高いと接地面積は限られた範囲となる。ロードバイクだったら親指の腹くらいの面積だ。ただし路面抵抗は小さくなり軽快に走れて疲れにくいし、パンクのリスクも少し軽減される。一方、路面状況が悪いとポンポンと跳ねてハンドル操作に影響することもあり、振動を吸収しにくくグリップ力も下がってスリップしやすくなることを認識しておきたい。

空気圧の高低による特徴とメリット・デメリットは以上だが、いずれにせよ装着しているタイヤの適正空気圧の範囲内で調整したい。

空気圧の確認は必ず乗車前に行う。週1回未満の乗車であれば毎回空気圧を調整することを習慣づけたい。適正な空気圧はタイヤによって異なるが、タイヤが細いほどパンクのリスクが増えるため、それを軽減するためにも高い空気圧が必要になる。ＭＴＢなら3～6気圧、クロスバイクなら5～8気圧、ロードバイクになると6～9気圧くらいが適正の範囲となる。ちなみに乗用車のタイヤ空気圧がだいたい2気圧台だから、細い（エアボリュームの少ない）自転車用タイヤの空気圧がいかに高いかがわかる。適正空気圧はタイヤ側面に表示してあるから、必ず確認してその範囲内に収めること。空気圧の単位はｋＰａ（キロパスカル）かｂａｒ（バール＝気圧）で表示されているケースが多く、例えば３４５～５１５ｋＰａという表示があったら、ほぼ3・5～5気圧が適正と考えてＯＫである。

空気圧を測るにはエアゲージのついた空気入れが便利だ。自宅で使うなら足で踏んでポンピングする一般的なフロアポンプタイプにエアゲージが付いているものが使いやすい。

携帯ポンプは慎重に選ぶ

携帯用ポンプでも足踏みタイプやエアゲージ付きをお勧めしたい。サイズが大きく携帯性は少し犠牲になるが、小さなポンプで高圧なロードバイクのタイヤに空気を入れるにはかなりの労力と時間を要するし、うまく入りきらないこともある。無理に入れようと力任せに着脱すると、フレンチバルブの頭の部分が折れてチューブが使えなくなることもある。見た目のデザインやコンパクトさだけでなく、しっかりした使いやすいものを選びたい。

最近は携帯ポンプの代わりにＣＯ２ボンベを選択する人もいる。７〜８センチの小さなボンベを専用アダプターでチューブのバルブに押し込むと、一瞬で二酸化炭素が適正値まで入る優れもので、荷物をコンパクトに軽くできるメリットもある。使用時にはボンベが急速に冷えて凍傷になるリスクがあるから、絶対に素手では扱わないよう注意したい。また、ボンベに充填されている二酸化炭素は空気が抜けるスピードが早いので、帰宅後には改めてフロアポンプで空気を入れておくことが望ましい。

身体で空気圧を覚える

空気圧を測るのにエアゲージがあったほうがよいのは言うまでもないが、慣れてくると自分の自転車の適性空気圧をある程度手で判断することができる。親指の腹と人差し指でタイヤの両サイドを挟んで力を込めてつまみ、どの程度凹むかを手の感覚で覚えておくのだ。ちなみにＭＴＢタイヤは野球の軟式ボールくらいの硬さであり、ロードバイクになるとパンパンでほとんど凹まない感覚である。

タイヤによっての適正空気圧には幅があるから、その範囲内で高めがよいのか低いほうが乗りやすいのか、自分の好みや路面環境に合わせて対応できるように意図的に空気圧を変えて乗り比べて、身体で覚えるようにしておきたい。

フレンチバルブの空気の入れ方

スポーツバイクのチューブはフレンチバルブが主流だが、空気がうまく入らないことがある。バルブが固着している場合があるので、必ず一度バルブを手で押し込んで、シュッと一瞬空気を漏らしてから入れるようにしよう。

特に携帯ポンプではバルブ止めナットを曲げたり折ったりしてしまいがちなので正確に使いたい。バルブ止めナットをいっぱいに緩めてポンプの口をリムに対して垂直にきっちり奥まで入れる。口の背面にあるレバーを締めて固定してから空気を入れるがその際、常にリムに対して垂直をしっかり維持するようにする。

ポンプを抜く際にはレバーを緩めてバルブから垂直にさっと引き抜く。ゆっくり抜こうとすると曲がりやすく、場合によってはバルブの頭が折れて使えなくなることもある。バルブにはこのフレンチ（仏式）と、英式、米式の3種類があるが、それぞれ互換性はなく、リムも専用のものしか対応できないから、チューブを買うときはよく確認しよう。ただし空気入れはアダプターによって、それぞれのバルブに対応できるものもある。

パンクは不可避。でもリスクは軽減できる

メカニカルトラブルはよほどのことがない限り、対処できるか騙し騙しでもなんとか走れるようにはなる。しかしパンクしてタイヤがぺしゃんこになってしまったら走ることはできない。無理やり乗ったらタイヤやリムが使い物にならなくなってしまう。路面には様々な障害物があって、それらを完璧に避けて走ることは不可能だが、それでもパンクしやすい人としにくい人がいるのも事実。いかに注意して走っているか、日頃のメンテナンスをしっかりしているかの現れでもある。

パンクにはいくつかの種類がある。原因は色々あるが、注意力とメンテナンスでリスクは軽減できるのであり、経験を積んだベテランほどパンクは少ない。

バルブの種類

	愛称	リム穴	特徴
仏式	フレンチ（プレスタバルブ）	小	スポーツバイクにはいちばん普及している。軽い力で空気を入れ始めることができ、空気圧の調整も簡単
英式	ウッズバルブ	中	ママチャリ他、一般車は英式が多い。空気入れも英式が広く普及しており、交番で借りられることもある
米式	シュレーダーバルブ	大	自動車用のバルブでガソリンスタンドでも空気を入れられる。大量の空気を短時間で入れることができ、耐久性にも優れている。MTBのチューブに使われることもある

パンク修理の基本はチューブ交換！

パンクしたときの対応はチューブを取り替えるのが原則だ。ひとりでサイクリングしている場合で時間に余裕があるならばチューブを修理しても構わないが、チューブの交換だけならば時間もそれほどかからないし、チューブを修理するよりも確実に対処できる。特に仲間と一緒の場合には素早くチューブ交換して、他のメンバーへの迷惑を最小限に抑えるのがマナーだ。パンクしたチューブは持ち帰って、自宅でゆっくり修理すればよい。

ただし、タイヤにガラス片などが刺さっている場合には、チューブを交換してもすぐに再びパンクする可能性が高い。チューブを交換するときはパンクの原因を突き止めてタイヤの状態を確認しておこう。

また二度以上パンクした場合や、万が一にも

パンクの種類

パンクの種類	原因
刺しパンク	ガラスや金属片、押しピンや釘など路上の異物によるもの
リム打ちパンク	段差や石などに強く乗り上げた場合、チューブがリムに挟まって破れる。2ヵ所にヘビが噛んだように穴があくのでスネークバイトとも言う。空気圧が少ないと起こりやすい
擦れパンク	チューブサイズが適正より大きすぎてタイヤの中で擦れたりくびれたりして穴があく。空気圧が低いとブレーキの度にわずかにずれて小さな穴があきやすい
タイヤレバーによる噛みこみパンク	タイヤレバーでタイヤのビードとチューブを噛みこむことで起こる。チューブの出し入れに不慣れな初心者のトラブル
バースト（破裂）	空気圧が適正値を超えて高い状態で、気温や路面温度の上昇によりさらに圧が高まると破裂する。タイヤが古かったりサイドが傷んでいる場合なども破裂しやすい。また鋭利なガラスや刃物状のものを踏んだ場合も裂けてしまう。タイヤも使えなくなる

スペアチューブを忘れた場合にはその場でのチューブの修理が必要になる。もし仲間からスペアチューブを借りることができるなら、そうするほうが望ましい。チューブを2本以上持ち歩いてもよいが、荷物が増えるのでチューブ＋パンク修理キットがスマートだろう。１００円ショップでもコンパクトなパンク修理キットを売っているからぜひ持っておきたい。チューブの交換や修理方法は、事前に練習して習得しておくと安心だし同行者に迷惑をかけない。自宅で時間をかけて修理するならともかく、初めてのパンクを外で修理というのは相当にハードルが高い。

ゴムのり不要のパッチが便利

パンク修理の際に必要なゴムのりだが、小さいチューブのものは一度使って時間が経つと、きちんとフタを締めていても乾いて使えなくなっていることがある。サイクリング中にパンク修理が必要な状況でゴムのりが使えないと致命的だ。ゴムのりを必要としない新しい方式の「スーパーパッチ」や「イージーパッチ」なら扱いも簡単、コツさえつかめばより早く確実に作業できる。保管性や携行性にも優れていて急速に普及しており、スタンダードになりつつある商品だ。

パンク修理は、やればやるほど慣れてくるし、スマートにこなせればベテランサイクリストらしくてカッコイイ！　タイヤとチューブは命を乗せていると言っても過言ではない重要なパーツだ。パンクトラブルへの対処はとても大切であり、サイクリストとしてぜひともしっかりと身に付けておきたい。

9 みんな苦手！ センシティブなディレーラー調整のコツ

パンクと並んで多いのがディレーラーやチェーンのトラブルで、異音に悩まされるサイクリストも少なくない。ヘタにいじってますますおかしくなってしまった経験がある人も多いだろう。トラブルの発生要因は変速機系統の調整不良だ。異音や違和感から解放されるためにも、ちょっとしたノウハウを身に付けておこう。

チェーンの脱落に要注意

チェーンがリアのスプロケットギアを飛び越えて外れてしまうことをオーバーシフトという。スポーク側の内側に落ちるのがスーパーロー、車体外側に落ちるのがスーパートップだが、いずれもすぐに足を止めるのが鉄則である。そのまま踏み込むとスーパーローの場合はいちばん大きいギアとスポークの間に、スーパートップは最小ギアとフレームエンドとの間にチェーンが噛み込んでしまい、そうなると直すのにひと苦労する。特にスーパーローの場合にはすぐに足を止めて噛み込みがなければ、ゆっくりペダル逆回転させつつ、ほんの少しリアディレーラーをトップ側に操作すれば元に戻る。ただし、ここで誤って反対のロー側に操作してしまうと、ディレーラーのガイドプレートがスポークに引っかかって巻き上げられ、ホイールもディレーラーもフレームも壊れて使えなくなる恐れがあるから、用心のためにもすぐに下車してドライバーなどでチェーンを引っかけて上部後方に引っ張り上げるほうが安心だ。ダメなら軍手をはめて手で引き上げればいいが、チェーンがスポークを傷つけたりホイールのバランスを崩してしまうリスクがあるので、作業はていねいに行いたい。

スーパートップの場合も同様に引っ張り上げるが、ダメなら一度ホイールを外せば解決する。この場合もディレーラーハンガーやフレームを傷つけたり歪めたりするリスクがあるので、慎重に作業しよう。

ワイヤーの調整がまず大切

自転車の変速は、シフトワイヤーを引っ張ったり緩めたりすることでディレーラーが左右に動いてチェーンを強制的に他のギアへ動かしてシフトチェンジする。ワイヤーが引っ張られるとチェーンは大きいギアのほうへ引き上げられてペダリングは軽くなっていき、張りが緩まるとディレーラーのバネの力で小さいギアに落ちていき、ギア比が大きくなっていくというのが基本的な仕組みである。

しかし、細い金属線が集まってできたワイヤーに力がかかり続けるから、長く使えば使うほどわずかずつだが伸びていく。新車の場合やワイヤーを新品に交換したときなど、しばらく乗っているとワイヤーに初期伸びが出て変速の調子が悪くなりがちである。シフトチェンジしようとしてもうまく変速しない場合や、走行中にディレーラー部分から異音がするなどのトラブルの場合、ワイヤーの伸びが原因であることが多い。

ワイヤーが伸びるといっても非常にわずかな伸びだが、このわずかな伸びが異音や違和感の元凶になる。昔と比べてワイヤーの性能も向上して伸びは少なくなっているが、それでも伸びは完全にはなくならない。異音だけでなく、伸びによって滑らかな変速ができなくなったり、放置しているとそのうちに走行中に勝手にギアが切り替わるなどトラブルの要因になるから、快適な変速でストレスのないライドを楽しむためにもしっかりと整備したいポイントだ。ワイヤーの伸びはメンテナンススタンドに乗せた状態では確認しにくいから、実際走って駆動系や変速機系統に負荷をかけて、ペダルを踏んだときの脚の感覚や、変速の音やスムーズ感で異常を感知したい。

少しでも違和感があれば早めに調整するか、信頼できるショップにお願いしよう。

走行中にチェーンが外れたら

チェーンがフロントギアの外側に外れた場合、まずは乗車したまま足をゆっくり回しつつフロントディレーラーをインナー側に慎重にそぉーっと操作する。コツをつかめばそれで元に戻るのだ。うまくいかなければ下車してチェーンをフロントディレーラーの前の部分、つまりアウターギアの上の部分からかけてゆっくりペダルを順回転させる。インナーギアの内側に落ちた場合は下車してチェーンをインナーギアの下側から持ち上げるようにしてかけながらペダルをゆっくり逆回転させればよい。このほうが簡単なのでアウター側に外れた際もフロントディレーラーをインナー側に操作してからインナーギアにチェーンをかけたほうがラクである。もちろん、その後はストローク調整ボルトでしっかりセッティングし直そう。

エンドが曲がると大変

何度リアディレーラーの調整をしても、どうしても変速がうまく決まらず、異音や違和感が消えないことがある。その要因としては、転倒したり輪行中にぶつけたり、何らかの衝撃が加わったりしてディレーラーハンガーやフレームのリアエンドが曲がっている可能性がある。ディレーラーハンガーは、転倒、衝撃があったときにフレームを守るために少し柔らかくできているのだ。

真後ろから見て、ディレーラーハンガーやディレーラーがフレームに対してまっすぐになっているかどうかチェックしてみよう。曲がりが大きいと変速がスムーズにできず、走行中も異音に悩まされてしまう。とりあえずの応急処置はホイールを外して手で曲がりを直すことだが、無理に大きな力をかけるとフレーム自体が歪んでしまったり、エンドが折れたりすることもあるので慎重に行いたい。専用工具がないときっちり修理することはできないので、必ずショップで直してもらおう。

シフト操作がスムーズにいかない

シフターも長年使っているとロー側にギアが上がりにくくなったり、トップ側に操作すると一気に何段も飛んでギアが落ちたりすることがある。これはシフターやデュアルコントロールレバー内部にある、ワイヤーを巻き取るドラム部分をレバーに連動させるための、ツメの部分の動きが悪くなっているのが要因だ。

注油をしてやると改善するのでリリースレバーの根元などからドライタイプのオイルを吹き入れて

みよう。それでも改善しない場合は、ラチェットや爪が寿命を迎えている可能性がある。上級グレードならば交換パーツがあるが、それがなければシフターやデュアルコントロールレバーそのものを交換する必要がある。

走行中の異音や違和感はライドそのものの快適性を阻害し、疲れにもつながってくる。変速機系統の調整を身に付けて、精神的にもパーツ的にもストレスのないスムーズなライディングを快適に楽しもう。

10

命を預けるブレーキのメンテナンス

ブレーキは安全上最も大切なパーツである。命を預けていると言っても過言ではない。そしてブレーキワイヤーはその命綱だ。走行中に切れたら即大事故につながりかねない。そのためレバーにも本体にも調整やメンテナンスがしやすい機構が備わっている。安全に直結する箇所だけに、ブレーキに少しでも違和感を覚えたら必ず確認し、対処しよう。微妙な調整加減を覚えておけば安心だ。

命綱のブレーキワイヤーだって伸びる

ブレーキワイヤーは変速ワイヤーと同様に、細い鋼線を撚り合わせたものだから繰り返し引っ張っていると少しずつ伸びていく。ワイヤーだけでなくアウターケーブルも操作の度に圧縮されるので、わずかずつ縮んでいってブレーキの遊びが増えていく。ブレーキングはシフティングに比べてずっと大きな力がワイヤーにかかり、特にダウンヒルなどでは過酷な使用環境となって伸びが大きくなりやすい。また、新車を購入した際や交換したばかりの新しいワイヤーは伸びやすいので調整が必要になる。新しいワイヤーの場合は、一度装着してボルトで固定した後、両手でブレーキレバーを思いきり強く何度も繰り返し引き、少し伸びが出たら再度ボルトを緩めて伸びたワイヤーを新たにセットし直すと、その後の伸びは少なくなる。

新車の場合は事前に伸ばして調整されている場合が多いが、それでも多少は伸びが出る。しばらく使用していてブレーキレバーの遊びが少しずつ大きくなってきたらワイヤーが伸びている証拠である。ブレーキレバーの引きに対してブレーキの反応が鈍くなってきたら、適宜調整する必要がある。そのままにしておくと徐々にブレーキの効きが悪くなって、安全性にも影響が出かねないので必ず対処したい。

ブレーキ本体のワイヤー調整機構

ブレーキ本体にはキャリパーブレーキ、Vブレーキ、ディスクブレーキ、カンチブレーキ、ドラムブレーキ、コースターブレーキなど様々な種類があり、それぞれ構造も仕組みも異なる。まずはロードバイクに装着されることが多い、キャリパーブレーキの調整方法を説明したい。

ワイヤーがブレーキ本体に最初にコンタクトする部分に付いているのがケーブルアジャスターボルトである。このボルトを回すとブレーキレバーと本体を繋ぐワイヤーの長さを調節でき、ブレーキシューとリムの間隔の微妙な調整ができる。ワイヤーが伸びたり、ブレーキシューが減ったりしてブレーキの効きや遊びに影響が出てきたら、まずはこのボルトで調整する。

ケーブルアジャスターボルトは上から見て左に回すとワイヤーを張る方向に動き、ワイヤーの伸びを吸収してブレーキシューの間隔を狭めることができる。少しずつ回しながらブレーキシューの間隔と、レバーの引き具合（遊びの量）を確認しつつ調整を行う。逆にブレーキレバーの遊びを増やしたい場合は、右に回すと調整できる。ブレーキレバーの引き具合が、前後ブレーキで同じになるようにきっちり調整しよう。

レバー側での調整機構

ＭＴＢやクロスバイクの場合は、ドロ詰まりに強くより高い制動力のあるＶブレーキやカンチブレーキが装着されていることが多い。これらのブレーキは本体ではなくブレーキレバー側にケーブルアジャスターボルトとロックナットが装着されている。効き具合の調整は、まずレバー側にある固定用のロックナットをワイヤー側に緩める。その後、ワイヤー側のアジャスターボルトを左に回してワイヤーの長さを調整していく。少しずつ回しながらレバーを握って遊びを確認しながら調整する。遊びの量は人によって好みが異なるが、１センチ程度がよいだろう。位置が決まったら今度はロックナットをレバー側までいっぱいに締め込む。これでアジャスターボルトは固定され動かなくなる。

これらの作業はすべて手でできるため工具は必要ない。ただしアジャスターボルトの長さは１～２センチ未満であり調整の範囲は限られる。ボルトには簡単にワイヤーを脱着できるように横溝が切ってあり、従って普通の貫通穴あきボルトよりも強度的に劣る。差し込みが少ない状態で使うとネジ山が壊れたり、変形したり、折れたり、外れたりするリスクもあるし、もしそれがダウンヒル中などに起こったら命の保証はない。少なくともボルトの長さ半分ほどはブレーキレバーにねじ込まれていることが望ましい。

ブレーキワイヤーとシフトワイヤーの違い

何千キロも乗った場合や数年間使用し続けた場合、あるいはほつれやサビが出てきたりした場合はワイヤーを交換しよう。ワイヤー交換は知識と技術を身に付けて、専用工具が使えれば自分で交換することもできなくはない。しかし、ブレーキワイヤーは命を預けるある意味最も大切なパーツであり、その装着やセッティングにミスやいい加減さは許されない。素人がヘタにいじると事故を招くリスクもあるから、ショップでプロに完璧にやってもらうことをお勧めする。

ちなみにブレーキワイヤーとシフトワイヤーは別物である。いちばんの違いは太さ。ブレーキ用は直径1・6ミリ程度あるのに対しシフト用は1・1〜1・2ミリである。大きな力がかかり命を預けるブレーキワイヤーは太いのだ。

ワイヤー先端にあるレバーとつながるストッパーの形状もブレーキ用とシフター用で異なるし、ブレーキ用でもフラットバー用とドロップハンドル用では異なり、メーカーによっても形状が違う。シフター用はブレーキワイヤーと間違えないようにはなっているが、無理やり装着してトラブルになった例もあるので注意しよう。

ブレーキシューの調整

ブレーキとリムの当たり具合も性能に影響する。というかブレーキ系統の最終アウトプットはここであり、他がどんなに素晴らしくセッティングされていても、シューが曲がって装着されていては意味がない。ブレーキシューはカートリッジ（ホルダー）にはめ込まれており、カートリッジは固定ボルトでブレーキ本体に装着されているが、この固定ボルトを緩めるとカートリッジ全体が前後左右、そして上下にも動くので細かく調整できるのである。

まずは取り付け位置を、シューの上部がリムの上端から1ミリほど下になるよう平行にセットする。次にシューとリムの隙間だが、左右のブレーキシューとリムの間を2ミリ程度に均等にする。500円玉などのコインを両方に挟んで手で押さえるとちょうど2ミリくらいになるから、この状態で一旦仮止めをする。

このままではブレーキからキーキーと音が出る可能性があるので、シューの先端側をほんのわずかに狭く、内側に角度をつけてやる（トーイン）。幅はシューの長さによっても異なるが0・4〜0・6ミリ程度。こうするとブレーキをかけたときにシュー全面がリムに張り付くようになって音鳴りが発生せず、効きもよくなる。最後に固定ボルトを締め込むが、その際にせっかく調整したシューの位置が動かないように、シューをしっかり押さえながら慎重に行いたい。

ブレーキシューは一般的には溝が薄くなってきたら交換だが、カートリッジごと交換するならば固定ボルトを緩めて取り外して新しいカートリッジを取り付ければよい。しかし減っているのはシューなのだからシューだけを取り替えたほうが経済的だし簡単である。低グレードのブレーキカートリッジはシュー交換ができないものもあるが、例えばシマノの105以上の高グレードにすれば、シューのみの交換も可能である。そのほうが後々経済的だし調整もしやすくなるのでお勧めだ。

ブレーキシューのセンタリング調整

キャリパーブレーキはフレームにセンターボルトで取り付けられているが、その取り付けボルトが緩んでいないかを確認しよう。この部分にはブレーキをかけるたびに力がかかるため、いつの間にか緩んでしまうこともある。本体を台座に固定しているボルトで取り付け角度の調整を行って、しっかりと締め込んでおこう。

ブレーキシューがリムに左右均等に当たらずに片効きすることがあるが、この場合はキャリパーブレーキ本体のアーチの肩の部分にある小さな六角ナットで調整できる。これをレンチで回して左右の開閉具合を調整するのだ。右に回すと右のブレーキシューがリムから離れていき、左に回すと左が開く。少しずつ交互に回しながらセンタリングを合わせていくのだ。

Vブレーキの場合は本体の2本のアームの付け根にそれぞれ片効き調整ボルトがあり、ボルトを右回りに回すとブレーキシューがリムから離れ、左に回すと近づく。左右のブレーキアームはブレーキワイヤーでつながっているから、左右を少しずつ交互に回して微調整を繰り返し、ブレーキアーチの左右の開きが対称になるように調整する。

ブレーキは安全のためのいちばん大事なパーツである。きっちりと作動しなければ生命をも脅かす危険に晒される。日頃のメンテナンスはしっかり行いたいが、自分の命がかかわるブレーキの整備にわずかでも不安があったら、必ずショップに行って腕の確かなプロにきちんとメンテナンスしてもらおう。

第5章

底なしの魅力!?
ツーリングを徹底的に楽しむ

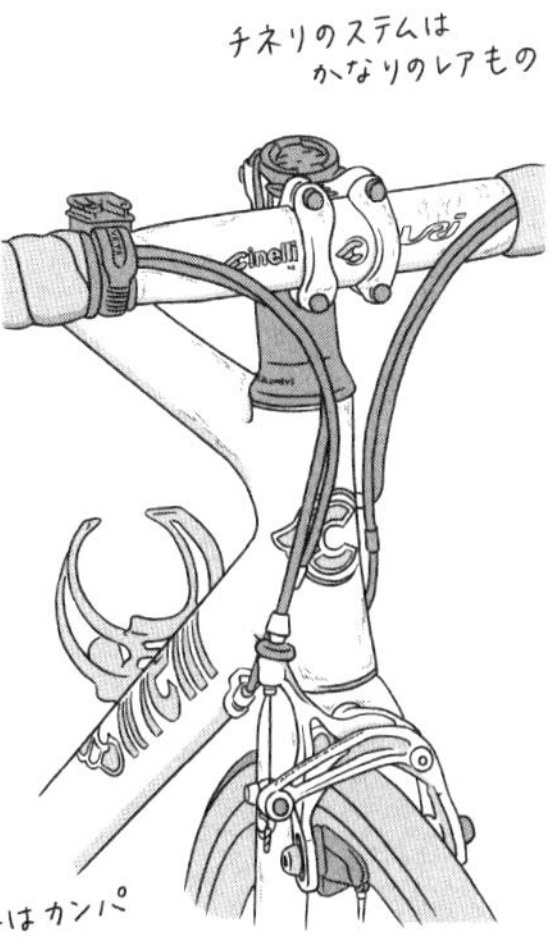
フレームだけでなく
パーツもチネリで統一
となれば当然、
ブレーキキャリパーはカンパ

1

知らなかった地域の魅力！日本のいいトコ、メッチャあるある

日本は世界的に見てもサイクリングやツーリングを楽しみやすい国のひとつだ。様々な自然や風景がコンパクトに凝縮されており、歴史や文化も趣深い。大陸に比べて、どこに行くにもアクセスがラクでインフラも整っている。こんな素晴らしい国に住んでいるのだからその幸運を有効活用して、どんどんツーリングを楽しまなきゃモッタイナイでしょう！

サイクリングとツーリング

ツーリングの具体的な話に入る前にちょっと整理しておきたいのが、サイクリングとツーリング、ポタリングなどの定義である。明確に定められているわけではないが、混同を避けるためにも大まかな認識を共有しておきたい。

まずはサイクリングである。これは自転車に乗ることすべてを網羅するいちばん大きな傘の概念である。サイクル（=cycle）は「自転車に乗る」という動詞であるが、その名詞形がサイクリング（=cycling）である。つまりツーリングやポタリングだけでなく、ママチャリでの買い物も競輪もサイクルサッカーも、広義ではすべてサイクリングに属することとなる。

個人的には自転車に乗って楽しいと思えれば、それはサイクリングと言えると思う。まぁ自転車を使って宅配便の仕事をしている人が自分はサイクリングしているとは思わないかもしれないが、そう思えれば仕事だって楽しくなるかも？

ツーリングは旅をするというツール（=tour）という動詞の名詞形がツーリング（=touring）であるため、語源的には旅をすることを意味する。オートバイやクルマでもツーリングは同じ意味であり、実はバックパッキングや公共交通機関を利用した旅行もツーリングなのである。明確な目的地までの行程をツーリングということもあるかもしれないが、目的地を決めずに、行く先々での情報や出会いなどによりフラフラと彷徨うような旅もツーリングなのである。

私の仲間には自転車で世界中をツーリングし続けているツワモノもいるが、彼らにすれば人生そのものが旅であり、自転車と共に壮大な旅の魅力を求めてツーリングを続けているのである。自分が旅を意識して旅を感じるサイクリングならば、それがツーリングなのであろう。

ポタリングは同様に「のんびり散歩する」とか「ぶらぶらする」という意味のポター（=putter）を語源とした言葉である。あちこちをのんびり気楽にマイペースでぶらつくサイクリングのことで、自転車散歩や散走などとも称される。おいしいものを求めてのグルメポタリングや、史跡名勝などを巡る観光ポタリングなど様々な楽しみ方がある。クルマや公共交通機関の移動では気づかなかった小さな路地を見つけて思わず入り込んだり、寄り道やまわり道して思いがけない発見があったり、普段と違う新たな情景や気づきに出会えるのもポタリングの魅力である。

サイクリングを始めようと思ったとき、自転車の種類やウェアなどをあまり気にせず、まずはやってみようと気楽にゆる〜く楽しむのにポタリングはちょうどよいだろう。ただし誰でも気軽に楽しめるイメージではあるものの、ポタリングと称した自転車イベントでも長距離を走ったり本格的なパスハンティングなどを含む場合もあるので、あくまでも主観の問題であることを認識しておきたい。

ライドやランという言葉もよく使われるが、ライド（=ride）は乗る、ラン（=run）は走る、でどちらも行動（動き）を示しており、ツーリングやポタリングに限らずトレーニングやイベントなどにも幅広く用いられている。セグメントも明確にあるわけではなく、定義は人それぞれということになるだろう。

自転車ツーリングの特徴

自転車ツーリングの大きな特徴は、エンジンなどの外部動力を使わずに自分の力で旅するところにある。鉄道やクルマの旅では目的地に行くまでの、乗り物に乗っている時間は単なる移動となる場合が多い。しかし自転車ツーリングは目的地そのものよりも、そこへ至る過程を楽しむことに意義がある。点から点への単なる移動ではなく、それをつなげる線が旅になり、線のまわりに広がる風景や様々な発見、人との交流や感動などを含めた「面」の旅が楽しめるのだ。

「面」の旅ではその土地をより身近に感じることができ、自分の世界が広がるような気分になって、ほのかな喜びを覚えることができる。ツーリングはタイムを競うわけでもなく、ノルマがあるわけでもチェックポイントがあるわけでもない。この先に何があるのだろうという興味や関心を原動力に、自分の力だけで好きなスピードで気の向くままに進んで行く。この感覚はＤＮＡに刻まれた、人類が生まれながらに持つ好奇心や探求心といった本能を満足させてくれるものなのかもしれない。

自転車のツーリングは自由だ。自分の好きなときに好きな場所に行くことができる。電車やバスの時間に縛られることなく、疲れたら休めばいいし、止まりたいと思えば気軽に立ち止まっても構わない。気に入った場所ではじっくり時間をかければいいし、体調や天候の変化があればコースを変えても止めてもいいのだ。観光シーズンでもクルマのように渋滞に悩まされることもなく、自分の時間を自由にフレキシブルに楽しめるのも魅力のひとつである。

もちろん距離や獲得標高といった目標を定めてツーリングをしたって構わない。目的を果たしたときの何とも言えない達成感もツーリングの嬉しさである。自分の立てた計画に従って、それを自分の力で実地見聞しながら実現できたという充実感にも浸れるだろう。

一方、非日常感を味わうことを目的とする人もいる。無心で自転車に乗って目の前の道を走ることだけに集中することで、日常生活の煩わしさを忘れて「非日常」に浸るのである。自転車に乗ること自体に魅力を感じ、夢中になれるのも自由なツーリングの喜びである。

地域の魅力発見

自転車ツーリングの魅力は走りながら流れていく景色だけではない。自然に触れたり、あるいは人工物の造形美に心を打たれることもある。産業や経済活動を感じたり、突然思わぬ所で産業廃棄物の処理場に出くわすなど、社会問題に驚いたりもする。田んぼや畑、果樹園や花畑など人々の生活の糧となるフィールドからも、営みを鑑みることができるだろう。名所や史跡から歴史の匂いが漂い、江戸や明治の面影に出会うこともある。地域の記念館や美術館など様々な建造物や施設から、その土地ならではの文化を見い出すことができるかもしれない。

ウマイものや名物料理などを探すのも楽しい。走り進むためのエネルギー補給でもあるから、クルマや電車の旅よりもきっとよりおいしくいただくことができるはずだ。何度も来ている土地なのに知らなかった道、知らなかった場所に次々と出会って驚きと感動を覚えたりもする。

クルマではスピードが速過ぎて気が付かないようなことにも自転車ツーリングではその土地を「面」で捉えて触れることができ、徒歩よりも機動力があるからより多くの情報を得ることができるのだ。ツーリングの楽しみは訪れた土地の魅力を発見することにもある。

日本の自然は素晴らしい

スケールの大きさでは大陸に敵わないかもしれないが、日本列島は狭い国土に山、川、海、湖などが凝縮された、変化に富んだ自然に恵まれている。地形だけでなく植物も多様で生命感にあふれており、世界的に見てもとても素晴らしいと思う。

私はこれまでに世界70ヵ国ほどを訪問し、欧州に住んでいたこともあり、何百回も空の上から地球を眺めてきたが、実は地球は自転車でツーリングするには変化に乏しい、単調で広大な土地が大半を占めている。もちろんアルプス山脈やロッキー山脈など、壮大な自然を満喫しながらツーリングできるフィールドも多数ある。しかし日本のように日帰りや週末に手軽にアクセスして楽しめる範囲に様々な自然がそろった国土をもつ国はあまりない。軽い装備で雪を被った山々を見ながら海岸線を走り、食料調達やトイレに苦労しない国は他にはないのだ。

南北に長く伸びる日本列島は寒帯から亜熱帯の多種多様な、様々な自然に恵まれている。日本の森林面積は国土の67パーセントと世界でもトップクラスであり、どこに住んでいても緑豊富な自然に親しむことができる。長く複雑な海岸線は、波に浸食された磯浜や断崖、砂浜や干潟、港や工業地帯など変化に富んでいるし、島々の数は6～7000にも及ぶ、世界でも有数の多島国なのである。そのうえ日本は峻険な山々と豊富な雨量のおかげで渓谷美に恵まれ、滝もあちこちにある。ちなみに大陸では手軽に滝を見ることができない地域がほとんどである。日本は決して広くはない国土に、アクセスも容易な多種多様な自然環境が凝縮されている、世界的にも非常に恵まれた美しい国なのだ。

日本の四季を愛でる

日本の自然の美しさは単に地形的に恵まれているだけではない。四季折々の自然の変化がはっきりとしているのも日本の特徴である。同じ場所でも春夏秋冬それぞれに、景色も趣も異なった表情を見せてくれる。

我々日本人は桜好きであり、各地に桜の名所がある。街中でも里山でも、寺社でもお城でも、山でも川でも色々な所で桜を愛でることができる。ツーリングでのお花見ライドは日本のサイクリストの特権かもしれない。

森林が多い日本では、新緑の季節になればいたる所で生命力あふれる芽吹きと萌黄色を満喫することができる。温帯地域に位置する日本には常緑樹と広葉樹が多く、針葉樹の多い欧米などに比べて新緑をよりヴィヴィッドに感じることができるのだ。

日本の紅葉も世界有数の美しさである。そもそも紅葉は北半球の温帯地域以外ではあまり見られず、そのほとんどは紅葉ではなく黄葉である。そもそも英語には紅葉という単語がない。日本は紅葉する落葉広葉樹の種類が世界で最も多く、赤や黄色やカーキ色と常緑樹の緑の彩り豊かなコントラストを生み出すのである。

雪が多いのも日本の特徴だ。日本海側の山岳地域は世界有数の豪雪地帯であり、雪化粧や残雪に輝くの山々の景色を気軽に日帰りツーリングで楽しめるのも日本の気候のおかげである。

歴史と文化がツーリングパラダイスを支えている

「自然のものすべてには神が宿っている」という日本古来の世界感は、日本の文化の源になっている。山々にも森にも里山や街にも、いたる所にある祠や鳥居、道祖神などから歴史を感じることができる。それらを祀る精神が育んだ日本の文化は、ツーリングをする上で有形無形の心地よさにつながってい る。自然を崇拝する気持ちは清潔を美徳とする意識のベースになっていて、日本を訪れた外国の人から「日本人は夜中にみんなでこっそり街を掃除してるんじゃないの?」と疑われるほどに、日本の街は海外と比べてゴミがなくきれいである。

農耕文化を基盤として村々で助け合って生きてきた民族は、旅人にも寛容な文化を育んだ。コンビニに行けばトイレは使えるし、補給食を入手できるだけでなくATMでお金も引き出せる。食に対する思い入れが深い文化のおかげで食べ物もおいしく、コンビニ食といえども海外と比べて非常にレベルが高い。海外にもコンビニは多数あるが、日本のサービスは極めてクオリティが高いのだ。

また、他民族に侵略された歴史を持たない日本人は、銃器で身を守る必要もなく、世界でも最も高い治安レベルを維持していて、日本中どこでも安心してツーリングを楽しむことができる。相対性理論で有名なアインシュタイン博士は、次のような言葉を残している。

「私は地球上にこのように謙虚にして品位ある国民が存在することに深い感銘を受けた。私は世界各地を旅行してきたが、いまだかつて、このような気持ちのよい国民に出会ったことがない。日本の自然や芸術は美しく、深い親しみを覚える」

自分が生まれ育った国の様々な環境は、あまりに当たり前なので自覚しにくいかもしれない。しかし世界的に見て、我々はこんなにも素晴らしい国に住んでいるのである。地球人としてこの恩恵を享受し、ツーリングを思いっきりエンジョイしよう!

2

まずは半日
そして日帰り、宿泊ツアーへ

ツーリングで何キロ以上走らなければいけないといった縛りは何もない。例え10キロでも20キロでも楽しく走って、本人が旅と思えるならばそれはツーリングなのだ。自宅の近くをチョイ乗りしたって、小さな感動と喜びを見つけることができる。少しずつ距離を伸ばし行動範囲を広げて、自分のフィールドという感覚が広がっていくのは嬉しいものだ。自転車に乗ることが楽しく感じられれば、その延長線上にツーリングの醍醐味が待っているのだ。

自分の街のチョイ乗りから

初めてのツーリングとなると何かと不安になって、どこに何時に着かなければと緻密な計画を立ててしまう人がいる。もちろんそれでも構わないが、いきなり大上段に構えなくても初めは自分の街でチョイ乗りするだけでいいのだ。そして隣の駅まで、さらにその隣までと足を伸ばしてみよう。意外に簡単に行けてしまい、なんだこんなに近いじゃないか！　といった小さな感動と喜びを味わえるかもしれない。

できればルートは幹線道路ではなく裏道や住宅街の中を抜けて行くほうがよい。素敵なお店を見つけたり、小さな工房やギャラリーがひっそりと隠れていたり、緑が気持ちいい通りがあったりと、思いがけない街の横顔に感激することもある。チョイ乗りだからあまり大げさに準備しなくても、普段着でそのまま走ればよいのだ。ただしズボンの裾はベルクロテープなどで留めておこう。チェーンで汚れたり巻き込んだりするリスクはチョイ乗りでも変わらないのだ。

気になる場所を繋いで行く

ツーリングを計画するときは、まずは気になる場所や行きたい所を探してみる。公園、寺社、名所旧跡、おいしそうなレストランやスーパーマーケット、道の駅や住宅展示場なども面白い。街路樹や植え込みの花などの季節ごとの彩りも楽しみだ。候補が見つかったらインターネットの地図で目標となる行きたい場所を定めよう。はじめは10~20キロ程度の範囲で何ヵ所か目的ポイントを決め、それを線で繋いでいく。交通量の少なそうな道を選べば基本計画の完成だ。

コースをしっかり頭に入れて、地図を印刷して持参し出発しよう。もちろんスマホやサイクルコンピュータに行き先を入れてナビできればラクである。いずれにせよ、自分が今どこを走っているのかを意識しながら走ることが大切である。橋を渡っただとか、鉄道とクロスしただとか大通りを越えたといった各ポイントで現在地を確認していく。都会の風景は次々に変化があって楽しいし、確認できるポイントも多いので初心者にはかえって走りやすい。ただし確証がなければ必ず地図やスマホで現在地を確認しよう。

最初の頃は折り返して同じコースを戻ると道に迷いにくいし所要時間も計算しやすく、安心して帰って来られるのでお勧めだ。同じ道でも視点の方向が変われば新たな発見が増えることもある。慣れてきたら周回コースを試してみよう。ピストンでも周回でもなく、思うままに自由気ままに走ったって構わない。現在地さえ把握できていれば、どこに行っても迷うことはない。

距離と速度はゆるめに計画

チョイ乗りを気ままに楽しめるようになったら、今度は少し距離を伸ばしてみよう。最初は20～30キロで十分だし、山手線一周距離の34・5キロなどは趣のある距離設定だ。そうは言っても目標の距離を走りきることや、目的地点への到達にこだわる必要はない。途中で気に入った場所や面白いものを見つけたらそこでゆっくりすればよいし、写真を撮ったり散策をしたりと好きなように楽しめばよいのだ。それで時間が余計にかかっても構わない。計画どおりでなくてもプロセスを楽しむのがポイントである。目的地は逃げないし、同じ場所やコースを何回走ったってよいのだ。

コースプランニングでは、はじめは時速10キロ程度で考えればよい。時速10キロといったらママチャリでも出せる速度だが、信号で止まることもあるし、景色を眺めたり面白いものを発見したり写真を撮ったりと、あちこち立ち寄りながらゆっくり進める速度がよい。自分のペースがつかめてコントロールできるようになったら、それに合わせて想定する速度を少しずつ速めていけばよい。ただ、そうは言っても初心者がツーリングを楽しむのならばせいぜい時速18キロ程度に抑えておきたい。それ以上だと普通の体力や一般的な脚力の人の場合、走ることだけに必死になって余裕がなくなる。もちろんこの速度には休憩や食事の時間は含まれないので、別枠で時間を確保してプランニングしたい。

半日ランから日帰りツアーへ

コースプランニングができて、走行中も自分の意の向くままにフレキシブルに対応できるようになったら、20〜40キロくらいまでの半日ランも思うまま楽しむことができるだろう。さらに体力の配分もうまくでき、もう少し楽しみたいな、走れるなといった感覚を持つことができれば日帰りツーリングをしてみたくなるはずだ。1日かけて走る距離は、例えばマラソンの42・195キロを目標としてちょっとした完走気分を味わうだとか、50キロをひとつの節目として目指すのもよい。しかしはじめはその程度をMAXとして十分に余裕を持つことが大切だ。

輪行しないのであればルートは周回コースが基本となる。うまく周回コースを取れなければ、同じ道を戻ってくるピストンルートでも構わない、行きと帰りでは風景の見え方がずいぶん違うのだ。また、行き止まりの道は交通量も少なく静かで走りやすい場合が多い。

ツーリングのよいところは誰もが訪れるような観光地に行かなくても、人やクルマの少ない場所での自分だけの様々な発見や喜びを見い出せることにある。もちろん自分が行ってみたい場所は大切にしたい。事前にその場所へのアクセスや入場可能時間、見るべきポイントや周辺情報などを電話で確認するなりインターネットなどで調べておけばよい。いきなり目的地に行ってもオープンしていなかったり、ヘタすると閉鎖されていることだってある。また、最も行きたい場所はクライマックスとして終盤のゴール近くに持ってくれば、そこに向けてのワクワク感をキープしたまま楽しく走り続けられる。

日帰りツーリングは早出早帰りが原則

ツーリングで何を優先するかは、その時々の状況に応じてフレキシブルに考えたい。自分の行きたい場所を巡っても、距離を求めても、標高差や峠を目標にしても構わない。ただしそれに捕らわれ過ぎて無理をすると様々なトラブルの要因となる。体力的にキツくなってきたり、天気や風向きが悪くなったり、そしてそんなときに限ってパンクやメカニカルトラブルが発生するのだ。楽しむことが最大の目的なのだから、時間にも体力にも余裕を持って、トラブルがあっても精神的な余裕を保てるようにしたい。

特に秋や冬になると日が短くなって夕方から日没後は急速に気温も下がるから、午後の3時から4時頃にはゴールできるようにプランニングしたい。春から夏の日が長い季節であっても5時以降のゴールは計画段階では避けるべきだ。日帰りツーリングは早出早帰りが原則である。早朝スタートで余裕を持つことに十分留意したい。

スタート直後はまだまだ元気で、気分も高揚気味でハイペースで走ってしまいがちだが、ここで体力を使ってしまうと後半が辛くなってしまう。前半で体力の3割程度を使い、後半で5割を使うイメージでペース配分しよう。残りの2割はトラブルとか、体調や天気の変化に備えて残しておくのがポイントだ。距離的にも前半で全体の6〜7割を走行し、後半は余裕をもって3〜4割の距離を走ることを意識する。

初めての宿泊ツーリングならイベント参加がラクチン

日帰りツーリングを満喫できるようになったら宿泊ツーリングにも行ってみたくなるのは自然なこと。しかし宿の手配やプランニング、荷物の増加、家族の説得や予算など様々なハードルがあってとまどうこともあるだろう。日帰りツーリングで十分に楽しめるのであれば、無理して宿泊ツーリングをしなくても構わない。

ハードルが低いのは毎週末のように全国各地で行われている自転車イベントに参加することだ。特に地方でのイベントは前日受付を行っている場合が多く、1泊2日のイベントも増えている。イベント参加にすれば、コースプランニングはお任せでき、増えた荷物も預かってもらえるので気軽に走れる。宿泊も含めたパッケージがあれば手配もラクだ。もちろんソロツーリングを楽しむのもよいが、仲間と一緒なら楽しみも倍増するだろうし、イベント参加で新しい仲間ができるかもしれない。イベント参加だけでなく、その前後の日程でツーリングする楽しみ方もあるだろう。

大人の週末ツーリング

一方、自分で企画しての宿泊ツーリングは世界がグッと広がる。見てみたい自然や文化、遺跡や造形物、走りたい道や峠、食べたいものや泊まってみたい宿などなど、自分の興味や欲望をひとつひとつ満たしていくのは、ツーリングの楽しさのみならず人生の思い出としての喜びになるはずだ。昨今、社会人の中で自転車ツーリングにハマる人が増えているが、毎日仕事に追われているビジネスパーソンにとって、仕事の重圧やストレスから解放されて運動不足を解消することは、週末の大きな楽しみなのだ。

週末ツーリングでは自分の行きたい場所に行って自分の力で走りを楽しみながら、その土地の魅力を感じることができる。気持ちよく汗をかきながら澄み切ったおいしい空気を満喫し、景勝地の風景に感動する。宿では露天風呂に浸かって満天の星空を眺め、地酒や郷土料理に舌鼓を打って夢心地になる。肉体的にも精神的にも、仕事や日常の生活で溜まった不純物がキレイに浄化されていくのを感じる瞬間だ。

慣れてくればメジャーな観光地ではなく、ガイドブックに載ってない素敵な場所を見つけることもできるだろう。地元の人から得た情報や自分のカンで穴場や秘密のスポットを発見できれば喜びも倍増！　そんな大人の週末ツーリングをぜひ楽しみたいものである。

1日100キロ超えを目指す

ツーリングで少しずつ距離を伸ばせるようになってくると、1日で100キロを走ってみたいという思いを抱く人は多い。慣れてくれば100キロは決して不可能な距離ではなく、目標達成意識がしっかりあれば誰でも実現できる距離だが、いきなり100キロを目指しても疲れるだけである。50キロ、80キロと徐々に距離を伸ばしてステップを踏みながら目指すのがセオリーだ。

ただし100パーセントの力で走り続けても楽しくないし、体力的にも精神的にも続かない。60～70パーセント程度の力で余裕を持って景色を眺め、走ること自体をゆっくり楽しみながら走るのがポイントである。ロードバイクなら時速20キロくらいの巡航速度で走れば、単純計算で5時間あれば100キロ走行できる。

ちなみに初心者のランナーがフルマラソンを走る場合、だいたい5時間が目安になるという。東京マラソンでは3万数千人がフルマラソンに挑むが、初心者の参加者が多いこの大会でも完走率は96パーセントというから、初心者の多くが5時間程度で完走しているのである。同様に自転車でも100キロを完走するのは、初心者でもちゃんとステップを踏めば決して困難な目標ではないのだ。

自宅から往復で100キロを目標にすると片道50キロぐらいの距離ということになる。東京から50キロというと八王子や横須賀、飯能や成田などといった、ある意味通勤圏内にある場所だ。多くの人が通勤している距離を走るのだと考えれば何となくできそうな気がするだろう。同じ道を引き返せば自宅までの距離も把握しやすいし、現在地と目的地が頭の中で明確になっていれば精神的にもずいぶんラクになる。

成功のポイントは1日中ペダルを回し続けることではなく、むしろ何度も休憩を挟んでのんびり走ることである。1日100キロ走る自信がつけば、ツーリングで楽しむ世界がかなり広がってくるだろう。ツーリングは距離を目指すものではないが、それでも距離を目指すことで達成感を感じ自転車に乗ることが楽しくなれば、そしてそこに少しでも旅を感じることができれば、それはツーリングなのである。

さあ、自分のツーリングを始めよう！

3

楽しみの創造！ プランニングするほどに世界は広がる

ツーリングは楽しくなければならない。そのためには無事ゴールしたときに「あぁー、疲れた」という言葉が出るのではなく「あぁー、楽しかった」と思わずニンマリするようなプランニングをしたい。もしもに備えて常に体力を温存しておくことを忘れずに、余裕を持って満喫できるプランを組み立てよう。プランは状況に応じてフレキシブルに変えてもよいのだ。

ツーリングの楽しみはプランニングから始まる

ツーリングに行きたい！　と思ったときがツーリングの楽しみの始まりである。行きたい場所、走りたい所があればそれに向けて計画を立てること自体がとても楽しい。色々な情報を集めると、あんな所もある、ここにも行ってみたい、この道は景色がよさそうだ、チャレンジングな峠がある、などワクワクドキドキと楽しみが膨らんでいく。

昨今はインターネットで様々な情報が手に入るので、写真や動画、他の人のレポートや口コミなどを活用して、自分のツーリングを組み立て、イメージすることができる。ルート作成のウェブサービスも色々あって簡単にプロフィールマップなども作成できるし、仲間と行くのなら互いに情報をシェアしながら、あそこにも行きたい、ここはちょっとがんばりが必要そうだ、ランチはあの名物料理にしようなどと盛り上がるだろう。

出発までハード面の準備も楽しみだ。自転車の整備はもちろん、持ち物をどうするか、新しいグッズを購入すればそれを使う楽しみも生まれる。ウェアや装備に悩むのもある意味楽しみである。

コースプランニングの基本

楽しくツーリングするにはクルマの少ない静かで安全な道のほうがよい。慣れてくると走りやすそうな道が経験的に読めるようになり、ベテランほどそのようなルートを選ぶ。午前中に全体の6〜7割を走り、遅くとも午後5時には目的地に着くようにすれば余裕が生まれトラブルがあっても落ち着いて対処できる。

ただし、それでもハプニングはつきものである。パンクやメカニカルトラブルだけでなく、天候が急変して雨になったり、風向きが逆風に変わったり強まったり、あるいは体調の悪化もあるかもしれない。悪いことばかりではなく、気に入った場所でのんびりしたくなったり、思わぬ出会いがあったり、魅力的で面白い場所を発見したりと楽しい時間をたっぷり使うこともある。色々なケースに対応できるようにあまりガチガチのプランにはせず、大枠だけの大雑把な計画にしておいて、走り始めてから自分の都合のいいようにフレキシブルにプランを変えていければ、自由な旅の楽しみを味わえるだろう。

そのためには様々な状況に合わせていくつかルートバリエーションを持っておくと心強い。まずはエスケープルート。輪行の場合は、疲れたりトラブルがあったりでツーリングを切り上げる際に、鉄道やバスなどの利用を想定してコースに組み込んでおく。周回ルートの場合はショートカットルートを取ることもできる。目的地をいくつか削ってルートを短縮するのだが、湖の周回ルートや山裾を1周するルートではショートカットはできないから、中間点に到着する前に無事予定どおり完走できそうかどうかを体調や天気、自転車の状態や先のコースなどを考えて、行くか戻るか判断する。

逆に追い風で思いの他速く進んだり目的地が閉まっていたりで時間が浮いた場合には、もっと走りたくもなる。そういうときは追加で目的地を設定して大回りしたり、ピストンルートのオプションを加えることも可能だ。ゴールが駅の場合には、さらに先の駅へと延長して走るエクステンションルートを取ることもできる。もちろん時間に余裕があれば、気持ちのいい場所でゆっくり寝転んでひと眠りするのも贅沢な楽しみだ。

走りやすい道が快適ライドのポイント

気持ちよく快適にツーリングを楽しむにはとにかく交通量の少ない、できるだけクルマの来ない道を選ぶことが重要ポイントである。すぐ脇を大型トラックがビュンビュンぶっ飛ばしていく幹線道路などは、ゆったりと楽しみながらのツーリングには不向きである。国道や県道は一般的に交通量が多く、市町村が管理する道や一車線の道などはクルマが少なく走りやすい。旧道であれば交通量が少ないだけでなく古い街並みが残っていたり、史跡旧跡があったりと何かと楽しみが転がっている。さらに田舎道や農道、林道などを選べばますます快適なフィールドに出会えるはずだ。

そんな道には、自分だけの様々な発見や喜びを見い出すチャンスが転がっていたりする。特に田舎道では人々とのふれあいが生まれやすく、趣のある情景に出会ったりもする。面白そうな小道や裏道があったらちょっと寄り道してみよう。プランに固執せず柔軟に自由に楽しめるのがツーリングのよいところであり、様々な発見やハプニングがあれば走った道がそのまま物語になるかもしれない。

休憩は早めに定期的に取る

休憩は最低でも1時間に1回は取りたい。初心者がいたり体が慣れていない場合など、少しでも疲れを感じたら20~30分に1回ずつでも構わないから、体調や仲間の状態、走行環境に合わせてこまめに休めばよい。大切なのは疲れを感じる前に少しずつ休むことである。疲れてからでは回復するまでにも時間がかかるし、限界を超えるほど疲れてしまったらその先のツーリングはただの苦行になってしまう。休憩場所はコンビニが水分やエネルギー補給をしやすくてお勧めだが、公園や寺社、景色のよい場所や名所旧跡などで観光や散策を兼ねても構わない。こまめに、早めに短時間の休憩を取って、その都度エネルギー補給をしながらゆっくりと走るのがポイントだ。

ルート作成のワンポイントアドバイス

ところでルートを作成する際に、どのようなコース設定すればより快適に、気分よく楽しめるかを考えてみよう。

■風向き

できるだけ追い風になるようにコース設定するのがポイント。冬は北西の季節風が吹きやすく、夏は南風が多い。もちろん日によって違うので、天気予報で風向きをしっかりチェックしよう。風向きの予報は変わりやすいので、直前までこまめにチェックしたほうがよい。特に平野や河川沿い、海沿いのコースは風の影響が大きいので注意しよう。

■スタートとゴールの標高差

ツーリングの場合は輪行するケースも多いが、スタート地点を標高の高い場所に設定し、逆にゴール地点は標高の低い所に設定すれば、全体として下りが多くなってラクに楽しみやすい。まあこれは坂バカには関係ない話だが……。

■峠は一気に上ってたっぷり下る

キツい上りがどうしても嫌な人は別だが、上りは短い距離で一気に標高を稼いだほうが、緩い坂道をダラダラ上るよりも結果的に時間短縮になる。下りが急坂だとせっかく標高を稼いでも思うようにスピードを出せず、ブレーキを握り続ける手も痛くなりやすい。緩い下り坂をあまりブレーキをかけずに長い距離を下ったほうがおトクで快適である。

■秋から冬は明るい時間を有効に

春や夏は日が長いし暖かいので多少遅くなっても影響は小さいが、秋から冬は日が短いから早めにスタートしたほうが1日を有効に使える。輪行の場合はなるべく近い駅からスタートすれば早い時間からツーリングを楽しめるし、遠くの駅に日没頃に到着しても、電車などの公共交通機関は日没後も数時間はあるので、安心して帰って来られる。

■「海岸は右回り、湖岸は左回り」がおススメ

海岸や湖岸を走るには、より海や湖に近い側を走るほうが気持ちいい。日本は左側通行だから海岸は右回り（時計回り）に、湖岸は左回り（反時計回り）に走ると海や湖がよく見える。交差点やT字路があっても、海や湖側からはクルマは来ないので、ちょっと安心だ。

個人のレポートは参考になるが要注意！

ツーリングに特化した情報が必要な場合、インターネットで「サイクリングマップ」や「サイクリングコース」といったキーワードと地名で検索すれば様々な情報がヒットする。多いのは個人のツーリングレポートで、日記やブログ風のものから詳しいコースタイムやチェックポイント、写真や道路状況、周辺の見所やレストランといった必要な情報をくまなく網羅したページまで色々あり、参考になるものも多い。

ただしそこに掲載されている情報はあくまでもその人の個人的主観で書かれており、公のものでも責任があるものでもない。体力もペースもその人個人のものだから鵜呑みにするのは避けたい。そういうときは複数の、できるだけ多くの情報をチェックすれば最大公約数的な情報に収束させることができる。そこに自分を置き換えてプランニングすれば精度もぐっと上がるはずだ。また、ツーリングに出発してからも、途中で出会ったサイクリストや地元の人の情報は旬でとても役に立つ。積極的にコミュニケーションすれば楽しみの要素がどんどん増えていく。

インターネットでのプランニング

コースプランニングや事前の情報収集は今やインターネットで行うのが主流である。行きたい場所が決まったら、もしくは行きたい場所を探すには、グーグルやヤフーなど検索エンジンの地図情報サービスが便利だ。目的地の名称や住所を入れればそこを中心に地図が表示され、縮尺も自在に変更できる。行きたい場所の情報だけでなく、コンビニやレストラン、観光地などの周辺情報を入手できたり、航空写真に切り替えてビジュアルで確認をしたり、施設の名称を表示すれば詳細情報まで表示される。また、マピオンやマップファンといった地図専門のウェブサイトもあり、こちらは距離を測ったり、渋滞状況が出たり、3Dでの鳥瞰図を楽しむことができたりと様々な機能がある。ただし基本的には自動車向けの情報である場合が多い。とはいえツーリングのプランニングには極めて有効な情報満載であり、しかも無料で入手できる。これらの地図やデータをプリントしていけば、ツーリング中に電子機器に頼らなくても大丈夫だ。

オンライン地図サービスも便利

インターネットでのサイクリングルート作成には、オンライン地図上でルート作成や閲覧できる無料のウェブサービスがいくつもある。中でも人気が高いのが「ルートプランナー」である。サイトを開いて、その地図上でスタートから通過する交差点やポイントをクリックしていくだけで、ゴールまで自動的にルートを作成してくれる優れものだ。自動でルートの標高グラフも表示され、距離と共に獲得標高も計算してくれるから、上りがどの程度の傾斜かイメージでき、体力やペース配分も検討しやすい。作成したルートは再編集も可能で、保存する際も公開・非公開を選ぶことができる。

しかも他の人が作成し公開しているルートがたくさんあるので、わざわざ自分で作成せずともそれを参考にしてもよい。公開されているルートが自分の好みに合えばそのままのルートを走ってもよいし、作成したルートや公開されているルートをスマートフォンにダウンロードすることもできる。GPSによる「現在地連動」に対応していて、スマホにルート上の現在の位置情報が反映されるから、計画に対しての進捗状況を確認しながら走ることができとても便利だ。

私は50年以上自転車を楽しみ続けているが、その内30年以上は紙の地図でプランニングし、紙の地図を見ながら現在地を確認してツーリングしていた。昨今インターネットやウェブサービスを活用することが当たり前になってきて、今の時代のサイクリングはずいぶんラクに楽しめるようになったと感慨深い思いである。ツーリングにはとてもよい時代になったのだ。

技術の進歩とは素晴らしい。ありがたく積極活用して、より広くより深い楽しみを求めてドンドン自転車に乗ろう！

4

うまうまグルメ、史跡に寺社巡り 山でも海でも、フィールドは無限大

ツーリングは自由に赴くままに行きたい所へ行って好奇心を満たし、達成感やときには征服感を味わわせてくれる。そして食欲も人間の動物としての本能である。ツーリング中は新陳代謝が進むので、おいしいものを最もおいしく食べられるボディコンディションになっている。ツーリングは、人間の様々な本能を満たしてくれるのだ！

食べるヨロコビを最大限に味わおう！

人間には様々な欲があるが、誰にでも必ずあるのが食欲である。言うまでもなく人間の動物としての根本的な本能であり、これを満たすことで人は必ず幸せな気分になるのである。

よりおいしいものを食べたいという欲もほとんどの人が持っている。ツーリングの楽しみは日常生活からの解放、つまり非日常を味わうことでもあるが、ツーリング中は身体を動かし、たくさん空気を吸って新陳代謝が進むので、食事は間違いなく〝非日常的に〟おいしくなる。おいしいものを最もおいしく食べられる状態にあるから、グルメを最大限に楽しめるチャンスなのである。

色々な場所を訪れればその土地ならではのウマイものがあり、それを発見し食するのはツーリング

の大きな楽しみだ。そこでしか味わえないものは、非日常であり貴重な体験の機会でもある。これを我慢したり節約と称してケチったりするのはとってももったいない。昔は自転車旅行と言えば、お金がないからという理由で自転車で旅をするという人が多く、食事を切り詰めるスタイルも多々あった(私も若年時代はそうだった)。しかし昨今、そんなビンボーツアーなど流行らない。ツーリング中の1日1、2回程度の食事を多少奮発したってしれている。ツーリング自体、初期投資を除けばたいしてお金がかかる趣味ではないし、少しでも多くの種類のおいしいものを楽しみ、それを知る喜びや思い出となることを思えば食事代など安いものではないか。もちろん毎日おいしいものを食べておられるグルメの方々でも、ツーリング中はおいしいものをますますおいしく食べられるチャンスであることに違いはない。

おいしいものの探し方

その土地のウマイものといっても観光地によくある名物料理などを謳った、客引きのいる店や誇大な宣伝のある店は心理的にも遠慮したくなる。食事処は客引きのいるような店ではなく、並んでいたり混んでいたりする所を選んだほうが間違いない。言うまでもなくおいしいから混むのだ。

インターネットを活用して「ぐるナビ」や「食べログ」といったサイトの評価や書き込みを参考にするのもよい。かつてはサクラ的な書き込みや商業的なPRも多かったが、昨今ではデータ量が豊富になって信頼度も高まっている。一方そのようなサイトには載っていない、知る人のみぞ知る隠れた穴場もあって、そんな店を見つけたらついつい小躍りして喜んでしまう。港町を訪れた際には漁港近くにある店や、魚市場にある食堂に行ってみるのもよい。鮮度の高い海産物がリーズナブルに楽しめることと間違いなしである。もちろん事前においしいものや店を調べてコースに組み込んでおけばベストだが、途中でおいしそうなお店を見つけるのもまた楽しみなのだ。

ちなみに私は大のラーメン好きであり、ウマイと評判の行列のできるラーメン屋があれば東北でも北海道でも食べに行ってしまう。ラーメンは中国の料理ではなく日本で発達した日本食であり、日本のあちこちにご当地ラーメンがある。その土地ごとに味のトレンドがあって、同じ土地でも店によって味は異なる。全国各地のラーメン食べ歩きもツーリングの大きな楽しみなのだ。ウマイもので本能の欲求を満たせば、楽しみはますます深まっていく。

ツーリングは目的もフィールドも無限大

ツーリングのテーマはある意味、無限大だ。インターネットや地図を見て自分の興味のある所に自由気ままに行けばよい。例えば寺社、公園、美術館、旧道、旧跡など自分の興味のある所を線で繋いでいけば、それでツーリングコースができあがる。それに決めたからといって必ずそこに行かねばならないわけではない。気に入った所は満足するまでゆっくり見ればよいし、退屈だったらつまみ食い程度に見て次々に回ればよい。自転車のよいところは赴くままに好きなように、自由に楽しめることにある。

どこでも見つけやすいテーマは寺社や史跡巡りである。サドルに跨って感性を研ぎ澄ませ、時空を遡れば歴史を感じるタイムトラベルが可能になるのだ。身近にあるお寺や神社を巡ってみよう。御神木をはじめ深い緑の木々は都会の中でも厳かな雰囲気を醸し出し、その薄暗さと静けさに神が宿っていることを感じるのは、今も昔も変らないはずだ。歴史ある街は日本各地にあるが、存分に見て回るにはクルマやバスでは機動的に動きづらい。自転車は最適な観光ツールでもあるのだ。また、自転車に乗ることで原点に帰った気持ちになって、邪念を持たずに参拝すれば古くから続く神々の息吹きを感じることができる。

旧街道も面白い。東海道や中山道の他、いにしえからの街道は全国各地に残っており、立派な国道や幹線道路となっている所もあるが、歴史の面影を随所に見い出すことのできる旧街道の姿がそのまま残っている場所もあちこちにある。幹線道路やバイパスから取り残された旧道は静かでクルマも少なく走りやすい。道端には道祖神がいたり古い家屋や蔵などの街並みがあったり、史跡や旧跡などの他、部分的に石畳の道などが残っていることもある。

古代へのタイムトラベル

歴史巡りのツーリングでは、古墳や貝塚跡などを探すのも面白い。あまり知られていないが古代の旧跡は意外とあちこちにあって、自治体のＨＰや個人のレポートなどで調べていくとコースプランニングが楽しくなってくる。

古戦場跡も訪問してみよう。今は道路や住宅、農地などに変わっているが、歴史の転換点にもなった古戦場跡にはどこかに緊張した空気が、時代の面影として漂っている。お地蔵様も街中の思わぬ所で出くわすものだ。これら史跡は開発の中でそのポイントだけが当時のままずっと取り残されており、それらをつなげていくことで歴史ロマンが膨らんでいく。自転車がタイムマシンになる瞬間だ。

アートの世界に引き込まれてみる

美術・芸術関連の施設もあちこちにある。美術館や博物館、資料館などは自治体のＨＰやパンフレットなどで調べれば、近くでも知らなかった所が結構あることに気づくだろう。さらにインターネットで検索すればその多さに驚くはずだ。ちなみに「東京の美術館」だけでも軽く１００ヵ所以上はあるのだ。博物館や資料館もバブルの頃に建てられた「ハコもの」や「ふるさと創生」「町おこし」といった名目の産物がたくさんある。税金の無駄づかいと思えるものもあるが、これらを無駄のままにしないためにもアートをお勉強しておきたいものである。

また、自分の好きな文学や映画、テレビドラマでも構わないが、それらの舞台を巡る聖地巡礼も面白い。単にその場所を見るだけでなく、自分がその世界に入り込んで「ここから主人公は海を眺めながら、こうつぶやいたのだなぁ……」などと、その作品が書かれた背景やその時代と現在とのギャップを思い、感傷に浸ることもできる。建造物の観察も面白い。例えば大使館巡りをすれば建築様式にお国柄を垣間見て異国情緒を感じられる。あるいは補修具合などから、ちょっと下世話にその国の財政事情などを想像したりもできる。

一粒で何度もおいしい公園巡り

公園巡りをしてみよう。公園には美術館や資料館があったり、また史跡や古墳跡などが公園になっている場合もあって、テーマはいくつでも見い出せる。それぞれに周辺環境が異なっていて、その造りや訪れている人々にもカラーがあり、ウォッチングをしているとトレンドが見えてきたりして興味深い。桜をはじめ多くの花が季節ごとに次々に咲き、新緑や紅葉など四季折々に様々な横顔も楽しめる街のオアシスだ。砂漠の湧水地をオアシスというが、都会という砂漠の中でも湧水地はあちこちにある。その多くが公園や寺社の中にあり、そのまま飲める湧水もある。乾いた喉に自然の潤いを与えてあげよう。

江戸御府内88ヵ所巡礼と七福神巡り

四国の88ヵ所巡礼は有名だが、さすがに手軽にツーリング、というわけにはいかない。あまり知られていないが東京都内にも江戸御府内88ヵ所というのがある。護国寺や新井薬師といった有名なお寺からビルの上層階にある都心ならではのお寺まで色々あるが、江戸時代中期に決定されたれっきとした札所であり、巡礼者には御朱印がいただける。週末ごとに巡礼していけば何ヵ月かで満願成就の喜びを味わえるだろう。七福神詣は各地で行われているが、自転車で回ればちょうどよい日帰りツーリングとして楽しめる。七福神とは、有福の神である大黒天、大度量の布袋尊、寿命の寿老人、清廉の恵比寿、威光の毘沙門天、人望の福禄寿、愛敬の弁財天の七神で、それぞれを祭ったお寺や神社が近い範囲内にある場合が多い。初詣などを兼ねて巡礼すればよい年になるだろう。

ショールーム巡りサイクリング

テーマをもってのツーリングはジャンルを選ばないし、それが企業の施設であるショールームであっても構わない。クルマのショールームに行けば大概は応対をしてくれるだろうし買うつもりなど毛頭なくても、話を聞いているだけで色々なことを知ることができる。インテリア商品、住宅展示場、電力会社の広報施設など色々あるが、メーカーが直接運営しているショールームは自由に見学できる雰囲気があって入りやすい。

工場見学ができる所もある。例えば飲食物の工場ならば、アウトレット直売所が併設されている所もあって格安で購入できたりもする。試食や飲み物が出てきたり、おみやげをくれる所もあったりして、お得で勉強になるツーリングを楽しめる。

観光道路はよいツーリングコース

一般に観光道路と呼ばれる道は風光明媚な場所に造られており、その中でも景色がよいポイントを結ぶようにルートがとられている。クルマではそんな景色の中もハイスピードで走り抜けてしまうから、ゆっくりと風景を楽しむにはやはり自転車が最適だ。そんな観光道路をぜひ、積極的にツーリングコースに組み入れよう。

とはいえ観光地はその魅力から多くの人が集まる場所であり、混雑の中を走るのは快適ではないから、そういう場所に行くならまだ人々が活発に動き出す前の早朝がお勧めだ。自然の景観が美しく見えるのは太陽光が横から当たる時間帯で、風景の陰影が浮き彫りになって立体感が強調され、メリハリのある景色に生まれ変わる。夕方よりも大気が澄んでいる日の出直後からしばらくのタイミングがベストであり、すがすがしい気分の中で壮大な風景に感動できる。

観光地や道路の情報なども自治体のHPから検索することができる。観光局や土木事業課などのページで観光情報の他に、道路の通行止めや閉鎖などの情報も入手できるし、一般車両が通行できない林道などの情報もある。そんな所も自転車なら通行できる場合があり、クルマが通ることのないツーリングに最高のフィールドとなる。ただし自転車も通行禁止になっている場合もあるので確認をしておこう。

大規模自転車道で安全に走る

クルマの少ない道は快適だが、それでもリスクはある。しかし自転車専用のサイクリングロードならばクルマのストレスから解放される。安全で快適なツーリングを楽しむには最高のフィールドだ。

大都市や中核都市の近郊にも多くのコースがあり、河川や湖沼に沿ったルートや、田園風景の中を通るアップダウンの少ないコースが主流で、初心者やファミリーでも安心して楽しむことができる。景色のよい場所に造られていることが多く、季節の変化を感じながら爽やかなツーリングが満喫できるだろう。サイクリングターミナルが起点となっている所もあり、トイレや売店、食事ができる場所もある。ルート案内のパンフレットや看板の他、コースの随所に距離表示がある場合が多く、精神的にもラクに楽しむことができる。

川辺のコースは起伏が少なく走りやすい。信号や交差する道も少なく、野鳥や植物などの自然観察にも適している。川辺にはサイクリングロードも多く、初心者にもお勧めの気持ちのよいフィールドである。大きな河川のコースならば、どんどん上流に向かって行くにつれ自然の変化に気が付くだろう。川辺の水鳥や河原に住む鳥の種類も違うし、生えている植物も変わってくる。緑の濃さや空気の匂いにも微妙な違いが感じられるはずだ。同じコースでも、季節によっても日々の天気によっても様々な変化を見せてくれる。

首都圏ならば多摩川や荒川、江戸川、利根川などに沿ってのコースが、河口近くからかなり上流まで何10キロも続いているのでぜひトライしてみよう。源流を極めるのもひとつの楽しみとなる。山奥のはじめの滴りを目指すのではなく、湖沼から流れ出ている川だとか途中のダムまでを目指すのだ。例えば昭和の懐メロで有名な東京の神田川は、隅田川との合流地点が終点となるが、その源流は井の頭公園にある井の頭池の東端から流れ出ている。流れに沿って走れば都会の川の一生を見るツーリングができるのだ。

海岸は時計回り、湖沼は反時計回りで走る

海岸沿いの道は、視界が開けて風光明媚な所が多い。波の音を聞きながら走るのは実に心地よいのである。半島や島の海岸線を走るときは時計まわりでプランニングすれば必ず外側の道、つまり海側を走ることとなり、陸側を走るよりも景色の見え方がずっとよい。それに交差する道も少ない。海側からクルマが飛び出してくることはないのだ。

湖沼は周回路が取りやすくスタートとゴールを同地点にしたプランニングが可能で、拠点までクルマに自転車を積んでいくカーサイクリングにはとても便利だ。湖沼を走るのは海岸とは逆で反時計回りがお勧めである。必ず湖沼側の内側車線を走ることになり、景色も安全性も外側車線よりもずっといいし、車道とは別に湖畔沿いに観光用の道路がついていることもある。自転車が通行可能であればそちらを走れば気持ちがよい。

人との出会いはツーリングを彩る

ツーリング途中、出会う人々からの口コミ情報はとても役に立つ。鮮度も高く、ニーズに応じたすぐに役に立つ情報をゲットできる場合が多い。最も有意義な情報は出会ったサイクリストからのものだ。同様の趣味を持ち、同じフィールドで同じ視点で得た情報はそのまま自分のものとして使えるのである。サイクリストに出会ったら手を挙げて挨拶するのがマナーだが、休憩中や観光中のサイクリストを見つけたら積極的に声をかけて情報交換しよう。相手もそれを望んでいる場合が多いし、それがきっかけで共通の仲間がいることがわかったり交流が始まることだってある。

地元の人からの情報も貴重だ。道を尋ねるついでに聞いてみれば、どこに面白いものがあるとか、何かをやっているだとか地元ならではの最新かつ貴重な情報が手に入る。

ツーリングのテーマは自分で好きなように創造できる。自分のペースでいつでも始められ、自転車旅ならではのスピードだから出会える驚きや発見、そして感動があちこちに転がっているのだ。ツーリングの楽しみを、どんどん深堀りしてみよう!

5 輪行は自転車のどこでもドアだ!?

輪行はカンタンである。色々な小技を身に付け、慣れれば10分もかからずに自転車の組み立てやパッキングができるようになる。目的地までのアクセスに交通機関などを利用すれば、時間的にも体力的にも行動範囲を大きく広げることができる。ただし、慣れるまでにはノウハウの習得が必要だ。ポイントとコツをつかんでスマートに輪行しよう。

公共交通機関を利用して運搬できるというのは自転車の大きなメリットのひとつ。最近は色々な公共交通機関が輪行での自転車運搬に対応しているから、自分のニーズに応じてうまく輪行を活用すればさらにフレキシブルに、自由気ままなツーリングを楽しむことができる。

自宅から自転車スタートするツーリングではどうしても時間や距離の制限が出てくるが、目的地までのアクセスを輪行できれば時間的にも体力的にも大きなアドバンテージとなる。輪行に時間がかかったり抵抗がある場合には、片道は自走で片道を輪行するパターンから始めるのもありだ。慣れてしまえば往復輪行で、楽しみのフィールドがドンドン広がっていく。

輪行袋は縦型がお勧め

輪行袋にはいくつかのタイプがあるが、ここでは鉄道での輪行を前提として考察してみたい。最もお勧めなのが「縦型」輪行袋である。これは、前後輪を外してフレームを挟んでパッキングし、リアエンド部分とサドルを底辺にハンドルを上にして自転車を立てて収納するタイプ。リアディレーラーを保護するリアエンド金具を使用する必要があるが、最もコンパクトに収納でき、電車内での占有スペースが小さく自立もしやすい。輪行袋本体も軽くて小さくなる。

次に「横型」輪行袋。逆さ輪行袋とも言い、前後輪を外してハンドルとサドルを底辺にして自転車を逆さに収納するタイプ。エンド部分が上になるためリアエンド金具は不要。収納時の高さが低いので身長が低い方でも担ぎやすいが、縦型タイプよりも横幅が大きいため車内で邪魔になりやすく、先頭か最後尾車両の運転席壁際などに置くことが推奨される。

お勧めできないのは、前輪のみを外して後輪は外さずに収納する輪行袋。JRの車内持込手荷物の大きさの規定は縦・横・高さの合計が250センチとなっており、このタイプはそれを超えてしまうため規定違反となる。車内への持ち込みを拒否される可能性もあるので、これは避けたい。仮に持ち込めてもデカくて邪魔になり、他の乗客への迷惑となってしまう。

絶対条件！　まわりに迷惑をかけない!!!

輪行の際に最も注意すべきは、一般の乗客に迷惑をかけないことである。自転車を分解して袋詰めにする作業も、まずは他の人々の通行の妨げにならない場所を選ぶことが大切だ。輪行作業は場所を取る。輪行袋を無造作に広げたり、まわりにバッグや外したタイヤなどを放置したりせず、コンパクトに行うように心がけたい。また、輪行作業は人目を引く。見苦しくないように身だしなみにも注意してまわりに不快感を与えないこともマナーである。

移動もまわりに配慮する。自転車とバッグや荷物を担ぐとトータルで10キロ以上になり、MTBならさらに重くなる。実際にそれらすべてを持って歩くのは結構大変で、階段の昇り降りなどでは気をつけないと段差にぶつけたりもする。大きな輪行袋がまわりの人にぶつかってしまうこともあるし、そうなると中身は固いので痛い思いをさせてしまう。エレベーターがあれば利用したいが、身体の不自由な方やご老人、妊婦の方々などが優先であることを忘れないように。

電車の乗り降りは、まわりの人と接触するリスクが高まり特に注意が必要だし、そういう意味でもラッシュ時はできるだけ避けたい。車中では自転車が倒れたり動いたりしないよう、ストラップなどでしっかり固定して、輪行袋のそばを離れないようにする。とにかく他の乗客の方の迷惑にならないよう、しっかり配慮しよう。

電車内での置き場所

電車内では他の乗客の邪魔にならない場所にしっかり固定するのがマナーである。電車内での置き場所としては次がお勧めである。

・先頭か最後尾車両の運転席／車掌席との壁際。

この場所がベストなので、できるだけ先頭か最後尾車両にする。

・特急列車などのデッキスペース。

人の乗降や通行の邪魔にならない場所に置く。

・特急列車などの車両最後列座席の後方スペース。

事前に座席指定が取れる場合、車両最後尾のシートを確保すれば、座席後ろのスペースに置ける。隣に座る乗客のリクライニングに支障をきたさないように気をつける。

・座席のない車椅子用のスペース。

車椅子エリアに利用者がいなければ、その片隅に置かせてもらう。ただし、あくまで車椅子最優先だから、途中からでも車椅子の方がいらっしゃったら必ず速やかに移動させ、直ちに譲らねばならない。

・縦型輪行袋などの場合は車両乗降口の横も可。

そういった場所が確保できない場合には乗降口の横に置くしかないが、他のお客様の乗降の邪魔になりやすいので、なるべく先頭か最後尾の車両にする。

なお、多くの自転車がひとつの車両に集中すると、他の乗客に迷惑をかける可能性が高いし何より目立つ。数人の仲間で乗車する場合は、先頭と最後尾車両などに分かれて乗車し、人数が多い場合でもひとつの車両に固まらず、数人ずつ車両を分散して乗車するように心がけよう。

クルマの輪行がラクチンだ

自転車の運搬にクルマを活用すれば、ツーリングの機動力がグッと高まる。袋詰めの必要もなくカンタンに車内に積み込めるし、公共交通機関ではアクセスできないようなディープな場所へも難なく辿り着けるから、おいしくて楽しいコアな所だけを走ることが可能になる。

時間的にも自由度が広がる。地方の奥深い場所では鉄道やバスは本数も限られており、輪行するにもその時間に拘束されるが、クルマならいつでも自由に動くことができる。出発も早朝であろうが深夜であろうが縛られない。ただし都会からの脱出やリターンの場合に渋滞のリスクもあるから、時間帯を工夫してうまく避ける必要がある。

鉄道や飛行機などの輪行ならば荷物も必要最小限に極力軽くコンパクトにするが、クルマなら余裕で好きなものを持って行ける。例えばライドの後に入る温泉セットや飲食物、着替えやライドには携行しない工具類、パーツなどもクルマに置いておけば、自転車に乗るときは身軽だし、ライドの後も快適だ。

クルマへの積み込みは工夫次第

例えばステーションワゴンの場合、自転車1台ならホイールを外して車内に寝かせてしまってもよいが、フレームを立てて上手に積めば3、4台は十分に載せられる。ポイントはフレームをまとめて先に積み込み、その隙間にホイールを入れていくことである。ワンボックスのワゴンならば、後部座席をたためばホイールを外さなくてもそのままで2、3台は入るし、軽自動車でも後部座席をたためば2名乗車で自転車2台の運搬が可能だろう。

クルマ活用の場合、駐車場所に戻って来なければならないという制約が発生する。コース設定は周回もしくは同じ道を戻るピストンルートか、その組み合わせとなる。しかし公共交通機関での輪行を組み合わせて使うだとか、クルマ2台以上の場合は1台をゴール地点にデポしておくといった方法で、コース設定の自由度は広がる。また、クルマを伴走車として使えば荷物を積んでおけるし、何かトラブルがあってもいつでもクルマを活用できるという安心感がある。

回数を重ねて慣れれば、輪行なんて10分もあればカンタンにできるようになる。しかしそれまでは失敗も多いだろうし、やり直しも何度か経験するだろう。慣れてきたつもりでもフレームにキズをつけてしまったり、パーツを傷めたりすることもあるが、それは細かなポイントがきちんとできていないことに起因する場合が多い。正しくノウハウとコツを習得し、しっかりとマスターして快適なツーリングを楽しもう！

6

軽くコンパクトに！荷物と装備のカシコイ選択

ツーリングの荷物は必要最小限が基本である。迷ったら持つのは止めよう。コンビニで購入できる補給食などはミニマムに留めて身軽に走りたい。バッグ類は自転車に装着するのが基本で、荷物はできるだけ身には着けないことが疲れを少なくするポイント。ただし、スペアチューブや携帯工具、ライトなどは日帰りでも必ず携帯しよう。

迷ったら持たない。荷物は必要最小限に

ツーリングの持ち物はできるだけ少なくコンパクトにまとめる。慣れないうちは色々なことを考えて何かと不安になり、あれもこれも持って荷物が増える傾向にあるが、荷物の増加に比例して疲労も増えるし、疲労が増えるとトラブルも増えやすくなる。あれこれ持っていっても使わないものは、結局は疲れる要因となるだけだ。

例えば登山経験者がツーリングを始める場合、非常時などに備えようと色々な物を持って行きがちだ。しかし誰もいない山の中に入る登山とは違い、ツーリングでは人が住んでいる場所、クルマが通れる所が主なフィールドとなるため非常時用装備のニーズは低い。

持ち物は迷ったら持つのを止めるのが鉄則だ。無駄なものをできるだけ持たずに軽量化するほうが、より快適に走りを楽しめる。自転車の軽量化に一生懸命に取り組んでどんなに自転車を軽くしても、荷物が重たくては意味がない。荷物の量は経験が増えるに従って少なくなっていき、必要最小限に収斂されていく。特にロードバイクは軽量化を追求し、軽やかで爽快な走りを楽しむ自転車だ。荷物の増加に伴ってロードバイクのせっかくの楽しさも減ってしまうから、持って行くのは現地調達ができない必要最低限のものだけにして、もし必要になったら現地で調達すればよい。ただし、パンクをはじめトラブルに備える必要はある。スペアチューブ、携帯ポンプ、携帯工具、スマホ、錠、ライトなどは持っておきたい。

コンビニにあるものは持たない

よほどの山の中や僻地に行かない限り、街があればどこにでもコンビニはあるし品揃えも豊富だ。コンビニをうまく活用すれば、余分な荷物を持たずにツーリングできる。場所によっては空気入れや工具類を常備しているコンビニも増えつつあるし、多くのコンビニは24時間営業であり、深夜早朝でもサイクリストのオアシスとして利用できるのも嬉しい。

郊外や山の中など、コンビニのない区間を走る場合は、多少の携帯食は持っておいたほうがよいだろう。ただし、その際にも初心者はついつい多めに買って荷物を増やしがちになるが、次のコンビニまでの行程をよく考えて必要最小限にするのがセオリーだ。

日帰りツーリングであれば、コンビニなどのない僻地（？）をよほど長い距離走り続けることがない限り、財布ひとつでツーリングすることも不可能ではない。余裕を持って多めにお金を持って行けば安心だ。トラブルの際にはスマホで自転車ショップを検索して、必要なものを買ったり修理したり、いざとなればホテルや旅館に泊まったりタクシーで移動したりと、大概はなんとかなるのである。

財布はどうする？

ビジネス用の皮財布をツーリングに使う人はいないと思うが、現金やカード類、身分証明書などの必要最小限のものだけをコンパクトにして持って行きたい。サイクルジャージのバックポケットなどに入れる場合が多いが、特に夏場は汗で濡れやすい。現金はジップロックなどの防水ケースに直接入れておくとコンパクトになってお勧めだ。スマホもハンドルなどに装着しない場合、ポケットに入れるならば同様に防水しておきたい。

バッグの中に入れても構わないが、自転車から離れる場合に毎回取り出して持ち歩かねばならないのは面倒だから、財布や貴重品はできれば身に付けておいたほうがよいだろう。バイカーズパンツなどの場合、ズボンのポケットに入れるのは好ましくない。前ポケットでは腿に当たってペダリングに支障があるし、後ポケットの場合は動きが窮屈になるだけでなく、徐々に中身がずり出てきて気が付かないうちに落としてしまうリスクがある。バックポケットがなければ胸ポケットがよいだろう。動きへの支障は少ないし、万が一落とすようなことがあっても気が付きやすい。重ね着をする場合は上着ではなく中間着の胸ポケットに入れればさらに安心だ。ちなみに財布の中に保険証かそのコピーを入れておけば、トラブルの際に役に立つ。

宿泊ツーリングの荷物は知恵と工夫で軽くする

宿泊の場合は荷物が多くなりがちだが、余計なものは持たずに極力身軽に、快適に走れるようにしたい。楽しみのメインは走ることであり宿泊することではないのだ。

かさばるのは衣類である。サイクルジャージやレーパンは宿に着いたらすぐに洗面所などで洗って干しておけば、翌朝にはだいたい乾いているので予備を持たなくて済む。ただしレーパンのパッド部分は乾きが悪いので、なるべくドライヤーで乾かしておきたい。気にならなければそのまま生乾きで穿いて行っても構わない。大概のホテルや旅館では浴衣があって、館内であれば食事も浴衣で大丈夫の場合がほとんどだが、外に出るのならばかさばらないパンツやシャツを持っていけばよい。また、宿泊に必要な荷物や着替えだけを事前に宿泊先に送っておくこともできる。宿で着替えて、洗濯物やライドに必要ないものは自宅に送り返すようにすれば、走行中は身軽にライドを楽しむことができる。特に女性はメイク道具やお風呂アイテムなど色々と荷物が多くなりやすいので、宅配便の活用はお勧めである。

賢く選ぶ、バッグ選定の基本

バッグは装着場所によって形やサイズが異なり、様々な種類がある。デザインも豊富で自分の好みに合わせて選べるが、使いやすさや自転車やキャリアによって相性もあって、サイズやデザイン優先で購入すると使いにくい場合もある。自分の自転車にうまくフィットするかを確かめてから決定したい。

持ち物リスト

◎必需品　○必要　△場合によって必要　×不要

	持ち物	ポタリング（1～3時間程度）	半日ツーリング	日帰りツーリング	宿泊ツーリング
自転車用品	携帯工具	△	△	◎	◎
	替えチューブ	△	○	◎	◎
	パンク修理キット	△	△	△	△
	携帯ポンプ	△	○	◎	◎
	ボトル	△	△	○	○
	錠	◎	◎	◎	◎
	ライト	△	△	◎	◎
	輪行袋	×	△	△	△
ウェア類	雨具	△	△	○	◎
	ウィンドブレーカー	△	△	△	△
	替え下着	×	×	△ 温泉に行く場合	△
	防寒着	×	△	△	△
	グローブ	○	○	○	○
	アイウェア	△	△	△	△
小物類	財布（お金）	○	○	○	○
	保険証（身分証明書）	○	○	○	○
	地図	△	△	△	△
	GPS付きサイコン	△	△	△	△
	スマホ	△	△	○	○
	カメラ	△	△	△	△
	救急セット（バンドエイドなど）	△	△	△	△
	補給食	△	△	△	△

基本的に自転車用のバッグは大は小を兼ねない。荷物が中で動かないようにバッグにぴったりと入れるためにも大きなバッグがよいとは限らないし、サドルやハンドルの一ヵ所に大きなバッグで荷物を詰め込むと、重量バランスや操作性に影響が出るからなるべく分散させたほうが安定した走りにつながる。ひとつのバッグで足りなければ、バランスやパッキングを考慮して他のバッグを追加したほうがよい。サドルやフレーム、キャリアを活用し振動で動かないようにきっちりフィットさせよう。

リアキャリアを装着するとシートバッグやサイドバッグを装着でき、積載キャパシティは格段に増える。ただし、日帰りや2、3泊程度のツーリングならそこまで大容量のバッグは必要ないだろうし、輪行の際もキャリアの取り外しが面倒になる。

使いやすいのはフロントバッグ

ツーリング用として使い勝手がよいのはフロントバッグである。常にバッグが視界に入っているから フタが開いたり物が落ちたりしても気が付くし、装着状況も確認しやすく、貴重品や携帯食、ガイドブックなど使用頻度の高いものを入れるのにもちょうどよい。上のフタがマップケースになっているタイプは、地図を確認しながらのツーリングに便利である。また、ハンドルバーに装着されたアタッチメントで簡単に着脱できるタイプは、食事など自転車を離れる際にワンタッチで取り外して持ち運ぶことができる。

フロントバッグは荷室が両サイドなどに分かれているものが多い。防寒衣などかさばるものはメインの荷室に入れ、サイドポケットに補給食や錠などを入れるなど使いやすさが考えられている。ハンドルバーバッグもフロントバッグの一種で、容量は少し小さいが、ドロップハンドルにもフラットハンドルにも取り付けられる。ＭＴＢでもクロスバイクでも小径車でも使いやすいバッグだ。

サドルバッグの選び方

サドルとシートピラーで固定するサドルバッグは、ほとんどのスポーツサイクルにそのまま装着可能な使いやすいバッグだ。スペアチューブやパンク修理キットなどを入れるのにちょうどよいが、あまり大きなものはペダリング時に腿の裏側に当たったり、バランスに影響が出たりしないか、フィッティングを含めて確認したい。

サドルバッグには用途や収納できる容量、防水などの機能に応じて様々なタイプやサイズ、デザインがある。サイズはS、M、Lに加えて、さらに大きな大容量タイプもある。Sサイズでは小さいと思われがちだが、結構奥行があってスペアチューブや工具セットなどの常備品を入れておくのに十分な収納力がある。サドルへの取り付けも簡単で、しっかり装着しやすい。M～Lサイズは容量が増える分汎用性も高まる。開口部も大きく閉開もしやすいので、雨具や防寒衣などをギュッと小さくたたんで詰め込むことも可能だ。

大容量タイプは、数リットルから10数リットルもの容量がある特大サイズまで様々で、荷物を積みにくいロードバイクでの宿泊ツーリング用に利用者が増え、品揃えも充実してきている。ロールアップする閉開タイプは荷物の量に合わせて大きさを柔軟に変えることができ、しっかりパッキングしやすい。防水性があるものも多く、その形状からマッドガードとしても機能し、大きさの割には軽量であることなどから愛用者が増えている。ただし、重心が高くバランスも安定しにくくなるため、重量物は入れないほうがよい。

機能よりもファッション性やトラディショナルなカッコよさ、車体とのカラーコーディネートなどを優先した、オシャレなバッグも色々ある。クロモリフレームと本皮のサドルに合わせた革製のクラシカルなバッグや、ツールバッグとも呼ばれる横長のタイプ、デザイン優先の円筒形バッグなどなどだ。どのバッグにも言えることだがしっかりと固定することが求められる。大きくなればなるほどに身体との干渉が起こりやすくなり、振動などで緩みやすくもなり、段差超えなどの際に外れてしまうトラブルもある。バッグや中の荷物がズレないようにきっちり固定しよう。

重量物の積載はフレームバッグに

フレームバッグとはフレームの真ん中の空間、トップチューブ・シートチューブ・ダウンチューブで囲まれた三角形の空間に取り付けるバッグである。スローピングフレームなどフレームの形状やサイズ、ボトルケージの有無やその場所などに応じて、大きさも種類も様々なものがある。自分の自転車の形状をよく考えて装着可能なものを選びたい。

バッグ類の中では比較的低い位置で、自転車の中心に近い部分に装着できるので重心への影響は少なく、バランスも崩れにくくしっかり装着しやすい。重いものを入れるにはフレームバッグが最適である。ボトルケージがシートチューブとダウンチューブに両方ある自転車は大きなフレームバッグは装着しにくいが、アダプターを使えばボトルケージをダウンチューブ下側に装着することもできるので、工夫次第では大きなバッグの装着も可能だ。

トップチューブバッグはエネルギー源？

トップチューブバッグはトップチューブの上側前方にステムコラムに合わせて装着するタイプのバッグである。この場所は形状などの制約がなく、ほとんどの自転車に取り付けることができる。容量は小さいものの手が届きやすい場所にあるから、安全な場所なら走りながらでも荷物を取り出すことができ、ライド中に補給食を取ってエネルギー摂取をすることも可能だ。

またスマートフォンを長時間ナビゲーションに使う場合などに、補助バッテリーを入れておくにもちょうどよい場所だから、ガーミンなどの電子機器類へのエネルギー供給源としてモバイルバッテリーも入れておける。また、トップチューブバッグの上面にスマホが入れられるタイプもあり、ハンドルに装着するよりも振動が少なく優しい場所だ。ただし、横幅があまり広いタイプだとペダリングで膝の内側が接触することもあるので、よく確かめてから購入したい。ちなみにバッグを縦にしてシートピラーの内側、トップチューブ下に取り付けることもできる。

リュックを選ぶなら

身体にバッグを装着するのは疲労につながるので推奨はしないが、人それぞれの好みでリュックを選ぶ場合もあるだろう。自慢のロードバイクをなるべくカッコよく見せるためにバッグを自転車に装着したくないという人もいるだろうし、多少の疲れなど気にせずに利便性優先でリュックを愛用する人もいる。

リュックを選ぶのに大切なポイントは、背面にメッシュを用いて通気性をアップさせるなど、背中が蒸れない工夫がされていることである。背中だけでなく肩ベルトも蒸れにくくなっているほうがよい。また、肩やウェストのベルトをしっかり固定できることも確認しておきたい。両方の肩ベルトを胸の前で固定するチェストベルトの有無もチェックポイントだ。走行中にリュックがずれると補正の動きが必要になり姿勢が安定しにくく、バランスを崩しやすくなる。ロードバイク乗車時の前傾姿勢はバッグがズレやすい状態なので、しっかりリュックを身体に固定して背負えるものを選びたい。

荷物の積み方

バッグを自転車に装着する場合、前後や上下の重量バランスに気を配る必要がある。少しでも重心を低くして安定させることが大切だし、また自転車では体重の7割程度が後輪にかかるため、均等にバランスを保つためにも重いものはなるべくフロント側に積んだほうが安定する。ハンドル操作が重くなるという心配もあるが、逆に適度な重さで路面の凸凹や溝、落下物などでハンドルを取られるリスクは軽減される。

いちばん重いものはなるべくフレームバッグに入れる。いちばん重心に近く、また低い位置にあり安定性がよいからだ。大容量のサドルバッグに多くの荷物を詰め込む人もいるが、重心が高くなってバランスを取りにくくなる。特にダンシングで車体を左右に振ると安定しないだけでなくバッグが外れやすくなったり、後輪に干渉したりもする。

荷物（重量）はなるべく分散させることでバランスがよくなるので、複数のバッグを装着するほうが安定する。バッグへの詰め込みも、必要な荷物がコンパクトにきちんと収まる状態でパッキングしたい。余分な空間があると荷物は安定しないし、乗車中にガサガサ動くと気持ちも落ち着かない。ロードバイクは本来荷物を積むことを想定していない自転車であり、軽量の車体に荷物をたくさん積むと自転車本来の性能が十分に活かせなくなってしまう。荷物の軽量化とパッキング技術を身に付けて軽快な走りで快適なツーリングを楽しもう。

7 オシャレだけじゃない 安全にも快適さにも重要なアクセサリー

自転車のアクセサリー用品はとても選択肢が広い。自転車本体のパーツ類はシマノとカンパニョーロとスラムでほとんどを占めるが、アクセサリーはメーカーもたくさんあって種類も豊富である。安全のため、快適ライドのため、コンパクトさのため、トレーニングのためなど、個々人のニーズに合わせて用品類を選び、自分のオリジナリティを創造していくのも楽しいものだ。まずは自転車本体に装着するアクセサリー用品を考えてみよう。

ライトは必ず常備する

日帰りツーリングだからライトは必要ないと準備をしない人がいるが、大間違いである。昼間でもトンネルを走行する際には必要だし、予定が遅れて暗くなってから走らねばならないこともある。ライトの目的はまず「自分の存在をクルマや歩行者に知らせること」である。ただしこれは市街地などの街灯がある場所が前提だ。ツーリングでは街灯のない場所を走ることもあり、山道の暗闇を走る可能性もあるため「暗がりを照らして前方の視界を確保し、路面状況をつかむこと」が必要になる。従って自分の存在を知らせるライトだけでは安全に走行するには無理があり、前方の路面状況を明るく照らし出し、しっかりと安全を確保できる高輝度のものが必要なのである。

安全を確保する「明るさ」

ライトは明るければ明るいほどよい。ロードバイクでは制限速度時速30キロの原付並みのスピードを出す人もいるが、そんな人はライトも原付並みの明るさか、それ以上が必要だろう。もちろん夜間に時速30キロなどという高速で走ることは決してお勧めできることではないし、あくまでも安全な速度での走行をお願いしたい。

通常の安全走行に必要なライトの明るさの目安はおよそ３００ルーメン以上とされているが、東京都などの法令では「自転車のライトは前方10メートル先の道路上の障害物が確認できる明るさが必要」となっており、実質的にこの基準を満たす最低ラインが３００ルーメン程度と言われている。この明るさがあれば、必要最低限の視認性と被視認性が得られるのだ。もちろん暗い道を走るには５００ルーメンとか１０００ルーメンとか、少しでも明るいほうがよい。ディスカウントショップなどにある市販のライトは３００ルーメンよりも暗いことが多いから、安全のためにもよく確認して、十分に明るいものを購入したい。もし手持ちでヘルメット装着用や登山用の高輝度のヘッドライトがあれば、それを併用すればより安心だし、自分が向く方向を照らしてくれるので利便性も高い。

ちなみにライトの明るさを表す単位には「ルーメン」と「カンデラ」がある。ルーメンとは光源がすべての方向に対して放出する光のエネルギー量で、実際に出ている光の強さを表す。カンデラとは光度のことで光源自体の明るさを表している。最近はライトの明るさ表記はルーメンに統一されつつある。また、家電製品によく用いられる単位はルクス（照度）で、照らされている面の明るさを表している。

連続使用可能時間に注意

電池式ライトは連続使用可能時間、つまりランタイムに限りがある。もちろんハブダイナモなどの自家発電式のライトなら制限はないが、ロードバイクなどでは一般的ではない。ランタイムが長いライトほど、電池切れの心配や電池交換または充電の頻度が少なくて済む。

自転車用ライトのほとんどにはモード切り替えがあって、最大光量のハイモード、低光量のローモード、そして点滅モードなどを選択できる。モードによってランタイムは異なるが、ここで注意したいのはハイモードでのランタイムがどのくらいなのかである。各モードの明るさにもよるが300ルーメン以上で2～3時間しか持たないのであれば、頻繁に充電なり電池交換が必要となり、これはかなり面倒である。できれば十分な明るさを確保しつつ10時間以上のランタイムがあるライトを選びたい。

電池式か充電式か

一般に電池式ライトは充電式に比べて価格が安いが、使用頻度が高い場合は電池のランニングコストが高くなる。充電式の場合は価格は高いがランニングコストはとても安い。USBポートで充電できるタイプも多く、モバイルバッテリーで充電できるのは使い勝手がよい。太陽光で充電できるモデルもあるが明るさは十分でない場合があるから、ジテツウのように毎日使う場合は充電式がお勧めである。モバイルバッテリーを活用すれば充電式でも電池切れの心配はなくなる。

夜間に走行する機会が少ない場合は電池式がよいだろう。電池式のメリットは、電池切れになってもコンビニなどで電池を購入して使い続けられる点だ。充電式ではそうはいかない。また、電池そのものを充電池にして繰り返し充電しながら使えば、電池式の利便性と充電式の経済性が両立できるのでお勧めである。

ランタイムは長く明るいほうがよいが、その分、重量やサイズが大きくなったり、電池残量によっては明るさが弱くなったりする傾向がある。長時間の夜間走行をしないならば、求める性能や使用スタイルとのバランスで、よりコンパクトなモデルのほうが便利であろう。

ライトの取り付け方式は、固定式と着脱式がある。固定式は簡単に取り外せないため盗まれにくいが、夜間に乗る機会が少ない場合はそのニーズも大きくはない。着脱式は簡単に取り外せるため、駐輪の際には外して持ち歩くと安心だ。ツーリングに用いる十分な明るさと持続時間のあるライトは高価になるので、着脱式を選ぶのがお勧めだ。

テールライトも忘れずに！

フロントライトは装着しているのに、テールライトを用いていないサイクリストは意外に多い。安全確保のためにテールライトは非常に大切なのでぜひとも装着していただきたい。（財）交通事故総合分析センターによれば、自転車の事故において、後方からのクルマによる追突事故の致死率は他のケースよりも高いという。クルマに存在をしっかりアピールして、漫然と運転している注意散漫なドライバーにも気づいてもらう必要があるのだ。前方から来るクルマは自分で避けられるかもしれないが、後ろからの追突を自分で避けるのはまず無理だ。その意味でもテールライトはしっかりと存在をアピールする明るいものを装着したい。夜間の走行に限らず、トンネルや雨天、霧などで見通しが悪いときも、追突事故のリスクも高まるので早めに点灯しよう。

暗くなると自動で点灯したり、LEDや電池の小型化など、テールライトの性能は向上し選択肢も多くなっている。装着場所は、サドル下のシートポストやフレームのステー部分、サドルバッグ、バックパック、ヘルメットなど色々あるが、被視認性アップのためにも複数使うのがお勧めだ。ひとつがバッテリー切れになっても被視認性を確保できる。

錠は地球ロックできる携帯しやすいものを

錠も必需品である。これがなければトイレにもコンビニにも安心して入れない。錠の種類も千差万別であり、選択に悩んでしまう。長時間駐輪しておく場合などは、壊されにくい太めで頑丈なものでダブルロックしておきたい。しかしそのような錠は重く、1キロを超えてしまうこともあるから、長時間自転車から離れることのないツーリングに持っていくにはお勧めではない。軽量で携帯性がよく、地球ロックができる長めのワイヤーロックが実用的である。地球ロックとは、固定された電柱やガードレールなどの動かせない構造物に自転車を繋げておくことである。

錠を選ぶ際のもうひとつのポイントはカラーコーディネートである。錠は駐輪時に目立つので、車体の色や他のパーツ、ウェアなどとのコーディネートを考えてオシャレを意識したい。また、防犯の観点からも錠は目立ったほうがドロボウの選択肢から外れる可能性が高まる。

自分で納得して盗難対策を行うため、主な錠の種類と特徴を考えてみたい。

■ワイヤーロック

ワイヤーケーブルを使った錠で、長さがあるため状況に応じて様々な駐輪方法が可能。前後ホイールとフレームに通して地球ロックすればワイヤーを切られない限りは大丈夫だし、ホイールだけを持って行かれることもない。仲間同士の場合は重ねた自転車をまとめて繋ぐこともできる。ワイヤーは細いものから太いものまで種類も豊富で、安心なのは太いワイヤーのものだが、重くかさばるのが難点で、ツーリングでは細くて軽いものが便利。キーロック式は鍵をなくすリスクもあるので、ツーリングにはダイヤルロック式がお勧めである。ナンバーはスマホに写真などで保存しておけば忘れたときにも安心だ。

■チェーンロック

ワイヤーロックよりも太く頑丈で重い。よい物は非常に硬度の高い特殊鋼を使っており、簡単には切断されにくい。本体を傷つけないように錠を覆っている布も切断されにくい素材を使っている。余裕をもって地球ロックできる長さがあれば、切断や破壊による盗難予防力が高まる。ただしツーリングに持っていくにはあまりに重く、かさばるので実用的ではない。

■U字ロック

最も切断されにくいとされている種類の錠。ワイヤーやチェーンのように長さや柔軟性がないため、地球ロックは難しく他の錠とのダブルロックが必要となる。盗難の多い欧米などではよくU字ロックが使われているが、前輪を外してフレームと後輪に重ねてU字ロックでまとめるようにして駐輪されている。防犯性を高めるという意味では効果は高いがツーリング向きではないだろう。

■プレートロック

数センチ～10センチ程度の鋼などの硬いプレートを折りたたみ式にして組み合わせた錠。使うときは広げて輪状にする。プレートは車体を傷つけないように樹脂などで保護してあるものが一般的で、使わないときには小さく折りたためるので携帯性もよく、専用ケースに収納してボトルケージなどに装着することもできる。プレートの厚さと長さで強度と重さが決まり、防犯性もそれに比例する。厚いもので地球ロックのできる長さのものは防犯性が高いが、状況によっては施錠時の長さが足りなかったり柔軟がないため地球ロックができないこともある。

携帯工具は必需品

パンク対策としてのスペアチューブやポンプと共に、メカニカルトラブル対策用の携帯工具はツーリングの必需品である。携帯工具に備わっている工具の種類、サイズ、大きさは様々である。選び方のポイントは必要最小限の軽量コンパクトな工具にするか、様々なトラブルに対処できる多機能工具にするかを決めることである。

■必要最小限の小型携帯工具

備わっている工具の種類は多いほうが便利なのは言うまでもないが、使用頻度の低いツールは常に余分な荷物となる。必要最低限のツールに絞り込んだほうが重量面や携帯性でメリットがあるのだ。

六角レンチは3、4、5、6ミリなどの数サイズのみ、それにプラス、マイナスドライバーだけがセットになった軽量コンパクトタイプでも、大概のメンテナンスに対応できる。ただし、その小ささからトルクをかけての増し締めなどはし辛いかもしれない。

■安心の多機能携帯工具

ツーリング中にチェーンが切れた！　何年かに一度はそんなトラブルにも遭遇する。そうなったらチェーンを繋げられない限りもう走れないのである。多機能携帯工具を選ぶポイントはチェーンカッターが装備されていることで、これだけは専用工具でないと対処できない。そして六角レンチやスパナなどもサイズが豊富に装備されており、タイヤレバー2本が両サイドにはめ込まれたタイプもある。中にはＣＯ2ボンベやペダルスタンドが付属したものまであり、メカニカルトラブル以外で役に立つ機能も装備されている。

様々なトラブルに対処できるから特に山の中や郊外などを長時間長距離走るツーリングには向いている。「備えあれば憂いなし」で安心できるのだ。デメリットは少々重くなり、かさばることだ。

サイクルコンピュータは必要か？

ロードバイクでレースを目指す人や、スピードやタイムを求める人はサイクルコンピュータを使用するケースが多い。その主な目的はスピードや走行距離を数値化して確認し、心拍数やケイデンスをチェックしながらトレーニングとしての効果を高め、確認することである。ツーリングの場合でもそういう人はいるかもしれないが、目的は「旅」であり必要なのは地図や旅程を管理確認する機能である。それを念頭においてサイクルコンピュータをざっくり分類してみよう。

■ベースグレード

機能としては、速度計測（走行速度、最高速度、平均速度）、距離計測（走行距離、積算距離）、走行時間表示、時計表示などがメインである。価格的には数千円からとお手頃だが、実際ツーリングに必要なのは距離計測くらいだろう。

■中級グレード

ベースグレードの機能に加えて、心拍数やケイデンスなどを測定できる。スマホ連動など他にも追加機能があるモデルも多い。価格的には1万円以上するものが中心だが、やはりツーリングでのニーズは大きくない。

■上級グレード

中級グレードモデルの機能に加えて、地図上でのGPS、ナビゲーション、獲得標高や高度測定、傾斜度測定など様々な機能がある。使いこなせればツーリングにはとても役に立つが、数万円以上するため、費用対効果も考えたい。

■スマホの活用

スマホはほとんどの人が持っているので、これを活用できればサイクルコンピュータは購入しなくてもいいかもしれない。例えばグーグルマップ。地図としての基本的な機能やその更新もしっかりしているし、自動車や徒歩、公共交通機関を中心にしたナビ機能があって自転車でも使用可能だ。ナビタイムやランタスティックといった無料アプリを使えばGPSによる位置情報に加えて、目的地までの推奨ルートや距離優先ルート、大通り優先や裏通り優先、さらには坂道が少ないとか坂が多いといったマニアックなナビまでしてくれる機能もある。

ルートプランナーのコースを入れればそれに沿ったナビも可能だ。走行距離、走行ログの記録、最高速度、平均時速、消費カロリー、さらには心拍数やケイデンスも計測し保存してくれるものもある。サイクルコンピュータに比べて画面が大きいため見やすく操作もしやすい。ツーリングには最もお勧めである。ただしバッテリーの消耗が激しいので、常時使う場合には補助電源が必要になる。

ボトルは機能とオシャレを考える

ボトルは自転車に装着するアクセサリー類の中で最も目立つ存在だ。どんなに高価な自転車に乗っていても、ボトルケージにペットボトルを入れていたら所有者のセンスが疑われる。カラーリングとデザインをコーディネートした機能的でオシャレなボトルを選びたい。選択のポイントは容量、飲みやすさ、保冷保温機能の有無、そしてケージを含めてオシャレかどうかである。

■容量

ツーリング中の水分補給は重要で、喉が渇く前に少しずつこまめに水分補給する必要がある。ボトルのサイズは350〜1000ミリリットルくらいまで様々だが、長い距離を走る際や暑い夏場は少しでも容量が大きなものがよい。大は小を兼ねるが、フレームサイズとの関係で大き過ぎるものは装着しにくい場合もある。事前に装着可否をよく確認して、デザインやカラーコーディネートを考えて選ぼう。複数装着してもOKだ。

■飲みやすさ

ペットボトルがＮＧなのは見た目の話ではなく、乗車したままキャップを着脱できないからである。走りながら片手で操作できればこまめな水分補給ができるのだ。そのためにも柔らかい材質の持ちやすいものがよい。握って中の水を口に絞り出すイメージだ。真正面を向いてボトルを上にすると視界が悪くなるため、横にしてキャップを咥えて手で絞り出すのが、安全で見た目にもカッコイイ!?　乗車中のケージからの着脱のしやすさも確認しておこう。

■保冷保温機能の有無

夏場は冷たく冬場は温かい飲み物が欲しくなる。保冷保温機能が高いのはアルミやステンレス製の真空二重構造ボトルなどである。内容物に臭いが付きにくく、耐腐食性にも優れている。重量は重くなるが、特に冬場の温かい飲み物はありがたみを感じる。

樹脂製で発泡ウレタンなどの保温素材を使ったボトルは事前に冷凍室で凍らせておくことができる。夏場でも数時間は温くならず、手で握って絞り出せるので飲みやすい。保温用のボトルカバーを併用すれば保冷力はさらに高まり、キンキンに凍らせておけば半日以上は氷が残っている。

アクセサリー用品はその機能だけでなく、デザインやカラーリング、ウェアや車体などとのバランスやコーディネートを考えて選ぶのが楽しい。車体と比べれば価格的にもさほど高くはないので、複数を持って使い分けることもできる。愛車のドレスアップにワクワクしながら色々と冒険してみるのも、奥の深い自転車の楽しみなのである。

8

センスが光るウェアラブルグッズで快適に！

サイクリストは見た目にカッコイイ！　自転車本体もアクセサリー類もウェアも機能美を追求したデザインであり、安全のため色彩豊かなカラーリングで存在をアピールしている。身に付けるウェアラブルグッズにはそれぞれに大切な機能と役割があるから、それらをよく理解した上で、オシャレなコーディネートを心がけて選びたい。カッコイイサイクリストを目指そう！

ヘルメットは命を守る

ヘルメットは必需品である。乗車時の着用はクルマのシートベルトと同じ感覚で習慣化したい。着用を義務付けている先進国も多く、日本でも２０２３年４月から義務化された。自転車死亡事故での損傷主部位の割合は約６割が頭部である。また自転車事故で頭部に損傷を負うと60パーセント以上が死亡に至る重大事故に繋がるという（出典：「交通事故分析リポートVol.97」／（公財）交通事故分析センター）。

ヘルメットをきちんと着用していればその大部分は助かった可能性があり、実際私もこれまでに二度、転倒などにより頭部を強打してヘルメットに救われた経験がある。もちろんヘルメットは割れたが、頭に異常はなかった――と、今でも信じている!?

ヘルメットは転倒や事故の際に頭を守るだけでなく、目立つことでクルマに存在をアピールし、事故を抑制することも大きな役割である。カラフルなカラーリングはそのためだ。なお、一度でも転倒などで大きなダメージを受けたヘルメットは機能が著しく低下するので使えない。

ヘルメットの選び方

ヘルメット選びで大切なことは自分の頭に合ったヘルメットを選ぶことである。ほとんどのヘルメットは誰にでも装着できるようにアジャスター機能がついているから、まずはデザインやカラーリングで選んでから自分の頭との相性を確認し、フィッティングを行えば大丈夫だ。

■欧米モデルと国産で形は異なる

頭の形は人それぞれ違うが、大きくは東洋型と欧米型に分類される。東洋型は横幅が広くて丸く、欧米型は横幅が狭くて楕円形が多い。日本人は東洋型の頭の人が多いため、日本人向けに作った国産メーカーのものがフィットしやすい。欧米メーカーのヘルメットは日本人には両サイドが窮屈な場合があるが、ほとんどは調整可能な範囲なのでフィットさせることができる。

■サイズを合わせる

ヘルメットのサイズはほとんどのモデルにS、M、Lのように数サイズの選択肢があるが、同じサイズ表記でもメーカーによって大きさは異なるので、必ず試着してフィット感を確かめよう。長時間被り続けるものだから形やサイズが合わなければ苦痛なだけでなく疲れにも影響し、ひどい場合には頭痛など体調不良を起こす可能性もあるのでよくチェックしよう。

■**価格と安全性をチェック**

基本的にどのヘルメットも安全性は絶対条件として確保されており、価格による大きな違いはない。高価格の上位モデルは、軽量化を図った特殊な設計や凝ったデザイン、フィット感を追求する内装生地や、ストラップなどに特殊な素材を採用したりしている。付加機能が多く設定され構成パーツが多いなど、製造方法も複雑でコストがかかっている。リーズナブルな価格のモデルは、スタンダードな素材を使ったシンプルな形状を採用し、付加機能も最低限のものに限られている。

■**デザインが重要！**

ヘルメットは目立つことが大切であり、ウェアラブルグッズの中でも注目される存在だ。流線形をした独特な形状は、空気抵抗を低減し通気性を高めるためのデザインで、機能美も追求されている。自分のオシャレをアピールするのに大事なアイテムなのだ。

選ぶ際にも、まず気に入ったカラーやデザインのものを被ってみる。鏡で自分に似合っているかどうかを確認しよう。車体やウェアとのコーディネートもイメージしておきたい。サイズや形状を確認しながらしっかりフィットするかをチェックする。気に入ったデザインの中から自分の頭にフィットするものを選べばよいのだ。

正しくフィッティングする

①　ヘルメットを前頭部から深めに被り、前端をまゆ毛の少し上にして、おでこが出ないようにセッ

トする。欧米製など横幅の狭いモデルは側頭部がきつくないかチェックする。
② 次に後頭部にあるサイズを調整するベルトや、ダイヤルなどのアジャスターで締め具合を調節する。その状態で頭を振ってズレなければOKだ。
③ 最後にあごのストラップを締めるが、これが緩いとものときにヘルメットが外れてしまい役に立たなくなる。苦しくならない範囲でできるだけしっかりと締めておきたい。
④ メガネやサングラスはヘルメットを脱いだ際に外れないようストラップの下にセットする。
なお、メーカーはヘルメットの耐用年数は3年として交換を推奨している。また、中古のヘルメットはどのように扱われていたのかわからないので、新品を購入しよう。

ツーリングに適したシューズの選び方

自転車用のシューズはペダルのタイプによって大きく分けて3つのカテゴリーに分類される。まずはフラットペダル用のシューズ。このペダルは極端な話、ママチャリ用などと同じ構造なので、どんな靴でもOK。シューズの底をペダルに固定するビンディングペダルを使わない人向けのペダルで、普通のスポーツシューズやウォーキングシューズでも大丈夫だ。ただしソールが柔らかい靴は踏み込みのエネルギーが吸収されて効率が悪くなるし、ペダルが食い込んで靴底を傷めてしまうので、なるべくソールの固い靴を選びたい。

ロードバイクでツーリングを楽しむならば、足がペダルに固定されるビンディングシューズを使いたい。これは自転車の走りを格段に向上してくれる。初めて使うにはペダルとシューズの着脱の練習が必要で、人によっては最初はスムーズに行えないこともあるが、ほとんどの人はすぐに慣れて使えるようになる。

ビンディングシューズはシマノSPDペダルに代表される2穴クリート用と、シマノSPD-SLペダルに代表される3穴クリート用に大別される。

SPDシューズはクリートが小さく着脱が簡単なので、初めてビンディングを使うにはお勧めである。自転車を降りても普通に歩けるから輪行や観光を含めたツーリングにも向いている。MTBでもこのタイプが主流で、他にもトレッキングタイプやスニーカータイプ、スポーツサンダルタイプなどと色々な種類があり、TPOに合わせて街中でもオシャレに履くことができる。私はビジネスにも使えるジテツウ用のSPDシューズを愛用している。

SPD-SLシューズはクリートが大きく、より強力にシューズがペダルに固定されてエネルギー効率が高い。ロードバイクのレース用はほとんどがこのタイプである。ただしクリートが大きいため歩きにくく、そのままではクリートを傷めてしまうため、歩く際にはクリートカバーを装着する。このタイプは基本的に歩くことは想定していないので街乗りや観光には向いていないが、走りをメインに楽しむツーリングならばOKだ。

日本人の足は欧米人に比べて幅広・甲高な傾向がある。従って欧米メーカーのシューズは幅が狭く感じたり、きつく感じる場合もある。日本メーカーのモデルはワイドタイプが多く日本人の足にもフィットしやすい。とはいえ、どんなシューズであっても実際に正しく履いてみてフィット感がよいか、違和感がないかを確認する必要がある。できるだけ多くのビンディングシューズを試着してみて、何度も履き心地を確認し、自分にぴったりフィットしたものを選ぶことが大切だ。

グローブは安全と疲労軽減のために

グローブもツーリングを安全に快適に楽しむための必需品である。春夏秋冬それぞれの時期や、自分の好みに合わせて複数は必要となるアイテムだ。オシャレ要素も高いので、自転車やウェアとのコーディネートを考えて選択したい。その役割や選択肢について整理してみよう。

■操作性と安全性の向上

グローブはハンドルを握った状態に合わせてカッティングされており、手のひらの部分には革製のパッドが付いていて適度な摩擦があって滑りにくく、グリップも握りやすくなる。軍手や普通の手袋はズレやすく滑りやすいため自転車用には適さない。特に雨や汗で手が滑らないようにすることはグローブの大切な役割である。グローブを着用することでハンドルを扱いやすくなり、ブレーキや変速レバーの操作もしやすくなる。

■転倒時の手の保護

万が一の転倒時、人間は本能的に顔や頭などを守ろうとして、無意識のうちに手のひらを地面に着いてしまう。特にスピードが出やすいロードバイクでは、転倒時に手のひらをついて怪我が大きくなるリスクが高い。そんな状況に備えてグローブには、クッション性があって摩擦に強い革製などのパッドが手のひらの部分に装着されている。地面に手を着いたときの怪我や、突き指、手首の捻挫などのリスクを軽減してくれるのである。

■疲労の軽減

細いタイヤに高圧の空気を入れて高速で走るスポーツバイクは、ママチャリなどと比べて路面からの振動がずっと大きくダイレクトに伝わる。グローブの手のひら部分には衝撃吸収用のパッドが入っており、路面からの振動を和らげてくれる。長時間走るツーリングではパッドが厚めで衝撃吸収性が高く、通気性、耐久性を重視したグローブがよいだろう。ただし厚過ぎるパッドは操作性を損なうこともある。パッドが薄めのものは逆に路面状況を把握しやすく、フィット感、グリップ感がよいためレースなどに用いられることが多い。

■夏用のグローブ

グローブには指をすべて覆うフルフィンガータイプと、指切りされているハーフフィンガータイプがあり、夏用グローブは主にハーフフィンガータイプである。暑さの中でも通気性や軽快感を確保し、透湿性が高く蒸れにくいグローブがお勧めだ。汗を拭う目的で、親指や手の甲の一部などにタオル素材やパイル地が使われているものもあり、走行中や信号待ちなどのタイミングで汗を拭くことができて便利だ。

■冬用のグローブ

冬用グローブはフルフィンガータイプで防寒性・防風性が高くなっている。指先は冷えやすいので、厳冬期には保温性の高いグローブが欲しくなる。冬用グローブはメーカーによって独自の推奨気温が示されており、0度、5度、10度といった防寒性の目安が表示されているが、冬の早朝などに使うのならば、最も保温機能の高いものを選んでおいたほうがよいだろう。また、手首部分の長さが十分にあってきちんと覆えるかも確認のポイントである。手首とグローブに隙間があると体感温度が下がるのだ。薄手のインナーグローブを併用すれば保温性はさらに高まるが、操作しにくくなることもある。初めからインナーとアウターがセットになっているタイプのグローブならば操作性への影響は少なく、またインナーの着脱で保温力を調整することも可能だ。

■スマホ対応のグローブ

スマホのナビ機能を使う場合や、信号待ちや休憩時でスマホを見たいときに毎回グローブを着脱するのはとても面倒だ。フルフィンガーグローブでもタッチパネル操作ができるスマホ対応タイプがあるので、スマホ愛用者にはお勧めだ。ハーフフィンガーグローブは指が出ているから問題ない。

■レディース用グローブ

レディース用グローブは、女性の手の大きさに合わせてサイズが設定されている。女性の手の形に合わせてカットされた立体構造となっていて、見た目やカラーリングがカワイイものや、華やかなデザインのものなどが多い。握力の少ない女性でも高いフィット感でハンドルが握りやすいように設計されている。特に日焼けを気にされる女性は多く、しっかりと紫外線対策を施したフルフィンガーグローブが人気だ。

サングラスで目を守る

サングラスは目を守り、路面状況を正確に捉えることで安全とパフォーマンス向上にも繋がる重要なアクセサリーである。

ツーリングではサングラスは必需品という認識がなく、似合わない、鼻や側頭部が痛くなる、曇りやすい、などといった理由で着用しない人もいる。しかしサングラスを着用することで目の負担や疲れ具合は大きく軽減される。強い日差しの中で長時間走れば、目が乾燥したり紫外線などの影響でドライアイや眼精疲労、充血といったダメージが蓄積し、視界がぼやけたり、一瞬の判断が鈍くなることもある。サングラスは安全と目の健康のためにも着用したほうがよい。

走行中の視界の確保は安全上とても重要であり、視界のトラブルは危険な状況に繋がりかねない。サングラスは安全走行のための視界を確保し、視覚を最適化してくれるのだ。

■**視界を確保する**

サングラスは直射日光や走行環境にある様々なものからの反射による、ギラつきや眩しさを抑え、路面を正確に捉えることで状況把握力を高めてくれる。レンズによっては対象物をはっきり認識しやすくする効果もある。また、形状にもよるが風の巻き込みを抑えてくれるので、ダウンヒルや向かい風など風圧が大きいときも目を開けやすく視界が確保できる。

■**ホコリ、虫、ゴミ、砂などの外的要因から目を保護**

異物が目に入ると視界を確保できず、事故のリスクが高まる。サングラスは走行空間にあるホコリ、虫、ゴミ、砂などが目に入ることを防いでくれる。一般的な眼鏡やサングラスはカーブの浅いレンズを使い、上から見るとレンズ面がフラットになっているが、自転車用のサングラスはかなりカーブの深いレンズを使用している。側頭部にかけてフィットした形状で風の巻き込みを抑え、目に異物が侵入するのを防ぐ効果がある。

■紫外線から目を守る

長時間強い紫外線を浴びると目が疲れるだけでなく、白内障や黄斑変性症、角膜炎などの病気に繋がる可能性がある。サングラスを選ぶ際には必ず紫外線透過率を確認したい。「紫外線透過率30パーセント以下」という表示は、紫外線を70パーセント以上カットするレンズのことで、この数値ができるだけ低いものを選びたい。

フィッティングをしっかり確認する

サングラスを選ぶには、実際にかけてみてフィッティングに問題がないかチェックしたい。気に入ったデザインで機能や価格に納得しても、実際に着用したときにきちんとフィットしなければ快適には使えない。特に欧米メーカーのモデルは日本人の顔の形状（幅広・頬高・鼻低）に合わないケースがある。


「ホールド感はキツ過ぎず、ユル過ぎないか？」

「レンズ部分が頬に当たらないか？」

「鼻からズレないか？」

「耳にかかる部分がヘルメットと干渉しないか？」

といったポイントをしっかりチェックしておきたい。


色々なウェアラブルグッズの機能と役割、選択方法について述べてきたが、いちばん大切なのは自分にしっかりフィットして使いやすいということである。どんなにデザインがよくても、フィットしていなければかえってカッコ悪いかもしれない。オシャレのポイントは自分にフィットしていて、全体のコーディネートを通じた個性をアピールできることではないだろうか。

9

快適ライドの決め手！ 暑さと寒さ、風と雨と上手に付き合う

天気とうまく付き合うことは、あらゆるアウトドアスポーツにおいてとても大切なスキルである。特に自転車はその影響が大きく、天気に応じた対応が快適さに大きく影響する。寒暖や風雨への対処によって肉体的にも精神的にも疲労度は大きく違ってくるから、レイヤリングや状況に応じた対応を身に付けて、ツーリングでの天気の不安を軽減しよう。

暑さ対策！　熱中症に注意

暑い中でも走りたい。サイクリストにはそんな好き者が多い。しかし対策をしっかりしないまま炎天下で長時間自転車に乗っていると熱中症の危険が高まる。猛暑や酷暑でなくても湿度の高い日は熱中症になりやすい。そんなリスクを軽減し、暑い中でも快適にツーリングが楽しめるノウハウを考えてみよう。

ポイントは身体を冷やすことと、水分などのこまめな補給で身体への負荷を少なくすることである。ただし、体調に違和感を覚えたらすぐに休み、それでも回復しなければ無理せずにツーリングを中止することも必要だ。

■こまめな水分補給

暑い中でのサイクリングは体温を下げるために大量に汗をかいて身体から水分がどんどん失われていく。喉の渇きを感じてから水分を摂っても失われた水分の補給が追いつかず、バテてしまいやすい。大切なのは喉が渇く前に、こまめに水分補給することである。信号待ちやルート確認の際などに、できるだけ水分を摂取するようにしたい。

■水をかけて身体を冷やす

熱中症や脱水症状になってからでは水分補給しても体を冷やしても手遅れであり、快適なツーリングは望めない。暑いと汗をかくが、これは身体がエネルギーを使って冷却しようとする機能であり、それだけで体力を消耗する。水をかけて身体を冷やしてやると、暑さと疲労の軽減になる。身体に水をかけるときは大きな血管が通っている場所が効果的で、首筋、頭、背中、太腿などに少しずつこまめに行う。胸や腕など身体の前側であれば、走行中の風当たりによる冷却効果も高い。クルマのラジエターと同じ原理だ。サイクルジャージの腿の部分やサイクルジャージの肩の部分など、ウェアに水を含ませたり、グローブの甲側を濡らすのも涼しく感じる。汗をかく前から濡らしておき、ウェアを乾かさないにようにすれば、走行風による冷却効果を持続できる。

■ボトルは2本

ボトルは水分補給の飲み物用と、身体に水をかける冷却用の2本を準備したい。飲み物用は、できれば事前に凍らせておけばしばらくは冷たい飲み物として喉を潤してくれる。1本の容量では夏場の水分補給には不十分なので、コンビニや自販機で冷たいスポーツドリンクなどをボトルに補充しながら走ればよい。氷が入手できたらボトルに入れておこう。もう1本は、冷却用に水を入れておく。身体にかけるのものだから水道水でOKだ。こちらもトイレや休憩時など水道があれば随時補充しておきたい。

■頭を冷やす

大切な脳の温度を一定に保つため、頭部は比較的発汗が多い。暑い日には頭から流れてくる汗が増え、目に入ると痛いだけでなく視界も確保しにくくなる。その対策としてはヘルメットの下にサイクルキャップを被ったり、バンダナを頭に巻いたりすることをお勧めする。冷やすために水をかければ濡れて頭部にまんべんなく広がり、冷却効果も長続きする。また、ヘルメットの下に濡らしたバンダナやキャップを被っておくとずいぶん涼しく感じる。

■首筋を冷す冷却スカーフ

首筋には脳に血液を送る太い血管が通っているので、ここを冷やせば身体全体の冷却に効果がある。水をかけてもすぐに乾いてしまうため、首に巻くタイプの冷却スカーフやバンダナを水で濡らして巻いておけば効果が持続する。後頭部の首筋は日焼けしやすい場所でもあり、その対策にもなる。冷却スカーフは保冷剤を仕込むタイプもあり、水で濡らすだけのタイプよりも効果が長持ちする。

■高機能ウェア

最近はウェアも進化して冷感素材を使ったもの、吸汗速乾機能や紫外線防止機能、さらには炭を練り込んで抗菌防臭機能を持たせたものまである。サイクルジャージの下に着る高機能アンダーウェアなどは、熱中症対策としても効果が見込める。また、アームカバーを着用すれば、水をかけたときの冷却効果が持続するし日焼け対策にもなる。

■日焼けは熱中症の要因

日焼けは軽度の火傷状態であり、身体は日に焼けている部分を冷やすために多くの水分を皮膚の冷却に使う。これは体内の水分不足につながるだけでなく、火傷状態になった皮膚を回復させようと身体が多くのエネルギーを使うことになって体力が奪われてしまうから、地肌が露出する場所にはしっかりと日焼け止めクリームを塗っておきたい。日焼け止めクリームは汗で流れてしまいやすいので、肌への刺激が少ないＳＰＦが低いものを、休憩の度にこまめに塗ろう。

■ミネラルを補給する

汗をかくと塩分やナトリウム、カリウム、マグネシウムといったミネラルも体外に排出され、ミネラルが不足すると筋肉がつりやすくなるといった弊害が出てくる。スポーツドリンクにはそれらを想定したミネラルが含まれているので水分補給にお勧めだ。しかし多くの汗をかく夏場はそれだけでは塩分やミネラルが足りなくなるので、塩分チャージタブレットなどを摂取してしっかり補給したい。

■暑くないコースを考える

夏場でも比較的涼しいのは日の出前から10時頃までで、例えば午前4時からならば6時間は走れる。また、標高が１０００メートル以上の高地は涼しくて気持ちよい。街中でも道の暑さはどこでも同じではなく、場所によって涼しいルートがあるのだ。まずは街路樹など緑の多い道。木陰も多く、植物の蒸散効果で気化熱が奪われ涼しくなり、まわりとの温度差で風も流れやすくなる。水辺の道も比較的涼しい。水は温まりにくいのでその近くは必然的に涼しくなるし気分的にも涼感が味わえる。最近は高機能舗装と呼ばれる道も増えている。保水性タイプは舗装の中や地中に雨水を溜め込んでそれがアスファルトの高温化を抑える。また遮熱性タイプの舗装は太陽光を反射して熱を溜めない構造だ。道を選んで涼しく走ろう。

雨の中はリスクが高まる

梅雨の時期などツーリングも天気予報と睨めっこしながらという場合も多いだろう。はじめに断っておくが雨の日は自転車に乗らないのが大原則である。ツーリングの目的地は逃げるわけではないので、天気のよい日に走ればよいのだ。しかしプランニングの段階から天気予報を入念にチェックし、雨を避けるべく計画していても避けきれないのが自然現象である。

雨の中では視界が悪くなり、路面が濡れて滑りやすくなってブレーキも効きにくくなる。クルマやオートバイ、歩行者もそれは同様で、自転車に対する反応が鈍くなってお互いに事故のリスクが高くなるから、雨対策はこのリスクを軽減する安全確保が最重要となる。雨が酷ければ小雨になるか止むのを待ち、見込みが立たなければ早めにツーリングそのものを切り上げてしまうのがよい。また、降水確率が0パーセントでも雨は降ることがある。雨対策は常に準備しておく必要がある。

レインウェア選びのポイントは素材と動作性だ。素材は防水性と通気性を両立するゴアテックスなどの透湿防水素材であることが望ましい。価格的に高くはなるが雨をシャットアウトし、汗による中からの蒸れを防ぐ素材でなければ雨の中で快適さは確保できない。そしてスムーズに身体を動かせる動作性が求められる。登山用などの、豪雨でも完全防水する機能を備えた頑丈な作りのレインウェアは、動きに影響が出るだけでなく、かさばって重たく、軽快なツーリングには適さない。小さく折りたたんで背中のポケットに入るくらいの、透湿防水素材のレインウェアを選びたい。安全で快適なツーリングのためには高価格でも、高機能なレインウェアを選ぶ必要がある。

また、雨の日にクルマなどからの被視認性を確保するために目立つ色を選びたい。できれば反射素材のついているものが望ましい。

自転車専用のレインウェアが必要

よくあるゴム引きのレインコートやコンビニなどで購入できるビニールのレインコートは、運動することが前提ではない。素材そのものに防水性はあっても通気性が悪く蒸れるから、自分の汗で身体を濡らすことになる。また、スポーツバイクに乗ることを想定して作られていないため、前傾姿勢でのフィット感も悪く、裾がチェーンに巻き込まれたりするリスクもあるからツーリングには向かない。

ポンチョは蒸れにくくバッグなども濡れにくいので、ツーリングに使う人もいる。しかしハンドル操作がしにくくなり、乗り降りも面倒で、また風でバタバタして快適ではない。ウィンドブレーカーを携帯している人も多いが、防水機能はないため雨具にはならない。緊急対策として大きなゴミ袋を使う人もいる。底面と両サイドに穴を開けて首と腕を通してビブスのように着用するのだが、みすぼらしくサイクリストの品位を落としかねない。やはり、透湿防水素材の自転車専用レインウェアを用意しておきたい。

レインパンツ選定のポイント

自転車専用レインウェアはジャケット単体のものもあり、その場合はレインパンツも必要になる。ポイントはペダリングの動きを妨げないものを選ぶことで、分厚く重いものではなく薄手で軽いほうがよい。もちろん透湿防水素材であればよいが、脚の発汗は比較的少ないので、透湿性よりも防水性を優先し、予算に合わせた廉価なものでも構わないだろう。

裾をベルクロテープなどで絞るチェーン巻き込み防止機能は、スムーズなペダリングに必須条件である。また、シューズを履いたまま着脱できるように、ジッパーなどで裾口を広く開くことができるものを選びたい。

雨対策用品を考える

■ヘルメットとキャップ

ひさしのあるヘルメットは雨が目に当たるのを軽減してくれるが、ひさしそのものは大きくはないから、ツバが大きめのキャップを被ってその上からヘルメットを着用すると、雨粒が目に当たるのをかなり避けることができる。特にメガネやサングラスを装着している場合、レンズに付着する雨滴が減るだけで大幅に視界は確保しやすくなる。また、バンダナなどを頭に巻いた上からヘルメットを着用すれば雨滴が顔面に垂れてくるのを防止できる。さらに100円ショップなどで売っている使い捨てのシャワーキャップをヘルメットに被せると、頭の濡れが少なくなるという裏技もある。

■レインウェアのフード

レインウェアのフードをヘルメットの上から被ると雨対策としての効果は高いが、フードを深く被ると、ただでさえ雨で影響を受けている視界や音を、さらに遮ることになる。視界と音を確保するためにもひさしの大きいキャップを被って必ず耳を出しておこう。

■レインシューズカバー

シューズが濡れるととても不快だ。乾くのに時間がかかるから雨が止んでも不快感が続いてしまう。それに濡れたシューズでコンビニや食事場所を歩くと迷惑になってしまうから、ビンディングシューズに対応するレインシューズカバーの着用をお勧めする。また、シューズカバーは防寒対策にもなるので冬にも重宝する。

■雨用グローブ

雨用の防水グローブは濡れ防止だけでなく、滑りにくいことが大事なポイント。ハンドルが雨で濡れると滑りやすくなり、とっさのハンドル操作で滑ったりと非常に危険である。また、滑りやすいと無駄な力が入ってしまい、神経を使うため雨の中の走行でさらに疲労が増える。手指が濡れると冷えてかじかんだりして操作性も悪くなるから、防寒という観点からも雨用グローブは着用すべきである。

■サングラス

雨天走行では、目に雨粒が入らないようにしてできるだけ視界を確保する必要があるが、そのためにサングラスは役に立つ。雨天時は昼間でも薄暗くなりがちなのでクリアタイプがお勧めだ。

■マッドガード

ロードバイクには通常マッドガードは装着されていないが、雨の中の走行が予想される場合は、事前に着脱式のマッドガードを装着しておくこともできる。ワンタッチで脱着が可能な簡易タイプもあるので、普段は取り外しておいて雨の日だけ取り付けて走ることができるのだ。雨の中以外ではロードバイクにはちょっとカッコ悪いかもしれないが効果は絶大だ。

雨中の走行テクニック

雨の中での走行は視界が悪くなるだけでなく、ブレーキが効きにくく路面も濡れて滑りやすくなるなど様々なリスクが高くなる。減速する際はできるだけ早い段階で小刻みに強めにブレーキングし、スピードを十分に落とす。グループ走行では自転車2台分くらいの距離を空けておきたい。

側溝の鉄のフタやマンホールのフタ、路面のペイントなどは、濡れると特に滑りやすくなる。タイヤの空気を0・5〜1気圧ほど抜いておけば、滑りやすくなった路面のグリップ力が少し高まる。ただしその分パンクには注意して、後で空気を入れること忘れないようにしたい。ディスクブレーキは水に濡れても制動力はほとんど落ちずしっかり効く。反面、濡れた路面ではスリップへの注意がより必要になる。

また、雨天時は昼間でもフロントとテールのライトを点灯し、被視認性を上げて安全性を向上させたい。言うまでもないが、雨の後のメンテナンスは必要不可欠である。自転車を労わってあげよう。

向かい風での走り方

風圧は自転車にとって最大の走行抵抗であり、向かい風はサイクリストの天敵である。坂道は上ってしまえばそれまでだが、向かい風はいつまで続くのかも、弱まるのか強まるのかもわからず滅入ってしまう。向かい風を避けるためにも天気予報では風向きと強さを入念にチェックし、強い風の方向と強さを把握してコースプランニングしておきたい。向かい風か追い風か、この違いひとつで肉体的にも精神的にも疲労度が大きく変わるのだ。

風の抵抗を軽減するには、前面投影面積を小さくすることが効果的である。ポジションは腰を少し後に引いて脇を締め、ハンドルは下ハンあるいはエンド部分を握り、肘をきちんと曲げてしっかりとした前傾姿勢を取る。体を低くすることで向かい風を逃がしていくイメージを持とう。ただし、強い前傾姿勢はリラックスできる体勢ではなく、長時間続けると疲れたり腰が痛くなったりする。カーブで風向きが変わったり、風が弱まったりするタイミングを見計らって身体を伸ばして、少しでもリラックスしたい。

■一定のケイデンスと負荷を維持する

平地でも上りでも、一定のケイデンスと負荷を保った心臓と肺で走るペダリングが最も疲れず効率的だが、これは向かい風でも同じことだ。通常と同じケイデンスと負荷を保ち、一定のパワーで走ることが向かい風でも疲れないコツである。特に強い向かい風のときは、必死にペダルを踏んでも思うように進まず、無駄に体力だけが奪われてしまいがちである。

無理して風に張り合わず、上りのテクニックと同様に早め早めにギアを軽くして、ケイデンスと脚への負荷を一定に保つようにする。ただし風は突然に強くなったり弱くなったりするので、風の強弱にできるだけ合わせるよう、こまめなシフティングを心がけたい。

■身体をヨットの帆にする

横風の場合は身体をヨットの帆のように使って風を推進力に変換する。上半身を起こしてアップライトなポジションを取り、右からの風なら右肩を前へ、左肩を後ろへねじって背中で横風を受けるようにするのだ。コツを覚えれば横風を味方につけることができる。追い風のときは、身体を起こし顔を上げて背中全体で風を受けるようにすると、風による推進力を大きくできる。風は刻々と向きが変わり、建物やクルマなど周囲の環境で乱気流になることもあるので、あまり気を抜かないようにしたい。

寒さ対策は、身体の末端部分が重要

雪国の積雪期を除けば、日本で自転車に乗れないシーズンはあまりない。真冬でもツーリングはできるし、1年を通じて楽しむ人が増えている。ウェアを工夫すれば、よほどの状況でない限り寒さ対策できるのだ。ただし、ウェアの着込み過ぎには注意したい。暖かい家や施設から外に出て走り出すときは確かに寒いが、そのうちに身体が内部から温まってくる。走り出すときは寒いくらいがちょうどよいので、レイヤリングを駆使して温度調節をしよう。寒さ対策で注意するのは身体の末端部分、つまり手先、足先、耳と首から上の保温に気を配りたい。

■シューズカバー

ビンディングシューズは通気性のよいものが多く、ペダリングでは足から冷えてくるので、防風と保温が快適ライドに必須となる。特につま先が冷えやすく、対策が不十分だと苦行になりかねない。シューズカバーにはつま先だけを覆うトゥーカバータイプと全体を覆うフルカバータイプがあるが、トゥーカバータイプは着脱が簡単で、シューズカバーを付けた状態でビンディングシューズを脱いだり履いたりすることができる。携帯しやすいため気温や足先の状況に応じた対応ができるが、真冬の朝などでは防寒性は十分ではないかもしれない。フルカバータイプは足先から足首の上までカバーし、防寒性は高い。ただし、シューズへの着脱が面倒で、シューズを脱ぐ際にもそのままでは邪魔になる。

寒さが厳しい場合はトゥーカバーを付けた上からフルタイプのシューズカバーを重ねて履くこともできる。また、足の甲や指先に使い捨てタイプの足用カイロを貼ると冷えにくい。持続時間が限られるので、予備を持っていき昼食の際などに付け替えるとよい。コストも安くお勧めである。

■イヤーウォーマー

耳の防寒対策も大切である。露出している耳は走行中の風に晒され、短時間でも冷たく痛くなってしまうのだ。自転車用のイヤーウォーマーは高機能なフリース生地が使われているものが多く、耳の部分の防寒性を高めたタイプが人気。額の部分は細く薄手でヘルメットを被るときに邪魔にならず、サイクルキャップと併用もできる。サングラスの着脱にもあまり影響せずフィット感がよい。

ヘルメットの下に被るキャップにイヤーウォーマーが付いたタイプもある。ヘルメットはベンチレーション機能があって冬は逆に寒くなりやすいから、頭と耳を寒さから守るこのタイプもお勧めである。

■フェイスマスク

寒風に晒される顔面も冷たくなりやすい。顔は身体のどの部分よりも寒さに強いが、人によっては顔面がしもやけになってしまうこともある。フェイスマスクには防寒性と共に通気性が必要で、通気性が悪いと息苦しくなるし、吐いた息がこもって蒸れたりサングラスが曇ったりしやすい。防寒性と通気性を両立した高機能なフリース生地のものを選ぼう。

また耳から首元まで覆うタイプは防寒性が高く、イヤーウォーマーやネックウォーマーとしても使うこともできる。夏に使っていた日焼け防止マスクや通常の使い捨てマスクなども、顔面の防寒には一定の効果があり息苦しさや蒸れも少ない。フェイスマスクを購入するまでもない場合は、これらで代用することもできる。

■グローブ

冬用グローブ選定のポイントは保温性と操作性である。自転車用の防風機能のあるアウターと薄手のインナーとを重ねれば、着脱による温度調節をしやすい。冬用のサイクルグローブは操作性も十分考慮して作られている。

自転車のウィークポイントは、日常的な自然現象に生身で対処せねばならないことにある。雨や風を生身で受けながら軽減する必要があり、暑いから寒いからとエアコンを使うことはできないのだ。それでも、様々なグッズやアクセサリーを知って使いこなすこと、自然現象に対処するライディング技術を身に付けることで、自転車の楽しみをさらに広げることができるだろう。

10

仲間が増えれば楽しさ倍増
自転車は人をつなぐ！

ツーリングはひとりでも満喫できるが、仲間やグループで走ると楽しさは倍増する。同じ趣味を持ち、その楽しみを知る気心の知れた者同士であれば、冗談を言いながら気持ちよい汗を一緒に流し、思いっきりストレスを発散できるのである。それだけでなくグループ走行で自転車の天敵でもある風圧を、みんなで助け合って軽減することもできる。みんながテクニックを駆使できるようになれば、肉体的にも精神的にもよりラクに走ることが可能になる。

ソロサイクリストからの脱却

ひとりでのツーリングは自由である。自分の好きなようにどこへ行っても、どんなに時間をかけても、途中で止まろうがドンドン走ろうが、思うまま気ままに楽しむことができる。

もちろんそれもイイのだが、ひとりで孤高に走っているときにワイワイ楽しんでいるグループと遭遇すると、寂しい気持ちを感じるかもしれない。一緒に走る仲間がいない、グループでのコミュニケーションが苦手、まわりの人にうまく気を使えない、などなどグループサイクリングへのハードルがある方もいるだろう。初めてのグループへの参加というのは精神的にも抵抗が大きいかもしれない。

しかし、一度その殻を破ってグループサイクリングを経験すると、ほとんどの人はその楽しさや、新たな世界に惹き込まれていくのである。

みんなで一緒に走り出したら、ひとりでは感じることのできなかった楽しみが、大きく増えること間違いない。

グループサイクリングの楽しみ

グループサイクリングのいちばんイイところは、仲間がいると楽しいことが増えることである。どのような趣味でも、同じ趣味を持つ人との交流は楽しいものだ。様々な情報交換をしたり、趣味の実績や成果物（自転車そのもの？）を自慢しあったり、語らいを楽しんだりできる。

しかも自転車の場合は、一緒に走ることで苦楽を共にし、素晴らしい景色に共に感動したり、峠を征服した達成感を共有したり、喜びや楽しさを分かち合ったりして、一体感が生まれて仲よくなりやすい。休憩中に談笑したり、ライド中でも何気ない会話が続いたり、昼食時にはツーリングや自転車などの情報交換をしたり、愛車を見せ合いっこしたり、またヒルクライムでは励ましあったりときにはバトルで燃えたりと楽しみは尽きない。

色々な経験者と一緒に走ると色々なことを学べるし、様々なことを実地で教わったりもできる。集団での走り方、手信号の適切な出し方、ペダリングやシフティングといったライディングテクニックやスキルの改善など、グループで走りながら能動的にも受動的にも学んでいくことができる。また、腰や肩が痛いとか、尻に合うサドルの探し方など、抱えている悩みや疑問を投げかければ、誰かがアドバイスしてくれたりもする。

ソロの場合は、常にコースを確認し、スケジュールやペース配分など色々なことを考えながら走る必要があるが、グループの場合はリーダーにお任せして気楽に走ることもできる。

一方、人数が増えるとその分パンクやトラブルの可能性は増える。またペースも原則、いちばん遅い人が無理せずにゆっくり楽しめるレベルに合わせることになるから、全体のペースはソロの場合よりも遅くなる。もちろん個々人の好き勝手なわがままはできないが、大人のコミュニティでありマナーやルールを守れない人は淘汰されていく。また、行動プランも参加メンバーの意向の最大公約数が優先されることとなるが、ほとんどの場合は個々人が納得できるようになってくる。

グループへはどうやって参加する?

グループサイクリングをしたいと思っても、どんなグループにどうやって参加すればよいのだろう?

■地元ショップ

まずはインターネットで自分の住んでいる地域のサイクリングチームなどをググってみよう。ショップが主催するグループなどは全国各地にあるから、近所のグループが候補になるだろう。

自転車を購入したショップがイベントを行っていれば、それに参加してみよう。お客へのアフターサービスも含め、自転車の楽しさを知ってもらおうという気持ちで開催されているものがほとんどだから、しっかりケアしてくれる。ショップにコース概要やスケジュール、初心者向けかどうかといったレベル感、参加者の人数や傾向、食事や休憩の予定などを問い合わせて、ちゃんと把握できれば安心だ。近所で見つからなくても、グループサイクリングは現地集合／現地解散の場合が多いので、東京圏や大阪圏といった範囲で探しても構わない。また、各都道府県のサイクリング協会に問い合わせれば地元のクラブを紹介してくれる。

■イベントに参加する

自転車イベントに参加するのも仲間を増やすチャンスである。昨今の自転車ブームで全国各地で毎週のようにイベントが開催されているから近隣でのイベントも見つかるはずだ。大きなイベントにはお祭り感覚でワイワイ楽しむために参加する人々もたくさんいて、イベント会場や走行中などに思い切って声をかければ、比較的仲間ができやすい。一緒に走れば打ち解けやすく、つながりが広がるかもしれない。

■SNSコミュニティに参加する

SNSの自転車コミュニティや、自転車関係のブログにアップされているライドイベントなどに参加する方法もある。募集要項にどんなコースや内容なのか、ルートや走行距離、巡航速度や獲得標高、食事や休憩のタイミングなどが記載されているイベントであれば、自分が参加できるかどうか判断しやすい。思い切ってポチッてみよう。

候補となるグループを絞ったらそのキャラを探ってみたい。グループやコミュニティのウェブサイトやアカウントなどに書き込みをして、レスポンスの様子を見てみよう。反応がよければ脈ありだ。新参者を歓迎するグループも多いので、イベントまでにオフ会などがあれば積極的に参加してみよう。

ほとんどが自転車を愛する人たちであり、色々なスタイルやレベルでツーリングを楽しんでいる人々がいる。初心者にはツーリングのレベルアップに必要な情報やノウハウを教えてくれるかもしれない。ツーリングのコースやお勧め場所などの情報も生の声で聞くことができるだろうし、自転車愛好家達の仲間になればその情報網を活用することもできる。

グループ走行での安全確保

グループ走行での安全確保はとても大切だ。交通ルールやマナーを遵守するのは当然だが、グループの全員が集団走行に慣れているとは限らず、初心者や年に数回乗る程度の人がいたり、走り方の癖も人それぞれで、個々人の経験値にもバラつきがある。

車間はあまり開けたくないだろうが、前後との接触には注意が必要だ。近づき過ぎると前の自転車が障害物などで急にラインを変更した場合、その後輪に後の自転車の前輪が接触する恐れがある。また急ブレーキの場合は後続車とぶつかることもある。交通量の多い道の端は砂利やゴミ、ガラス片などが多いが、集団で固まって走っているとそれらを避けたくてもとっさにラインを変えにくいこともある。慣れないうちは1〜2メートル程度の車間距離をキープするようにしたい。

隊列は最大で6〜7台以内が望ましいが、10数台になってしまうこともある。クルマ側からすると、数台以上の自転車集団を追い越すのは難しいので大変緊張する。特に道幅が狭い場合、クルマが自転車の隊列を追い抜く際に対向車が来たりすると、自転車側に避けざるを得なくなり、場合によっては接触もあり得る。できる限り数人以内で隊列を組み、前後の状況に注意しながら走行する必要がある。

ペースコントロールが成功のポイント

　グループ走行でまず注意しなければならないのが、全体のペースコントロールである。原則はいちばんペースの遅い人、体力がない人が最後まで疲れないようにペース配分することだ。

　単にペースを遅い人に合わせるだけではだめである。遅い人はみんなに迷惑をかけたくない一心で自然とオーバーペースとなってしまいがちで、気がつくと疲れが溜まって後半にはバテてしまう。つまり遅い人が決してオーバーペースになってしまわないように、全体のペースコントロールを行う必要がある。

　遅い人にペースを合わせるため先頭を走ってもらおうとするのも間違いで、先頭はいちばん風圧を受けて体力を消耗しやすいし、道を間違えないようにと余計な神経も使わせてしまうこととなる。何よりも先頭を走ることで後方のメンバーに気を使い自分のペースで走れない、つまり自分からオーバーペースに陥って結局疲れてしまうのである。初心者や体力に自信のない人はグループの中で2～3番目の前方に位置するのがよい。先頭は体力のある人や経験豊富な人が全体のペースをコントロールしながら走るのである。その際にいちばん遅い人のペースをつかんで、その人のペースよりもゆっくりと走るようにリードすることで、みんなが最後まで気楽に疲れずに走ることができる。

　ただしあまりに体力やペースに差があったり、極端に遅い人がいる場合には複数のグループに分けて走る。遅いほうのグループは必ず経験者が引率をしてオーバーペースにならないようにコントロールする必要がある。

体力・経験の違いに配慮する

同じグループのメンバーは、体力やペース、経験などが近いレベルの仲間同士であれば、それぞれに自分のペースをあまり崩さずにツーリングを楽しむことができる。人数が多くてグループ分けをする場合には配慮すべきポイントだ。ペースが異なる場合でも休憩や食事、観光やゴールなどの際に合流するようにして時間調整すれば、それぞれのペースを守りやすくなる。

体力的に余裕がある人は率先して集団の先頭を引けばメンバーからも感謝されるし、信頼を得ることができるかもしれない。ただし、ずっと先頭でいるのは特に向かい風の場合などは負荷が大きくなるので、後続のメンバーも先頭交代を申し出るなどのフォローを行いたい。

休憩はこまめに、オヤジギャグも大切？

疲れを感じる前に休むのがツーリングの鉄則だ。グループの場合の休憩や補給は、メンバーのひとりでもそれを欲したら速やかに行うべきだ。特に初心者や走り慣れていない人が多ければこまめに休憩したい。また、経験者や体力に自信がある人の場合でも休憩はこまめに取ったほうがよい。

休憩時間は何かと参加メンバー同士がコミュニケーションしやすいタイミングであり、メンバーの交流を図る意味でも休憩は多めに設けたほうがよい。みんなで現在地や予定を確認して現状を認識することも安心につながる。また、軽い冗談やオヤジギャグなどで気持ちをほぐすのも、心身をリラックスさせる意味でよい休憩になるのだ。

全員がアシスト!?　初心者も安心

ツール・ド・フランスなどのレースでは、エース以外のチーム全員がアシストである。グループサイクリングはレースではないが、そのアシスト精神はとても大切だ。エースを勝たせるためではなく、初心者や、体力やペースが劣る人たちをみんなでアシストして、全員が楽しくゴールできることを目指すのである。

先頭を走る人は、初心者が安全に走れるように走行ラインの取り方やペダリング、ギアのシフティングなどをすぐ前で実演しながら走り、必要に応じてアドバイスをすることもできる。初心者は何かと不安であり、他のメンバーに迷惑をかけやしないかと心配をしているので色々と声をかければ安心するし、その安心感が心身のトラブル防止にも役立つから、結局グループサイクリングの成功につながることとなる。

経験者でもベテランでも、落車やパンクなど色々なトラブルのリスクはあるし、トラブルの場合は他のメンバーがサポートして助け合うのが暗黙のルールだ。ドリンクが切れたとか、単純なトラブルでもアシストしてもらうと嬉しいものだ。ちぎれたメンバーを置き去りにするようなグループはないと思うが、初参加の人が置き去りにされたりしたら、その人はもう二度と来ないだろう。

グループとメンバーをしっかりアシストできるサイクリストはカッコイイのだ。

ハンドサインはコミュニケーション

グループ走行の場合は、停止や交差点で曲がる場合などに後続に手でサインを出す。サインは左折の場合以外は右手で行うが、後続だけでなくクルマや歩行者、オートバイなどに対してのアピールの意味もある。前の人がハンドサインを行ったら必ずそれを同様に行い後続に知らせよう。路上の危険物を後続に知らせるのも大切である。自分には路面の穴や障害物が見えていても、後続から死角になっていることはよくあるのだ。

ハンドサインだけでなく声に出して伝えることも大切だ。ハンドサインを見落としても声は聞こえるから、明確に意思を伝達できる有効な手段だ。伝言ゲームで「止まります」「右折します」などと伝えることで一体感も生まれてくる。ただし、片手を離すことになるので状況によっては、安全確保のためにもハンドサインを出せないこともあるだろう。その場合は無理をせず安全を最優先する。

自転車のハンドサイン

意味	ハンドサインの出し方
停止	右手を下斜め30度位に伸ばし、手のひらを後ろに向けて広げる。または手のひらを後ろに向けて広げ腰にあてる。早めにサインを出し余裕を持って左手でブレーキングを行う
右折	右手を水平に横に出し、指先までしっかり伸ばす
左折	左手を水平に横に出し、指先までしっかり伸ばす
減速	右手を下斜め30度位に出して、手のひらを水平にして地面を垂直に押すように何回かゆっくりと上下させる
注意喚起	落下物や危険物、路面の段差などを発見した場合、それを避けながら早めに指で指し示す。指先を回すと後続が認知しやすい

集団走行でのドラフティング

自転車走行における大きな抵抗は風圧だが、グループ走行の場合はこの風圧を和らげることができる。先頭はまともに風圧を受けるが、その後ろには空気の渦ができ、その中に入ると風の抵抗が小さくなる。特に向かい風や走行ペースが速い場合にその効果は大きくなる。これはドラフティングという集団走行のテクニックだが、接触事故や集団での落車リスクを伴うため、一定以上の経験を積んだメンバー同士で行うことが前提となる。

ドラフティングは車間を10センチ〜数10センチ以内に保つことで大きな効果が得られ、1メートル以上も離れてしまうとその効果は小さくなる。近づくほどに接触事故のリスクが増えるため、常にグループ全体で一定のスピードを保ちひとつの塊となって進むことが求められる難しいテクニックだ。加速やブレーキングもグループ全体での呼吸に合わせるように行う必要があり、急な操作は禁物である。ツール・ド・フランスなどで道いっぱいに広がって団子状になって集団走行をしているシーンをよく見るが、一般道では並列走行は禁止である。グループ走行の場合、隊列は一列をキープする。

一定以上のレベルのメンバー同士では、車間距離を詰めてドラフティングを行うのは、互いに暗黙の了解である場合が多い。しかし、初めての参加者や初心者にはドラフティングについて事前に説明をして、リスクがあることも理解してもらう必要がある。また、グループメンバーではない、見知らぬ人の後ろに勝手に入るのはマナー違反。あくまで仲間同士で行うテクニックであることを認識しておきたい。

トレインの基本

グループ走行では隊列を一列にキープして走るとドラフティングの効果を感じやすい。これをトレインと呼ぶ。ただし、トレインに不慣れな人もいるし、ドラフティングにはテクニックが必要なので、初参加者や初心者がいる場合は走り出す前にトレインを組むことや、ハンドサインなどについてもブリーフィングしておこう。

トレインの先頭といちばん後ろは経験者にして、内側に経験の少ない人を配置し、先頭と最後尾でフォローする形が望ましい。先頭は安全を確保しながらルートを確認し、全体のペースコントロールを行うなどリーダー的役割が求められる。最後尾はグループメンバーの状況を確認しながら、後方からの安全を確保し、全体を見ながら必要に応じてメンバーに指示を出す。

初心者だと全体に迷惑をかけたくないとの思いから「遅いからいちばん後ろから着いていきます」と言う方もいるが、これは全体のペースやコントロール上では好ましくない。体力やペースに自信のない人は、先頭のすぐ後ろから中ほどで経験者に見守られながら走行するのが結果的に安心できて、全体をうまくコントロールできるのである。

ある程度経験を積んだ仲間同士の場合、トレインを組んで車間を詰め、先頭交替をしながら風圧を軽減するドラフティングを行うと、疲労が軽減されてグループ走行のメリットをしっかり享受できる。ヒルクライムやダウンヒルでは、個々人のペースや技量の差が顕著になるので、通常はトレインを解除する。

遅れた場合、トラブルの場合の対処

グループサイクリングであれ何であれ、時間を守らないのは社会人としてNGである。輪行の場合は集合時間までに組み立ててスタートできる状態でスタンバイしているのがマナーだ。もちろん不可抗力やトラブルなどで遅れることはある。その場合は早めに主催者やメンバーに連絡をする。先にスタートしてもらって、キャッチアップできそうならば追いかけて途中合流すればよい。休憩やランチの場所がわかっていれば、そこに何時に着きそうだとかをSNSや電話で連絡しておこう。追いつくことが困難な場合はグループに迷惑をかけないためにも合流は諦め、早々に連絡する。

ヒルクライムなどでは体力やペースの違いで差がついてしまうが、遅い人が悪いなどということはまったくない。普通のことである。通常は坂の頂上で待つというのが暗黙のルールであり、先に到着しているメンバーに「お待たせしました」とひとこと言えばOKである。

パンクや落車といったトラブルの場合、通常はトレインの最後尾のベテランがフォローするが、みんなで助け合ってできるだけ早くに復帰できるように努める。先行の人たちには休憩や食事の場所などで待ってもらえばよいだろう。ただし、いずれの場合も大きく遅れるのが明確な場合は、全体のスケジュールに影響するから先行の人たちに先に行ってもらうようにしたい。状況に応じてはツーリングを中止して引き返すか輪行にするなどで、全体に迷惑をかけないようにするのがマナーだ。

女性と走るときには

ツーリングは楽しくなければならない。グループの場合は男性ばかりよりも、女性がいたほうが楽しい人も多いだろう。しかし、女性に快適に楽しんでいただくために紳士的に振舞うことが意外に苦手な人もいる。

女性は筋力や体幹の強さの違いなどから、自転車コントロールが男性に比べ不安定になりがちで、特に初心者女性はちょっとしたトラブルが多い傾向にある。ハンドサインやドラフティングもうまくできなかったり、怖さを覚えたりすることも男性よりも多いようだ。

体力面で遅くなったり、そういったことでまわりに迷惑をかけることを、とても申し訳なく感じる場合もあるから、そういうことをよく理解して、できる限り女性目線で優しくサポートをすればよいのだが、無骨な男性には難しいかもしれない。ならば、色々と声をかけて楽しんでいただけるようにしたい。積極的に気づかいし合える雰囲気を作って、みんながリラックスできるようにするのだ。

ただし、疲れているときに「ガンバレ」「もう少しだ」などと尻を叩くような声かけはNGである。「無理せずゆっくり楽しみましょう」「のんびり行こうね」などと、感じているであろうプレッシャーを和らげる言葉のほうが望ましい。私の得意なオヤジギャグなども雰囲気を和らげるのによいかもしれないし、夏の暑さの中では涼しさを感じるかもしれない？

また、後方にピッタリくっつき過ぎたり、付き纏うような行動は嫌がられるだけでなく、他の男性からも白い目で見られてしまう。この点は私も要反省か!?

詐欺師のような舌戦？

グループメンバーも仲良くなってくると、ふざけた会話もできるようになる。スタート前やSNSの会話などで、事前の言い訳合戦が始まったりするのだ。

「仕事が忙しくて、疲れが溜まっている」
「昨晩飲み会で、飲み過ぎちゃった」
「準備に時間がかかって、睡眠不足だ」
「ちょっと、風邪気味なんだよね」
「最近全然走っていなくて、○ヵ月ぶりだ」

などなど、要は「コンディションが悪くて、今日はぜんぜん走れないよ～」っと事前に逃げ口実を吹聴するのである。

それに対し、「ウソつけ！ 毎日ローラーでトレーニングしているじゃないか！」と突っ込みを入れたり、「心配するな。途中の三途の川に捨てて行ってやるから」みたいな冗談を言い合うのが楽しいのである。特に「最近乗っていないから走れない」という常套句は、大概は詐欺師的発言である。そんな人に限ってガンガン走っちゃうのだ。

こういった楽しみ方ができるのはホントに仲のよいグループであり、フランクな仲間になれる人たちが多い。そんな交流の中で、仕事のつながりができたり、自転車以外の関係ができたりと、様々に広がりが生まれることもある。グループサイクリングを通じて仲間が増えると、ツーリングの楽しみはどんどん膨らんでいく。苦楽を共にする仲間の数が多いほど、思い出の数も増えていくのだ。そしてどんな人とも良好な関係を築いて、それをいつまでも保っていくには、互いの思いやりと配慮、相手の立場に立ったコミュニケーションが大切である。

自転車は人と人を繋ぐことのできる、とても人間味のある乗り物なのだ。

おわりに

この本で伝えたかったことは「自転車は人生を豊かにし、いつまでも楽しめる」ということである。50年来スポーツバイクに乗り続けているが、その楽しみは湧き続ける泉のようで、いつまでも尽きることはない。

私が本格的に自転車に乗り始めたのは中学1年生の時に見た当時の国鉄時刻表がきっかけであった。時刻表を見て旅に出たくなり、とはいえお金もなくて自転車旅を始めたのである。中学高校時代に日本全国を走り、大学時代は富士山や乗鞍岳、御嶽などに自転車を担ぎ上げ、より高い所を求めて世界の大山脈も縦走した。がむしゃらに走って登ることが楽しかったのである。社会人になってからは自転車冒険には一区切りつけて、ホビーサイクリングやＭＴＢに興じていた。今でも仲間たちと一緒にずっとサイクリングを楽しみ続けている。

それ以降、ボランティアとして「より良い自転車社会」に向けた活動をライフワークのひとつにしている。自転車で誰もが「安全に」「快適に」「有効に」走行できる交通社会を目指し、各省庁や自治体などに横断的・総合的な政策確立のための提言を行い、国や行政を動かして「より良い自転車社会」を実現することを目的とするNPO法人自転車活用推進研究会（自活研）の理事を、十数年務めさせていただいている。また、社団法人グッド・チャリズム宣言プロジェクト（グッチャリ）では、自転車のマナー向上やルール順守と、安全意識の啓発などをサイクリストや自転車利用者に対し直接働きかける活動などを行っている。

ジャパンサイクルリーグ（JCL）のチェアマンで元F1レーサーの片山右京さんはグッチャリのリーダーであり、自活研の理事でもある。「より良い自転車社会」に向けた志を共有して活動していると自負している。


自転車を楽しんでいる人は肉体的にも精神的にも健康であり、健康寿命も延びやすい。ますます長寿社会となっていく中、人生の最終コーナーをいかに楽しむかはとても重要であり、少しでも早めに考えておいたほうがよい。仕事ばかりしていると定年になっても暇とお金を持て余して、楽しみの少ない老後になりかねない。現役時代から自転車の楽しみを広げ、いろんな仲間を増やしていけば、自転車で生き生きできるセカンドライフが待っているのである。

趣味や生きがいのない老後、新しい世界のない日々は退屈で寂しく、先細りで迫り来る死を待つ虚しさは、耐え難い悲しみかもしれない。「たくさんの思い出や仲間に恵まれて、本当によかった」と言える人生にするためにも、ぜひとも自転車に乗り続けていただきたい。

自転車に固執する必要はない。自分が本当にしたいこと、信念を持ってできること、心から好きなことをトコトン楽しめばよいのである。ひとつに絞る必要もない。ちなみに私は学生時代から40年来のラーメンフリークである。全国各地に行くたびに、その土地の人気ラーメン店に必ず並んだ。世間では何度もラーメンブームが起こり、そのたびにうまいラーメン店が増えていった。長年東京住まいだが、東京は全国でも圧倒的な激戦区で競争が激しく、行列のできる新興ラーメン店が次々にできるが、それらの店には必ず自転車グルメライドと称して食べに行く。もちろん老舗ラーメン店も根強い人気店が多く行列が絶えない。並ぶ時間の長さが、ある意味うまさに比例しているが、その限りでないのもまた面白い。自転車と同じく楽しみが次々に生まれ、いつまでも探求心を追求し続けられる。

また、「野湯探索」にもハマっている。野湯とは自然の中で自噴している源泉で、人の手が加わった商業施設が存在しないような場所のことである。そんな所が存在するのかと思うが、実は人知れず湧出している源泉は密かにある。通常アクセスするための道はなく、ヤブをかき分けたり沢登りで川を遡ったり崖をトラバースしたりしながら辿り着く源泉である。自転車と同じく好奇心を原動力として、自分達だけの世界を求めて野湯を探し出し、湯船を工事して作り入湯するのである。自分だけの温泉に思いを抱き、楽しみを創造していくことは、自転車の楽しみと共通しているかもしれない。

もちろん普通の？アウトドアも楽しんでいる。小学生の頃からキャンプや山歩きが好きで、中学生からはスキーにもハマっていた。30代始めの英国駐在勤務中にゴルフを覚え、底なし沼にハマってしまった。ゴルフは自転車と同様にいくつになっても楽しめるスポーツであり、いつまでも続けていきたい。最近になって山登りが楽しくてしょうがない。自転車旅のついでに全国の名山に登ってきたが、ついで程度では容易には登れない日本百名山巡りも楽しんでいる。百名山の過半数には登ったが、残るは難易度の高い名峰が多く、いつまで登れるか年齢(体力)との駆け引きとなりそうだ。

自転車は人生を豊かにし、いつまでも楽しめる。ひとりひとりが自分スタイルの自転車の楽しみを創造し続け、いつまでも生き生きと人生を謳歌されることを願ってやまない。

２０２３年3月　瀬戸圭祐

『快適自転車ライフ宣言』

2023年4月22日　初版 第1刷発行

著　　者 ――― 瀬戸圭祐
発 行 人 ――― 伊藤秀伸
編　　集 ――― 中島　敦（OnSite）
デザイン ――― 原　靖隆（Nozarashi.inc）
イラスト ――― 印部里菜子
校　　正 ――― 佐藤彩子
D　T　P ――― 田中千鶴子（Nozarashi.inc）

発 行 元 ――― 株式会社三栄
〒163-1126
東京都新宿区西新宿6-22-1 新宿スクエアタワー26F
TEL：03-6773-5250（販売部）
TEL：048-988-6011（受注センター）

印刷製本所 ――― 図書印刷株式会社

SAN-EI CORPORATION
PRINTED IN JAPAN 図書印刷
ISBN 978-4-7796-4810-6

本書はWEBメディア『FUNRiDE』に連載された
『快適自転車ライフ宣言』を加筆・修正したものです。